Władysław Kostrzeński

Meine Flucht

Gefangenschaft und Überleben
in den Lagern Mannheim-Sandhofen, Langenzenn
und Flossenbürg 1944/45

Herausgegeben von
Peter Koppenhöfer und Joachim Mensdorf
unter Mitarbeit von Alexander Schmidt

Wellhöfer Verlag
Ulrich Wellhöfer
Weinbergstraße 26
68259 Mannheim
Tel. 0621/7188167
www.wellhoefer-verlag.de

Titelgestaltung: Uwe Schnieders, Fa. Pixelhall, Mühlhausen
Layout und Satz: Bittner Dokumedia, Hoisdorf

Das vorliegende Buch einschließlich aller seiner Teile ist urheberrechtlich geschützt. Jede Verwertung ist ohne schriftliche Zustimmung des Verlages unzulässig.

© 2010 Wellhöfer Verlag, Mannheim

ISBN: 978-3-939540-58-8

Inhalt

Vorwort	7
Vorbemerkung	9
Geleitwort	11
Teil I: Meine Flucht	15
Kapitel 1: Meine Flucht von Mannheim nach Bayreuth	17
Kapitel 2: Im Gefängnis St. Georgen in Bayreuth	85
Kapitel 3: Von Bayreuth nach Langenzenn	101
Kapitel 4: Von Langenzenn ins KZ Flossenbürg	147
Teil II: Dokumentation und Erläuterungen	169
Die Vorgeschichte	171
zu Kapitel 1	213
zu Kapitel 2	221
zu Kapitel 3	225
zu Kapitel 4	273
Verwendete Literatur	286
Weiterführende Literatur	287

Vorwort

In den vorliegenden Erinnerungen von Władysław Kostrzeński erscheint die Realität der Endzeit des NS-Regimes in der bedrückenden Perspektive eines KZ-Häftlings wie auch in der des Flüchtlings, mit dem der Leser sich emotional zusammentut, mit dem er hofft, mit dem er fürchtet. Das persönliche Schicksal und das seiner Leidensgenossen werden in erschütternden und zu Herzen gehenden Bildern deutlich. Er gestattet uns Blicke auf die grausame Wirklichkeit des Lagersystems sowie in die Abgründe menschlichen Verhaltens, Denkens und Fühlens. Immer wieder blitzt aber auch auf, dass der Fliehende und Verfolgte auch auf Menschen traf, die Mitgefühl zeigten und in einigen Fällen sogar Risiken dafür eingingen, ihm zu helfen.

In einer Zeit, in der sich die Reihen der Zeitzeugen immer mehr lichten, ist ein solcher Text sehr wichtig.

Er weist zunächst eine Fülle von Anknüpfungspunkten und Vertiefungsmöglichkeiten auf, bei deren Bearbeitung grundlegende Kennzeichen des nationalsozialistischen Terrorregimes erörtert werden können, so zum Beispiel die Eskalationen des Vernichtungskriegs oder die Dimensionen des Lagersystems der Nationalsozialisten.

Die Subjektivität des Textes ermöglicht darüber hinaus eine Identifikation, ohne die – nicht nur für Jugendliche – die nachhaltige Aneignung von Inhalten kaum denkbar ist. Neben der persönlichen Perspektive des Erzählens wird dabei aber die topografische Nähe und Wiedererkennbarkeit der Orte der beschriebenen Begebnisse gerade für junge Leserinnen und Leser im nordostbayerischen und fränkischen Raum zur Grundlage für ein tieferes Verständnis für die historischen Ereignisse. In diesem Falle ist der oftmals überstrapazierte Begriff der Betroffenheit am rechten Platz, da das geschichtlich schon sehr Entfernte über die Nähe des Handlungsraums und die ergreifende Handlung selbst zur mitempfundenen Gegenwart wird. In diesem Sinne wird die Biografie von Władysław Kostrzeński das geschichtliche Lernen im schulischen Unterricht oder an den Gedenkstätten unterstützen und bereichern.

Dr. Ludwig Spaenle,
Bayerischer Staatsminister für Unterricht und Kultus

Vorbemerkung

Władysław Kostrzeński, am 24.05.1922 in Posen geboren, wurde nach dem deutschen Überfall auf Polen mit seiner Familie ins Generalgouvernement (nach Warschau) zwangsumgesiedelt. Nach der Niederschlagung des Warschauer Aufstandes deportierte man ihn im September 1944 ins KZ Dachau und anschließend nach Mannheim-Sandhofen. In diesem Außenlager des KZ Natzweiler mussten die Häftlingen Zwangsarbeit für Daimler-Benz leisten.

In seinen Erinnerungen beschreibt Kostrzeński in unvergesslicher Weise seinen Ausbruch aus diesem KZ und seine abenteuerliche Flucht quer durch Süddeutschland. Sie führte ihn über Heidelberg, durch das Neckartal, über Würzburg, Schweinfurt und Bamberg bis in einen Vorort von Bayreuth. Dort wurde er verraten und erneut inhaftiert. Über Nürnberg gelangte er im Februar 1945 in das „Arbeitserziehungslager" Langenzenn. Nur die herannahende Front verhinderte im letzten Augenblick, dass das bereits über ihn verhängte Todesurteil vollstreckt wurde. Ein Todesmarsch Anfang April 1945 führte ihn über das Außenlager Hersbruck des KZ Flossenbürg ins KZ Flossenbürg selbst. Dort wurde er schließlich – schwer an Typhus erkrankt – von den Amerikanern befreit.

Er kehrte nach Polen zurück, studierte nach dem Krieg in Warschau und war als Mikrobiologe im polnischen Gesundheitswesen tätig.

Als einer der Mitbegründer der Gedenkstätte Mannheim-Sandhofen regte Dr. Peter Koppenhöfer den vorliegenden Zeitzeugenbericht an. Zusammen mit Frau Renate Legler besorgte er auch die Übersetzung der Kostrzeński-Erinnerungen aus dem Polnischen ins Deutsche.

Kostrzeńskis Wunsch, dass dieser Text veröffentlicht wird, hat sich zu seinen Lebzeiten leider nicht erfüllt. Er ist am 15.2.2001 verstorben.

Als im Sommer vergangenen Jahres ein neuer Anlauf unternommen wurde, diese Lebenserinnerungen herauszugeben, war zunächst nur geplant, sie mit ein paar erläuternden Anmerkungen zu versehen. Hieraus entwickelte sich dann aber sehr schnell ein ausführlicher, separater Dokumentationsteil.

Für die Vorgeschichte, den Mannheimer Teil und die Etappen der Flucht zeichnet Dr. Peter Koppenhöfer verantwortlich, ehemaliger Geschichtslehrer an der Gesamtschule Mannheim-Herzogenried und Gründungsmitglied der Gedenkstätte Mannheim-Sandhofen. Den Teil über Zwangsarbeit und Lager sowie das AEL Langenzenn verfasste OStD a.D. Joachim Mensdorf, ehem. Direktor des Wolfgang-Borchert-Gymnasiums Langenzenn. Für die Textteile über Hersbruck und Flossenbürg ist Dr. Alexander Schmidt zuständig, ehem. wissenschaftlicher Mitarbeiter der KZ-Gedenkstätte Flossenbürg und heute beim Dokumentationszentrum Reichsparteitagsgelände beschäftigt. Wir danken der Bayerischen Landeszentrale für politische Bildungsarbeit, dem Wellhöfer Verlag und den Mannheimer Sponsoren, die dieses Buchprojekt maßgeblich mit auf den Weg gebracht haben.

Peter Koppenhöfer   *Joachim Mensdorf*

Geleitwort von Elżbieta Kawecka, geb. Kostrzeńska

Władysław Kostrzeński wurde am 24. Mai 1922 in Posen in einer adligen Familie geboren. Dort besuchte er die Grundschule und schloss das Gymnasium ab.

Nachdem seine Familie nach dem Kriegsbeginn 1939 ins Generalgouvernement vertrieben worden war, wurde sie in Warschau angesiedelt. Von 1940 bis zum Ausbruch des Warschauer Aufstandes 1944 wurde er anfangs als Gehilfe in einer Autowerkstatt und dann als Chauffeur bei verschiedenen Transportbetrieben beschäftigt.

Im Jahr 1942 heiratete er Irena Kowalewska.

1944 wurde er ins Konzentrationslager Dachau verschleppt und dann in die Konzentrationslager Sandhofen und Flossenbürg.

Nach dem Ende des Zweiten Weltkrieges kam er nach Polen zurück. 1945 bis 1946 arbeitete er als Chauffeur der technischen Verwaltung der Stadt Warschau.

1946 begann er ein Studium an der Warschauer Universität an der Fakultät für Mathematik und Naturwissenschaften. Er beendete es 1952 als Magister für Mikrobiologie. Um seiner Familie den Unterhalt zu sichern, arbeitete er während des Studiums als Gebäudeverwalter des Ministeriums für Kultur und Kunst. Seit 1950 arbeitete er beim Tuberkulose-Institut in Warschau.

1960 erwarb er den Doktor für Naturwissenschaften und 1975 wurde er Dozent. Beim Tuberkulose-Institut arbeitete er bis 1983, als er in Ruhestand ging. Bis 1963 war er Leiter des bakteriologischen Laboratoriums beim Tuberkulose-Institut. Er war Sachverständiger im Bereich der Tuberkulose-Bakteriologie für das gesamte Gebiet Polens.

Er bekam drei Kinder: den Sohn Krzystof (*1943) und die beiden Töchter Elżbieta (*1946) und Dorota (*1952).

Er ist am 15. Februar 2001 gestorben.

Trotz mehrerer Krankheiten, an denen er jahrelang litt, war er ein außergewöhnlich aktiver Mensch. Als er nur noch mit Schwierigkeiten gehen konnte, fuhr er mit dem Taxi die zwei Querstraßen von seiner Wohnung zur Garage, um dort in sein Auto einzusteigen und dann den ganzen Tag über die verschiedensten Dinge zu erledigen.

Ich habe seine Freunde und Bekannte befragt, was ich über meinen Vater schreiben soll. Sie antworteten einmütig, dass man immer auf seine Hilfe, seine klugen Ratschläge und seine richtigen Beurteilungen einer Situation rechnen konnte. Trotz der schweren Erfahrungen im Krieg war er beim Treffen mit seinen Bekannten voller Humor. Mit leidenschaftlicher Hingabe erzählte er zahllose Geschichten aus seinem eigenen Leben. Das waren Anekdoten über Professoren, vorgesetzte Kollegen und Bekannte. Sein ausgezeichnetes Gedächtnis garantierte, dass er bei denselben Personen nie dieselbe Geschichte wiederholte.

Natürlich hatte er auch seine Schwächen: Fast nie trennte er sich von Zigaretten und Kaffee. Er mochte Hunde und den Pflaumenkuchen, den meine Schwiegermutter backte.

Ich hoffe, dass mein Vater zu den Leuten gehört, die man nie vergisst.

Die Tochter
Elżbieta Kawecka geb. Kostrzeńska

Władysław Kostrzeński 1945, Ausweisfoto nach der Befreiung (privat)

Vorbemerkung von Peter Koppenhöfer:
Diesen Fluchtbericht verfasste Władysław Kostrzeński in den Jahren 1989 und 1990 auf der Grundlage von vorliegenden Notizen. Der unmittelbare Schreibanlass war, dass er wahrgenommen hatte, wie sehr sich der Trägerverein der damals entstehenden Gedenkstätte Mannheim-Sandhofen für seine Erinnerungen interessierte. Wir haben eine ausführliche Korrespondenz geführt, bevor er selbst 1994 Mannheim besuchte. Auszüge dieses Textes sind in der Daueraustellung in Sandhofen benutzt worden.

Es war Władysław Kostrzeński sehr wichtig, dass seine Erinnerungen veröffentlicht und gelesen werden. Deshalb ist der Text schon Anfang der 1990er Jahre von Peter Koppenhöfer und Renate Legler nach dem polnischen Typoskript übersetzt worden. Eine Publikationsmöglichkeit haben wir damals aber nicht finden können. Kostrzeński hat deshalb noch eine englische Übersetzung anfertigen lassen und in den Vereinigten Staaten nach einem Verlag gesucht, allerdings erfolglos.

Wir freuen uns, dass die Erinnerungen nun zwanzig Jahre nach der Entstehung als Buch erscheinen. Die Übersetzung ist von Peter Koppenhöfer und Joachim Mensdorf teilweise noch einmal durchgesehen worden, auch mit Hilfe der englischen Version. Zur besseren Lesbarkeit sind Kapiteleinteilungen mit Überschriften sowie viele Absätze eingefügt worden.

Für Anregungen und Beobachtungen aus den von Kostrzeński durchquerten Orten sind wir dankbar (pkoppenhoefer@aol.com, jogu.mensdorf@t-online.de).

Teil I

Meine Flucht

Kapitel 1

Meine Flucht von Mannheim nach Bayreuth

Hinaus aus der Welt der Häftlinge

An das genaue Datum der Ankunft im Lager Mannheim-Sandhofen kann ich mich nicht erinnern – es war Ende September 1944. Mit ungefähr 1080 Leuten sind wir dort angekommen.[1] Während der ersten Tage füllte ich die Funktion eines Dolmetschers und Lagerältesten aus, bis mein Kollege Wacław Schneider diese Aufgabe übernahm. Der Kollege Schneider übte diese ihm übertragene Rolle bis zu dem Zeitpunkt aus, als das „qualifizierte" Personal aus Auschwitz eingewechselt wurde.[2] Als diese neuen Funktionshäftlinge ankamen, wurden alle, die bis dahin irgendwelche Pflichten hatten, davon befreit.

Im Oktober, vielleicht zwei Wochen nach unserer Ankunft, habe ich vorgeschlagen, eine Krankenstube zu organisieren. Das wurde von meinen Mithäftlingen eher ungünstig aufgenommen. Denn es musste ein Raum, der von ihnen benutzt wurde, für die Kranken abgegeben werden, und sie mussten dafür in andere Räume umziehen. Das ist erst nach vielen Schwierigkeiten gelungen. Ich leitete die Krankenstube so lange, bis ein Arzt ankam, ein Franzose.[3]

Die Zeit meines Aufenthaltes in Sandhofen betrachtete ich als Übergangszeit, ich wollte um jeden Preis fliehen. Einer von der Wachmannschaft hatte die Meinung geäußert, dass die Häftlinge möglicherweise liquidiert würden, falls sich die Front näherte. Eine Bestätigung dafür schien, dass die ganzen bisherigen Wachleute, die von der Luftwaffe selbst oder deren Bodenpersonal kamen, genau weiß ich das nicht, ausgewechselt wurden durch ein Wachpersonal „vom Fach". Außerdem kam ein neuer Lagerchef an, von den Häftlingen „Faja" genannt, ein SS-Mann, sowie ein Lagerältester, ein deutscher Sadist. Außerdem kamen entsprechend Kapos und andere in Konzentrationslagern geschulte Gehilfen hinzu.[4]

---

1 Das genaue Ankunftsdatum war der 27.9.1944, es waren 1060 Häftlinge.

2 In anderen Quellen oder Erinnerungen gibt es keinen Hinweis darauf, dass SS-Leute aus Auschwitz nach Mannheim kamen. Sie kamen eher aus dem KZ Buchenwald.

3 Der französische Arzt Andreas Barhar (oder Barhard), geboren 1914 in Mossul, kam vermutlich schon am 8.10.1944 in Sandhofen an.

4 Der neue Schutzhaftlagerführer, der Hauptscharführer Christian Ahrens (geb.

In dieser Zeit brachte man auch viele Kisten mit Waffen und Munition in das Lagermagazin. Das konnte darauf hinweisen, dass jener Wachmann die richtige Information gegeben hatte. Diese deprimierenden Nachrichten führten zum Entstehen einer Widerstandsgruppe im Lager, die aus Mithäftlingen gebildet wurde. Wir waren allerdings nur eine kleine Gruppe, die es sich zum Ziel gesetzt hatte, die Häftlinge vor der geplanten Vernichtung zu schützen. Zu dieser Gruppe gehörten unter anderem die Kollegen Schneider, Dr. Ruciński, Śmielewski, Zawadzki und noch einige Kollegen, an deren Namen ich mich nicht mehr erinnere. Die von uns organisierte Gruppe verfügte allerdings über keine Waffen. Doch diese Waffen gelang es dank des Kollegen Julian Zawadzki zu erbeuten. Er machte in der Fabrik einen Schlüssel für das Waffenmagazin nach, sodass man dort hineinkommen konnte.

Diese Aufgabe wurde mir anvertraut, da ich meine Funktion in der Krankenstube hatte, die am wenigsten von den Wachleuten kontrolliert wurde. Im Korridor, wo sich die Magazine befanden, hatte ein Wachmann von der Lagermannschaft Dienst. So geschah es, dass man durch eine vielstündige Beobachtung dieser Wachleute ihre Gewohnheiten bei ihrer Dienstausübung feststellte. Das ermöglichte es uns, eine Gelegenheit zu finden, um ins Magazin einzudringen und ein paar Handfeuerwaffen, Munition und Handgranaten mitzunehmen. Ein solcher Einbruch ins Magazin fand zweimal statt. Aber nachdem wir das erfolgreich erledigt hatten, wussten wir nicht, was wir mit den erbeuteten Waffen machen sollten. Keiner wollte die Verantwortung übernehmen und vor allem hatten wir zuerst kein geeignetes Versteck. Schließlich versteckte ich die erbeuteten Waffen in den Wasserreservoir-Kästen im WC,

---

in Bremen), kam wohl Ende Oktober/Anfang November 1944 nach Mannheim. Er war vorher Lagerführer des KZ-Außenlagers in Geislingen, wo ungarische Jüdinnen Zwangsarbeit leisten mussten. Vorher hatte er KZ-Erfahrungen im KZ Natzweiler und im KZ Ravenbrück gesammelt. Weil er immer eine Pfeife im Mund hatte, bekam er von den Mannheimer Häftlingen den Spitznamen „Faja" (Pfeife). Der von der SS eigens ausgesuchte Lagerälteste war Walter Kalus, ein Deutscher, der etwas Polnisch sprach. Er wurde am 28.10.44 vom Außenlager Neckargartach überstellt, weitere ausgesuchte Kapos scheinen von Buchenwald hergebracht worden zu sein. Damit begann im Mannheimer KZ das eigentliche brutale und korrupte Kaporegime.

Zerstörte Sandhofen-Schule Anfang 1945 mit der Holzkonstruktion des „Turms" (Stadtarchiv Mannheim)

die sehr hoch installiert waren. Dabei kam mir sehr gelegen, dass sie nicht mehr funktionierten.

Auf den Waffendiebstahl erfolgte eine Razzia, die von der Lagermannschaft im ganzen Gebäude durchgeführt wurde. Dieser Vorfall verstärkte viele der Spekulationen in unserer Gruppe: Was würde in dem Fall passieren, wenn man uns entdeckte? Vielleicht hatte es jemand gesehen und der Lagerverwaltung gemeldet? Solche Unsicherheiten, die unseren Kampfeswillen schwächten, setzten uns unter den Zwang, eine planmäßige Flucht für die nächste Zeit vorzubereiten. Und dies fiel wieder zusammen mit der Bombardierung des Lagers durch die alliierten Bomber. Dadurch wurden wieder Spekulationen ausgelöst wie, dass die Front so nahe sei und dass es die Lagermannschaft nicht schaffen würde, alle Häftlinge zu erschießen.[5]

---

5 Das Schulgebäude, in dem sich das KZ-Außenlager befand, wurde am 15.12.1944 durch Luftminen schwer beschädigt. Eine Mine explodierte auf dem Lagergelände und tötete mindestens vier Häftlinge.

Sandhofen-Schule 1913. Aus dem noch überdachten Haupteingang trat Kostrzeński in die Freiheit. (Stadtarchiv Mannheim)

Dies und andere Dinge brachten mich dazu, eine Gruppe von ungefähr 13 Kollegen zu sammeln, die sich freiwillig zu einer Flucht bereit erklärten. Ich arbeitete einen sehr genauen Plan aus, wie die einzelnen Häftlinge herauskämen, die neun aus der Fabrik und wir vier aus dem Lager in Sandhofen. Viele Tage machte man Beobachtungen vom Turm des Gebäudes und aus den Fenstern, an die man herankam.[6] Wir beobachteten die beiden Wachsoldaten, die ständig außen auf und ab marschierten. Das hatte den Sinn, den Moment herauszufinden, wann diese Wachsoldaten um die Ecke des Gebäudes bogen – an der Ecke gegenüber dem Denkmal auf dem Platz und sich in einer solchen Position befanden, dass ein Häftling im Laufschritt durch die vorher geöffnete Tür kam, ohne dass die Wachleute es merkten.

Zu den schwierigsten Problemen der Flucht gehörte: der Mangel an Nahrung, an Kleidung, an Mänteln, an Schuhen, an Mützen und an anderer Ausrüstung. Aus dem Kleidermagazin waren Män-

---

6 Der „Turm" war ein Luftraum-Beobachtungsstand aus Holz, der auf das Schuldach gesetzt worden war (s. Foto).

tel gestohlen worden, von denen man die Buchstaben KZ, die mit weißer Farbe aufgemalt waren, entfernen musste, was ein ziemliches Kunststück war. Was sich die Kollegen zur Entfernung dieser verräterischen Buchstaben ausgedacht haben, war schon sehr bewundernswert. Man durfte das Material nicht beschädigen, obwohl die Umrisse der Buchstaben sichtbar blieben. Damit man die entfernten Buchstaben KZ nicht mehr sehen konnte, machte man die Stelle auf dem Rücken auf verschiedene Weise schmutzig, um durch ein solches Verfahren das beste Ergebnis herauszubekommen. Auf solche Weise bereiteten die Kollegen – jeder für sich im Geheimen vor den anderen – seine neue „zivile" Kleidung vor, jeder auf seine Weise und nach seiner eigenen Methode.

Nachdem wir die Marschroute genau festgelegt hatten, sollten sich am 23.12.1944 die Häftlinge von Sandhofen aus dem Lager, jeweils individuell und auf sich gestellt, in den Schützengräben hinter der Fabrik pünktlich zu einer vorher ausgemachten Uhrzeit und an einem ausgemachten Treffpunkt einzeln melden. In dieser Phase schreckten meine drei Kollegen, die sich mit mir im Lager in Sandhofen befanden, im letzten Moment vor der Flucht zurück. Das änderte nichts an meiner Erwartung, dass die Kollegen aus der Fabrik weiter zur Flucht bereit waren.

Ich war Organisator und Initiator der Fluchtpläne: Ich verließ das Lager pünktlich zur geplanten Stunde. Es war ein sonniger Vormittag, als ich, entsprechend dem vereinbarten Plan, ins Freie kam. Das heißt, ich wechselte von unserer Seite des Lagers hinüber auf die Seite, wo sich die SS-Leute befanden, als nächstes durch den Korridor bis zur Haustür, die vorher heimlich geöffnet worden war und weiter die Treppe hinunter auf die Straße und vorbei am kleinen Platz mit dem Denkmal,[7] und dann der Weg durch die Straßen zu den erwähnten Schützengräben. Der Weg war ziemlich lang, ein paar Kilometer.

Im Augenblick, als ich am ausgemachten Treffpunkt ankam, stellte es sich heraus, dass es nur ein Kollege, Jan Pielak, geschafft hatte, aus der Fabrik zu fliehen. Er hatte den ziemlich hohen Fabrikzaun überstiegen. Weil der Zaun so hoch war, hatte er ihn auf einem provisorischen Gerüst überklettert, das vorher angebracht worden war.

---

[7] Gemeint ist das „Kriegerdenkmal" für den 1870er Krieg und den Ersten Weltkrieg schräg gegenüber der Schule.

Kriegerdenkmal gegenüber der Schule. Hier kam Kostrzeński vorbei.
(privat)

Ich war sehr erstaunt, als nur Jan Pielak im Schützengraben auftauchte. Zuerst dachte ich, dass sich die übrigen Kollegen, wie vereinbart, in einer günstigen Situation von den Arbeitsplätzen wegstehlen und dann später uns Wartenden anschließen würden. Diese Wartezeit hatten wir vorher auf ungefähr zwei Stunden geschätzt. Aber Jan Pielak sagte mir gleich, dass die übrigen Häftlinge es aufgegeben hätten zu fliehen. Sie hätten ihren Entschluss mit ihrer Angst begründet, weil einem wieder erwischten Häftling die Todesstrafe durch Erhängen drohte. Sie hatten sogar Druck auf Jan Pielak ausgeübt, dass auch er die Flucht aufgeben sollte. Man hatte ihm die gefährlichen Konsequenzen ausgemalt, was die Lagerchefs mit ihm vor allen angetretenen Häftlingen anstellen würden. Außerdem befürchteten sie, dass die Lagerführung die Fluchtplanung nachforschen könnte und dass sie diejenigen Mithäftlinge suchen würde, die die Informationen zur Fluchtrichtung gegeben hatten.

In dieser Situation fragte ich Jasio, ob er sich nun für ein so gefährliches Vorhaben entscheiden könne, ohne dass der Fluchterfolg garantiert sei. Da machte Jasio seine Jacke auf und zeigte mir, dass er einen Häftlingsanzug anhatte und nicht die vorher vorbereitete Zivilkleidung, weil sie jemand einfach aus seinem Versteck weggenommen hatte. Seine Hosen waren extra stark verschmutzt, damit niemand die Art der Kleidung erkennen konnte. Wie zuverlässig hatte er das ausgemachte Treffen ernst genommen und wie mutig hatte er es auch ohne Ersatzkleidung gewagt! Beides überzeugte mich davon, dass er für die Freiheit jeden Preis zahlen wollte. Wenigstens dieser eine Gefangene war dazu bereit.

Jasio war auch gar nicht in Unruhe wegen seines Anzuges. Deswegen war ich um so entschlossener, für ihn so schnell wie möglich eine bessere Kleidung zu beschaffen. Ich stellte mir vor, bei einem Wohnhaus einzuschleichen und irgendein Kleidungsstück mitzunehmen. Auf diese Gelegenheit zum Kleiderwechsel mussten wir aber noch eine ganze Weile warten. Deshalb beschreibe ich es in einem späteren Teil meiner Erinnerungen.

Ich möchte hier nicht analysieren, ob sich meine Häftlingskollegen richtig verhalten haben, als sie auf die Flucht verzichtet haben. Aber eine Sache ist es wert, missbilligt zu werden: Seine kleine Portion von Lebensmitteln und Tabak, die er vorbereitet hatte, war Jasio ebenfalls weggenommen worden. Jasio kam zum Treffpunkt in Häftlingskleidung, aber ohne alles andere wie ein heiliger Derwisch. Meine eigene Lebensmittel- und Tabakration reichte unter diesen Umständen für beide nur etwa zwei Tage.

Es war keine Zeit, die Konsequenzen durchzudenken, und ich beschloss, den Schützengraben sofort zu verlassen und vom Fabrikgelände wegzugehen. Ich hatte Angst, dass einer der Kollegen melden würde, dass Jasio Pielak fehlte. Denn der war mit dem Reinigen des Geländes beschäftigt gewesen. Jasio sagte noch, dass er die Entscheidung der anderen Häftlinge akzeptiert hatte, die Flucht aufzugeben. Aber er hatte dann doch heimlich, ohne dass es jemand sah, den Fabrikzaun überquert und war trotz abgeblasener Flucht am Treffpunkt aufgetaucht.

Unser Fluchtweg führte nach Heidelberg. Unterwegs erfolgte bei sonnigem und frostigem Wetter ein starker Luftangriff auf irgendwelche nicht weit entfernt gelegene Fabriken.[8] In der Gegend, wo wir uns befanden, wurde Fliegeralarm gege-

---

8 Am 23.12.1944 gab es in Mannheim zwei Fliegeralarme mit Bombenabwurf zwischen 12 Uhr 19 und 12 Uhr 59 sowie zwischen 14 Uhr 06 und 14 Uhr 41.

ben. Wir schauten zu, wie die Arbeiter und eine große Zahl von Frauen aus den Fabrikgebäuden herausliefen, die dann wie wir in den ausgehobenen Splittergräben Schutz suchten. Nicht weit davon, wo wir uns untergestellt hatten, bemerkten wir, wie die Flak auf die Flugzeuge schoss, was den Lärm zusätzlich zum Bombardement verstärkte. Nach der Entwarnung kehrten wir auf unsere festgelegte Route zurück und wanderten weiter Richtung Heidelberg.

Heidelberg und das Neckartal

Ich erinnere mich, dass die Straße am Stadtrand etwas anstieg, weil das Gelände aus Bergen bestand. Auf der linken Seite gab es Weinberge, an dieser Stelle ging unser Fluchtweg den Neckar entlang. Wir hatten uns geeinigt, dass wir in jeder Lage ruhig und beherrscht bleiben wollten, damit niemandem etwas auffallen sollte. Wir mussten nicht lange warten, bis unser Verhalten in einer gefährlichen Situation mit Zivilpersonen und auch mit der Polizei auf die Probe gestellt wurde. Wir gingen den Neckar entlang, es war eine sehr pittoreske Straße mit architektonisch schönen Steinhäusern, mit alten Straßenlaternen und Steintreppen, die zum Fluss hinunterführten.[9] Plötzlich tauchten aus dem Nichts zwei uniformierte Polizisten auf, die, wie es uns schien, unsere Identität überprüfen wollten. Glücklicherweise kam gleichzeitig ein großes Fuhrwerk vorbei, das mit einigen Kisten beladen war. Auf der Straße lagen einige gefrorene Äpfel, die wir aufsammelten. Als wir sahen, dass die Polizisten uns neugierig beobachteten, packten wir beide am Fuhrwerk an und taten so, als ob wir die schwere Ladung schieben würden. Unser Selbsterhaltungsinstinkt rettete uns so vor einer frühen Verhaftung. Die Polizisten beobachteten unseren Einsatz und dachten sicher, dass wir gerade als Arbeiter mit diesem Fuhrwerk beschäftigt waren. Wir schoben den Wagen so lange mit an, bis die Ordnungshüter außer Sicht waren.

Ohne weiteren Umweg erreichten wir auf diesem Weg den offensichtlichen Stadtrand. Die Landschaft war bergig und bewal-

---

9 Das deutet darauf hin, dass die Flüchtlinge auf der Nordseite des Neckars entlanggingen, auf der Neuenheimer und Ziegelhäuser Landstraße.

det. Auf der anderen Neckarseite sahen wir schöne Villen direkt am Flussufer.[10] Natürlich hatten wir keine Zeit, die Schönheit der Natur und die in ihr liegenden Bauwerke zu bewundern. Wir mussten die bewohnte Gegend hinter uns lassen und jeden Kontakt mit Menschen vermeiden. Deshalb mussten wir ziemlich schnell entlang der verschneiten Straße marschieren.

So kamen wir zu einer kleinen Stadt, es war wohl Neckargemünd [eher Ziegelhausen].[11] Wir wollten noch den Ort Eberbach erreichen. Kurz vor Neckargemünd erlebten wir am späten Nachmittag noch einen weiteren Luftangriff. Das Ziel der Bombardierung waren irgendwelche Objekte, die oberhalb des Neckars zwischen Felsen lagen. Die Straße stieg dort an und war beidseitig von Wald bestanden. Die Bomben fielen auf die Felsen entlang des Neckars.[12] Unsere Entfernung zu den fallenden Bomben war nicht groß, vielleicht zweimal die Breite des Flusses. Wir konnten das Pfeifen beim Fallen der Bomben hören. Wir spürten den starken Explosionsdruck und dann die Erschütterung und die Detonation. Wie ich mich erinnere, lagen wir in einiger Entfernung von der Hauptstraße in einem Birkenwald. Von unserem Unterstand aus konnten wir genau das Angriffsziel beobachten. Der Angriff dauerte nicht lange. Es wurde dunkel. Unsere ersten Erlebnisse und Gefühle in der Freiheit ließen uns den Hunger nicht spüren, obwohl wir am frühen Morgen zum letzten Mal gegessen hatten.

Wir kamen durch Neckargemünd [Ziegelhausen], als es fast dunkel war. Es war ein kleines Städtchen, ich erinnere mich an einige hübsche Häuser, die aus farbigem Backstein erbaut, wohl auf der rechten Seite des Marktplatzes standen. Wir hörten Weihnachtslieder und durch einige verdunkelte Fenster konnten wir schwach erleuchtete Weihnachtsbäume sehen. Bald hinter dem Marktplatz endete die Straße mit einer Biegung und wurde wieder

---

10 Das war zwischen Karlstor und Schlierbach.

11 Kostrzeński spricht von Neckargemünd. Aber da alles dafür spricht, dass die Flüchtlinge auf der nördlichen Neckarseite entlanggingen, war die erste Ortschaft Ziegelhausen. Hierher konnte man auch von Mannheim an diesem kurzen Dezembertag zu Fuß kommen, um 17 Uhr war es dunkel. Am alten Dorfkern um die katholische Kirche stehen rechts Backsteinhäuser.

12 Das kann ein Angriff auf die Bahnlinie in der Gegend des Karlstorbahnhofs gewesen sein.

zur Landstraße. Die linke Seite der Straße begrenzten große Felsen, während auf der rechten Seite der Neckar floss.

Pannenhilfe im Neckartal

Um in diesem Straßenabschnitt ein Abstürzen zu verhindern, befand sich dort eine nicht besonders hohe Mauer, welche als unser Rastplatz dienen sollte. Genau hier beschlossen wir, auszuruhen und endlich etwas zu essen; wir hatten keinerlei Getränke, sodass wir unseren Durst nicht stillen konnten. Niemand war auf der Straße, es herrschte vollkommene Stille. Wir hockten an der Schutzmauer, um im Mondschein nicht gesehen zu werden und vergaßen nicht, Augen und Ohren aufzusperren. Immer unterhielten wir uns leise und beobachteten aufmerksam die Landstraße, welche hier leicht abfiel. Nachdem wir unseren Hunger gestillt hatten und vorsichtig selbst gedrehte Zigaretten geraucht hatten, beratschlagten wir über ein mögliches Nachtquartier. Hier auszuruhen war wegen des Geländes und wegen des Frostes sehr ungünstig. Wir beschlossen weiterzumarschieren, um so mehr, da die Nacht unsere Verbündete war.

Nach einiger Zeit hörten wir das Geräusch von Automotoren, das sich mit jeder Minute verstärkte. Wir beschlossen sofort, hinter der Mauer im Versteck zu bleiben. Unsere Lage schien da nicht die schlechteste. Einige Minuten später fuhr eine Kolonne mit Militärlastwagen an unserem Versteck vorbei, Motorräder und kleine Militärautos begleiteten sie. Es dauerte ziemlich lang, bis die bedeutende Menge von Fahrzeugen vorüber war, denn diese mussten wegen des ansteigenden Geländes und wegen der vereisten Straße langsam fahren. Plötzlich stoppte eines der Autos – es war eine französische Marke – fast genau auf der Höhe unseres Verstecks. Die übrigen Fahrzeuge fuhren weiter, wobei fortwährend Ausrufe des Ärgers zu hören waren über das Hindernis an dieser neuralgischen Stelle, denn die Straße war nicht breit. Aus dem Fahrzeug stieg ein uniformierter Fahrer und stieß kräftige Flüche aus. Er öffnete beide Kühlerhauben und versuchte, den Schaden zu beheben. Heimlich beobachteten wir die Versuche des Fahrers, wie er einige Male ins Führerhaus stieg, um den Motor anzulassen. Nachdem

Möglicher Pannenplatz im Neckartal oberhalb der Schlierbacher Schleuse, die den Neckar staut. (privat)

der Motor einige Male eine kurze Zeit gelaufen war, vermuteten wir, dass die Benzinpumpe nicht genug Treibstoff lieferte, um den Motor am Laufen zu halten, aber vielleicht fehlte ja nur Benzin. Das waren unsere Vermutungen, vor allem meine, denn Jasio war von Beruf Fuhrmann. Deshalb wusste er über Automotoren nur wenig, aber er stimmte mir zu. In Wahrheit gesprochen: Die Lage, in der wir uns befanden, hörte allmählich auf, uns zu gefallen.

Nach einiger Zeit bemerkten wir Leute, die vom Städtchen herkamen und sich laut unterhielten. Wir lagen längs der Mauer und wünschten, wie ich mich erinnere, wir könnten ein wenig in dem Beton dieser Mauer verschwinden, damit wir nicht an dieser Stelle zu sehen wären. Wir hörten den Fahrer mit allerlei Werkzeugen hantieren und die Lage verfluchen, in der er sich befand. Die beiden Personen – wie sich später zeigte, waren es Ortspolizisten – fragten den Soldaten, ob nicht zwei KZ-Flüchtlinge vorbeigekommen seien. Der Soldat sagte die Wahrheit: Er habe niemanden gesehen. Nachdem sie vom Fahrer diese Antwort gehört hatten, lehnten sie sich an die Mauer an der Straßenseite, ohne zu ahnen, dass sich die von ihnen gesuchten Flüchtlinge nur ein paar Meter von ihnen entfernt versteckt hatten. Die Möglichkeit, dass sie überraschend die andere Mauerseite inspizierten, und der steile Abhang unter uns brachten uns ins Schwitzen. Ihre Unterhaltung war deutlich zu hören und ihre nahe Anwesenheit war fast zu spüren. Wir hatten Glück, dass unsere Seite der Mauer in tiefem Dunkel lag und unsere dort liegenden Körper für einen flüchtigen Betrachter von den vorhandenen Steinen nicht zu unterscheiden waren.

Aber dann beendeten die Polizisten ihre Nachforschungen. Das wurde uns klar, als wir ihre kameradschaftliche Unterhaltung mit dem Fahrer hörten. Der hauptsächliche Inhalt betraf den „Scheißkrieg", wie ihn alle drei bezeichneten. Sie rauchten Zigaretten, ihre Unterhaltung dauerte ungefähr eine halbe Stunde. Gegenseitig klagten sie ihr Geschick und besonders bedauerte man den Soldaten, der den defekten Lkw nicht reparieren konnte und der bei der beträchtlichen Nachtkälte allein seinem Los überlassen blieb. Als sich, wie ich mitbekam, die Gesprächsthemen der „sympathischen" Polizisten erschöpft hatten, verabschiedeten sie sich von dem Soldaten und kehrten in ihr Städtchen zurück. Noch in einiger Entfernung konnten wir ihre Unterhaltung hören. Das Geräusch der genagelten Schuhe auf der Straße verstummte allmählich.

Zu diesem Zeitpunkt schlug ich Jasio vor, dass das eine Gelegenheit wäre, dem Soldaten zu helfen. Vielleicht konnte er uns dann für diesen Dienst mitnehmen, falls wir sein Fahrzeug in Gang brächten. So leise wie wir konnten, überstiegen wir die Mauer und begaben uns auf die Landstraße. Ich begann ein Lied zu summen und Jasio sagte etwas zu mir. So wollten wir den Eindruck erwecken, dass wir aus der Stadt kämen. Wir kamen zum Fahrzeug, und nachdem wir uns mit „Guten Abend!" begrüßt hatten, fragten wir, was los sei. Der Soldat erzählte ziemlich wortreich von der Havarie seines Wagens. Er drückte gleichzeitig sein Missfallen darüber aus, dass sich in diesem Krieg keiner um den anderen kümmere. Bevor ich mich mit dem Fahrzeug zu beschäftigen begann, erzählte ich, dass wir zur Arbeit nach Eberbach gingen, weil uns unsere bisherige Arbeit nicht gefallen hatte. Der Soldat erwähnte die beiden Polizisten nicht. Nachdem ich ihm gesagt hatte, dass ich Automechaniker sei, überließ er es mir aus freien Stücken, sein Fahrzeug in Gang zu setzen.

In Wirklichkeit war ich das nicht. Aber ich hatte mich seit 1939 bis zum Ausbruch des Warschauer Aufstandes als Fahrer schwerer Lkws mit Dieselmotoren befassen müssen. Jasio machte sich sehr nützlich, indem er auf meine Anweisung die nötigen Muttern, Schrauben usw. herreichte. Die Diagnose war einfach. Das Fahrzeug hatte eine defekte Benzinleitung sowie einiges Wasser im Tank. Wir leerten den ganzen Inhalt des Tanks in einen Eimer und bemerkten eine Menge Wasser im Benzin, sowie Eisstücke und Sand. Zum Glück verfügte der Fahrer über eine Ladung Kanister mit sauberem Benzin. Nachdem wir den Tank eingehend gereinigt und noch einige zusätzliche Dinge gemacht hatten, brachten wir den Motor in Gang, er arbeitete ohne Probleme. Der Soldat erlaubte mir, hinter das Lenkrad zu sitzen, um das Funktionieren des Fahrzeugs zu überprüfen. Ich fuhr ungefähr fünfzig Meter weit. Inzwischen sammelten der Soldat und Jasio die Werkzeuge, Kanister und andere Dinge auf. Während der Reparatur hatte ich erfahren, dass die Fahrzeugkolonne nach Würzburg unterwegs war, um an den Fahrzeugen in einer Autowerkstatt notwendige Reparaturen machen zu lassen. Weil wir das Auto in Gang gebracht hatten und den Fahrer aus seiner Not erlöst hatten, erfüllte der Soldat unsere Bitte, uns mitzunehmen, sogar nach Würzburg. Inzwischen war ihm jedoch eingefallen, dass sein Fahrzeug schon vorher einen schweren Schaden gehabt hatte: Der Kühler leckte nämlich. Deshalb musste dringend zusätzliches Wasser ins Kühlsystem nachgefüllt werden. Wir beschlossen, Wasser aus dem Neckar zu schöpfen, unser Wohltäter stimmte dem zu.

An das sehr steile Neckarufer hinunterzukommen, war sehr schwierig, deshalb krochen wir auf allen vieren, Jasio mit einem Kanister. Die Steine waren glatt und teilweise mit Schnee bedeckt. Es ergab sich, dass der Neckar zur Hälfte zugefroren war, und allein in der Strömung war eine eisfreie Fläche, wo man Wasser schöpfen konnte.[13] Es war jedoch ein Problem, an diese offene Wasserfläche zu kommen. Wir hatten Angst, wegen der möglicher-

---

13 In der Rheinebene herrschte seit dem 21. Dezember Dauerfrost. In der Nacht vom 23. auf den 24. Dezember fiel das Thermometer auf -5 ° bis -7°. Im Odenwald dürfte es noch kälter gewesen sein. Oberhalb der Schleuse Neckargemünd, die den Neckar staut, stand das Wasser ruhig genug, um zu gefrieren. Der Ort der Lkw-Panne dürfte also kurz vor Kleingemünd gewesen sein. Für diese Stelle spricht auch, dass etwas neckaraufwärts von hier, sich die Eisenbahnlinie zwischen Straße und Fluss schiebt, was Kostrzeński sicher bemerkt hätte.

weise zu dünnen Eisdecke aufs Eis zu gehen. Bis zur Hälfte des zugefrorenen Bereichs gingen wir ganz sicher, nur ein paar Meter vor der Strömung schien das Eis brüchig und dünn zu sein. In dieser Situation legte ich mich auf den Bauch und erreichte kriechend mit dem Kanister das Wasser. Dort zeigte sich, dass die Wasseroberfläche tiefer lag als die gefrorene Eisoberfläche. Der Abstand von der Eisdecke bis zum Wasser war so groß wie meine Hand. So verursachte es große Mühe, den leeren Kanister ins Wasser einzutauchen. Denn es war nötig, den Kanister mit zusätzlicher Kraft unterzutauchen. Jasio lag ebenfalls auf dem Bauch und hielt meine Beine fest. Das war meine Absicherung dafür, falls die Eisdecke brechen sollte. Ich weiß nicht, ob es gereicht hätte.

Ich füllte den ganzen Kanister mit Wasser, es war schwer, ihn in liegender Position an die Oberfläche zu holen mit ungefähr 20 kg Gewicht, weil ich keine ausreichenden Kräfte in den Armen hatte und die Fläche, auf der ich lag, sehr rutschig war. Die Anstrengung war übermenschlich, aber ich schaffte es irgendwie, den wassergefüllten Kanister auf die Eisfläche zu bekommen. Sehr vorsichtig entfernte ich mich von der Hauptströmung des Flusses, welche weiter unter meinem Bauch floss. Ich schob den verschlossenen Wasserkanister in Richtung Ufer. Dieser Drahtseilakt des Wasserholens war erfolgreich, Jasio ergriff den Kanister und schob ihn in größter Vorsicht auf dem Eis voran. Befreit davon kroch ich unter Herzklopfen langsam von der Strömung weg Richtung Ufer.

An einem bestimmten Punkt hatte ich den Eindruck, dass das Eis an meiner jetzigen Stelle dick genug sei, also stand ich auf. Da zeigte sich aber, dass ich mich gerade auf einer sehr dünnen Stelle befand. Sie stand wegen abnehmenden Wasserstandes frei über dem Flusswasser. Es hatte die Berührung mit dem Wasser gefehlt, um eine dickere Eisdecke zu bilden. Das Eis zerbrach blitzschnell unter meinem Gewicht. Es gelang mir nur noch, meine halb erfrorenen Arme auszustrecken, und das verhinderte, dass ich unter die Eisfläche kam. Ich rief Jasio zu, Hilfe zu holen. Als der Soldat das Eis brechen gehört hatte, war er schnell herabgekommen, um zu helfen. Jetzt stand ich bis zu den Hüften im eiskalten Wasser. Ich fühlte keine Kälte, meine Angst war größer als jedes Körpergefühl. Jasio und der Soldat erteilten mir jeder in seiner Sprache Ratschläge, wie ich aus dem Eisloch herauskommen könnte. Sie konnten nicht näher an mich heran und hatten wohl auch keine rechte Lust dazu. Ich erinnere mich nicht, ob ich damals ihre Ratschläge befolgt habe.

Ich versuchte sehr langsam, so hoch wie möglich auf meine Ellenbogen zu kommen, um so auf die Eisoberfläche zu kriechen. Das gelang mir auch. Dann gaben mir Jasio und der Soldat ihre Hände und zogen mich sehr langsam aus dem Loch. Dort herauszukommen, das war erst ein Erlebnis: Ich konnte die Kälte nicht aushalten und meine nassen Sachen, welche an meinem Körper klebten, schmerzten ungeheuerlich. Ich zitterte wie Espenlaub. Ich konnte nicht gehen, ich war ganz gefühllos. Mit Hilfe meiner beiden Kameraden überquerte ich irgendwie den steilen Abhang und gelangte hinauf auf die Straße. Der Fahrer gab mir sofort eine Decke und hieß mich die Kleider, die völlig durchnässt waren, auszuziehen und auszuwringen. Jasio bemühte sich auf sehr „theoretische Weise", meine Unterhose, Socken und Hosen zu trocknen. Mein Hemd war nur leicht nass, so konnte ich es auf dem Körper behalten. Die Kälte war schrecklich. Eingewickelt in die Decke, zu Eis erstarrt, saß ich im Führerhaus. Ich wusste wirklich nicht, was ich in dieser Situation tun sollte. Meine Kleider waren nass, kalt und steif.

Um meine Sachen zu trocknen, benutzte Jasio einige Lumpen, welche der Soldat ihm reichte. Leider musste ich meine Kleider nass wieder anziehen, natürlich nach und nach: Zuerst die klamme Unterwäsche und die löcherigen Socken. Meine Schuhe, die mit Lumpen ausgestopft waren, lagen im Führerhaus. Ebenso hängte ich meine Hosen hinter meinen Sitz. So wollte ich die Sachen schnell trocknen, weil es in der Fahrerkabine während der Fahrt warm werden würde.

Mit dem Lkw nach Würzburg

Jasio konnte nicht innen mitfahren, weil nur Platz für zwei war. Also war er damit einig – es gab keine andere Lösung – während der Fahrt in eine Decke gewickelt, auf der offenen Ladefläche zu sitzen. Er setzte sich in den Windschatten der Führerkabine, um dem kalten Fahrtwind zu entgehen. Wir fuhren los. Die Fahrt begann langsam, der Fahrer bediente sich des zweiten, höchstens des dritten Gangs.

Unterwegs sprachen wir eine Menge. Ich erfuhr, dass der Fahrer Metzger war und aus Straßburg kam. Während er redete, sagte er seine Meinung über den unsinnigen Krieg, über das Leiden Tausender unschuldiger Leute, über verschiedene Verbrechen während der Zeit des Krieges usw. Nach einiger Zeit fragte er mich direkt, ob wir beide wohl entflohene Häftlinge aus einem Konzentrationslager seien. Er sagte, dass er während des Haltens mit zwei Polizisten gesprochen hatte, welche von ihm Informationen über Flüchtlinge haben wollten. Mir flößte es Vertrauen ein, wie er über viele Probleme menschlich, humanitär dachte. Wonach er fragte, also nach unserer Flucht, das beantwortete ich im Grunde nicht, indem ich ihm zu verstehen gab, wir seien weder Banditen noch Verbrecher. Wir wünschten die Freiheit und wollten genauso wie er das Ende dieses sinnlosen Krieges. Während unserer Fahrt gab er uns zu essen und Kaffee, selber aß und trank er nichts. Diese ganzen nur positiven Charakterzüge des Soldaten machten mich sicher, dass wir es mit einem sehr anständigen Menschen zu tun hatten, der wahrscheinlich viel für uns riskieren würde. Der Soldat erwähnte, dass unterwegs das Quartier seiner militärischen Stammeinheit war, wo er irgendeine Formalität zu erledigen hatte. Ich fragte ihn, ob es für ihn eine Möglichkeit gebe, einen Arbeitsanzug aus Drillich für Jasio zu bekommen. Denn Jasio hatte die kompromittierende Kleidung an, welche unsere Herkunft endgültig verraten könnte. Der Soldat gab zu dieser Sache aber keine klare Antwort.

Nach einiger Zeit hielten wir tatsächlich vor einem großen bzw. zusammengesetzten Barackenbau. Der Soldat stieg aus der Kabine aus und befahl uns, uns völlig ruhig zu verhalten. Der Lkw stand in gewisser Entfernung von dem Eingangstor, das durch einen Schlagbaum verschlossen war. Nach kurzer Zeit kam er zurück und trug einen Arbeitsanzug aus Drillich für Jasio mit sich. Er bat Jasio, dass er sich am Fluss umziehen und dann den Häftlingsanzug ins Wasser werfen sollte. Er informierte uns, dass sein Aufenthalt in der Einheit etwa noch eine Stunde dauern würde. Wir gingen beide leise, geräuschlos vom Fahrzeug weg und begaben uns zum Fluss. Das war nahe, der Zugang war verhältnismäßig bequem zu begehen.

Wir fanden im hellen Licht der Mondnacht einen Unterschlupf, wohl einen Regenwasserabfluss, und in seinem gemauerten Innern waren wir nicht zu sehen. Jasio war glücklich, seine neue Drillichgarnitur anzuziehen, übrigens nur genauso warm wie der Häftlingsanzug, aber eine ziemlich sichere Sache. Den Häftlingsanzug verknoteten wir zu einem Bündel und warfen ihn ins vorbeifließende Wasser. Nach der Rückkehr zum Fahrzeug nahmen wir in der Kabine Platz. Nach nicht ganz einer Stunde Wartezeit kam unser Fahrer zurück. Jasio musste leider auf die Ladefläche zurück.

Es war spät geworden. Nachdem wir unseren Wasserkühler wieder gefüllt hatten, fuhren wir die Straße weiter. Während der Fahrt erzählte ich dem Fahrer von meinen Erlebnissen im Krieg, bei der Arbeit, während des Warschauer Aufstandes, im Lager und natürlich von den Gründen unserer Flucht aus Sandhofen. Viel Zeit widmete ich auch meiner Frau und meinem Sohn, welche wahrscheinlich von den Deutschen ins Unbekannte verschleppt worden waren. Dabei erzählte ich vom barbarischen Verhalten, das Abteilungen der Wlassow-Armee beim Aufstand gegenüber der polnischen Bevölkerung gezeigt hatten.

Wir kamen an ein Hindernis, einen Verkehrsunfall. Ich erinnere mich an den Namen des Ortes nicht mehr, wo er sich ereignet hatte: Zwei Panzerkolonnen waren aus entgegengesetzter Richtung an einer engen Straßenkurve zusammengestoßen und blockierten dadurch den ganzen Verkehr nach Würzburg. Ich hörte, wie von höheren Offizieren der Befehl gegeben wurde, die Wracks schnell zu entfernen. Die Soldaten weckten schon ältere einheimische Bauern, damit sie dem Militär Traktoren oder sogar ihre Pferde zur Verfügung stellten. Die meisten der aus dem Schlaf gerüttelten Leute verwünschten das Militär. Sie waren wenig bereit, den Befehlen zu gehorchen. Sie sagten: „Wenn ihr schon Krieg führen wollt, dann macht das ohne uns!", und kehrten in ihre Häuser zurück. Die Häuser lagen dicht beieinander und bildeten den Marktplatz eines Dorfes oder Städtchens. Die Offiziere beschlossen dann anscheinend, die anderen Panzer als Hilfsmittel einzusetzen, um die Wracks auf ein nahe gelegenes Feld zu ziehen. Wir warteten, bis die Panzerkolonne in Richtung Heidelberg vorüber war, und die Straße in Richtung Würzburg stand uns offen.

Nach einiger Zeit holten wir die Lkw-Kolonne unseres Helfers ein. Alle Autos standen am Straßenrand. Unser Fahrzeug reihte sich an das letzte in der Kolonne. Während dieses Zwangsaufenthaltes hatten viele Soldaten ihre Fahrerkabinen verlassen. Einige hatten natürliche Bedürfnisse zu erledigen, andere wollten Informationen über die weitere Route bekommen. Inzwischen machte wohl der Chef der Kolonne, ein Stabsfeldwebel, der mit seinem Motorrad vorbeifuhr, eine rasche Inspektion. Ihn interessierte der technische Zustand der einzelnen Fahrzeuge. Manche Lkws waren im Schlepptau von anderen.

Unser Fahrer berichtete dem Stabsfeldwebel, dass sein Fahrzeug nur dank der Hilfe von diesen polnischen Arbeitern laufe. Er habe uns bei einer Rast getroffen und habe, nachdem wir ihm geholfen hatten, als Dank versprochen, uns nach Würzburg mitzunehmen. Wir teilten ihm kurz den Zweck unserer Reise mit und gaben wie gewöhnlich einen Wechsel des Arbeitsplatzes an. Der Stabsfeldwebel hatte nichts dagegen und als er Jasio auf der Lkw-Pritsche sah, befahl er sogar einem anderen Fahrer, ihn in seinem Führerhaus mitzunehmen. Jasio war mit dieser Wendung der Dinge natürlich zufrieden. Wir vereinbarten, uns auf dem Abstellplatz der Lkws nach der Ankunft in Würzburg zu treffen, falls einer später kommen würde. Wir kannten uns dort ja überhaupt nicht aus.

Die Fahrzeuge fuhren los. Wir fuhren langsam, einige Fahrzeuge machten jedoch mehr Fahrt, sodass sich die Kolonne ziemlich weit auseinanderzog. In den frühen Morgenstunden erblickten wir auf der rechten Straßenseite eine Gaststätte, vor der viele Fahrzeuge unseres Konvois standen. Mein Fahrer hielt gleichfalls an. Er stieg aus dem Fahrerhaus und sagte, dass das jetzt eine gute Zeit zum Frühstücken sei. Er kam nach einigen Minuten zurück und lud mich auch zum Frühstück ein.

Natürlich war mir nicht wohl dabei, in eine Straßenkneipe zu gehen – aus zwei Gründen: Einmal hatte ich kein Geld, um das Essen zu zahlen, und ich hatte keine Lebensmittelmarken, also würde meine Auswahl nur dürftig sein. Ich verließ mich darauf, dass mich mein Fahrer eingeladen hatte, so würde die Essensrechung auf seine Tasche fallen. Die finanziellen Sorgen waren jedoch das kleinere Problem, mich schreckte die Begegnung mit einer großen Zahl von Personen und Soldaten, die eine unterschiedliche Mentalität und Intelligenz hatten. Tatsächlich beobachteten uns die vielen Soldaten in der Gaststätte mit großem Interesse und machten verschiedene Bemerkungen über uns. Zu meiner Überraschung sah ich Jasio, zwar nicht am großen Tisch, sondern in der Ecke auf einer Bank sitzen und Brot mit Konservenfleisch essen, welches er von seinem Fahrer erhalten haben musste. Ich wechselte mit ihm sehr verstohlen einige Bemerkungen. Ich setzte mich mit meinem Fahrer an den Tisch, mit dem Rücken zum Eingang, vor mir hatte ich den großen Schanktisch, wo sich angeheiterte Biertrinker auf typische Weise eingerichtet hatten. Mein Fahrer bestellte nur Kaffee, dagegen zog er das übrige Essen, nämlich Brot und Konservenfleisch, aus seinem Brotbeutel, welchen er aus der Fahrerkabine mitgenommen hatte. Er teilte seinen Lebensmittelvorrat mit mir.

Auf einmal kamen zwei Funktionäre in die Gaststube herein, vielleicht waren es auch Förster oder Jäger, ich weiß es nicht, doch trugen sie am Arm die Binde mit dem Hakenkreuz. Auf ihren grünen Hüten, die Tirolerhüten ähnlich sahen, hatten sie Federn. An der Seite trugen sie Karabiner oder doppelläufige Gewehre. Sie gingen mit schnellem Schritt, sie grüßten die anwesenden Soldaten mit „Heil Hitler!" und verlangten vom Barmann ein Bier. Sie begannen, die Anwesenden zu mustern und wurden auf uns als Personen aufmerksam, die für sie sehr untypisch waren und die mitten unter den Helden der Front saßen. Einer sprach in sehr unhöflicher Weise unseren Fahrer an, was das bedeuten würde, dass wir da unter ihnen seien. Der Fahrer erklärte kurz, wir seien Arbeiter: „Unsere Gehilfen". Natürlich befriedigte diese Erklärung die örtlichen Würdenträger nicht und sie verlangten unsere gültige Reise-Bescheinigung zu sehen. Es folgte ein scharfer Wortwechsel, während dem der Stabsfeldwebel zur Gaststube hereinkam. Der sagte in kategorischer Weise, dass sie kein Recht hätten festzustellen, wen oder was man mit sich führe. Außerdem machte er sie darauf aufmerksam, dass es eigentlich ihre Pflicht sei, jetzt an der Front zu stehen und nicht auf einem gemütlichen Posten im Hinterland, wo sie sich in Dinge einmischten, die sie nichts angingen. Jasio und ich dankten für das Frühstück und gingen schnell hinaus. Wir versteckten uns zwischen den Fahrzeugen und warteten aufgeregt auf die Rückkehr unserer Fahrer. Sie kamen bald. Dieser Zwischenfall beunruhigte mich, weil auch die Anwesenheit der Soldaten uns keine Sicherheit garantierte. Auch mein Fahrer war ein wenig aufgeregt, obwohl er das zu verbergen suchte. Nach einigen Kilometern kehrte jedoch seine gute Laune von vorher zurück. Wir unterhielten uns sehr lange über unterschiedliche Themen. Seine Ansichten zu den verschiedensten Dingen zeigten mir, dass er mit den Menschen fühlte, die unter dem Hitlerregime litten. Seine Offenheit, das alles zu sagen, obwohl diese defätistischen Anschauungen der NS-Propaganda widersprachen, machte mich noch sicherer, dass ich es mit einem Menschen von hervorragenden Charaktereigenschaften zu tun hatte. Er wusste doch in Wahrheit, wer wir waren und woher wir geflohen waren. Das hatte er in der Bar nicht ausgenützt und uns im Gegenteil zusammen mit seinem Stabsfeldwebel geschützt.

Und auf solche Weise erreichten wir Würzburg.

Würzburg
24. Dezember

Wir fuhren bis vor die Universität, wo sich eine Rotkreuzstation befand, die durch ein großes Zeichen auf einem Leinwandtuch angezeigt war. Wie ich mich erinnere, machte die herrliche Architektur der Universität auf mich einen großen Eindruck.[14] Wir gingen ins Innere hinein. Im Erdgeschoss stand in einem großen weiten Flur, der durch die ganze Länge des Gebäudes führte, ein Tisch und darum herum waren Holzbänke aufgestellt. Hier drinnen waren nur einige Soldaten, welche heißen Kaffee oder Kakao sowie Kuchen zu sich nahmen. Jedoch war die Bedienung zahlreich: Sie bestand aus jungen, gut gekleideten Mädchen, die lächelnd und sich gegenseitig übertreffend die Kriegshelden bedienten. Jede von ihnen hatte eine weiße Haube mit Rotkreuzemblem auf und eine weiße Schürze um. Es war warm hier. Die leise geführten Gespräche der Soldaten, die hier Gast waren, gaben dem Gebäude seinen Ernst. Es hatte ja einst der Entwicklung der Kultur gedient.

Wir setzten uns an den Tisch und eine Bedienung brachte eine große Kanne mit heißem Getränk sowie noch warmen Hefeku-

---

14 Die barocke Schlossanlage der Residenz, die dann am 16. März 1945 zerstört worden ist.

chen. Mein Fahrer rührte das Essen nicht an, er löschte jedoch seinen Durst mit einer großen Menge Kaffee. Ich ergriff diesen irdischen Gütern gegenüber einen völlig anderen Standpunkt, ich aß die ganze vor uns stehende Portion Kuchen und trank dazu noch eine ziemliche Menge Kaffee. Mein Tun erregte, obwohl ich mich einwandfrei verhielt, Erstaunen unter dem Personal, weil ein einziger Zivilist den für vier Personen bestimmten Kuchen gegessen hatte, ein schmutziger, unrasierter Mensch dazu. Als die Rotkreuzschwester fragte, wie lange wir nichts gegessen hätten, weil ich einen solchen Appetit zeigte, sagte mein Fahrer, dass wir eine lange, schwere Fahrt ohne eine Feldküche hinter uns hätten, dazu einen Fahrzeugschaden, Schlafmangel und ich müsse Kraft für den weiteren Weg schöpfen.

Nach dieser Erklärung erfuhr mein Gesprächspartner von den Schwestern, dass wir heißes Wasser und die Sanitäreinrichtungen im Untergeschoss des Gebäudes benutzen könnten. Tatsächlich befanden sich im Souterrain große Räume mit fließendem kalten und warmen Wasser, Waschräume und Spiegel. Mein Soldat legte sein Koppel ab, holte sein Rasierzeug heraus, rasierte und wusch sich eingehend. Ich jedoch bemühte mich, mich ohne Seife nur mit dem warmen Wasser zu waschen, der Effekt war gering. Nachdem der Soldat sich gewaschen hatte, gab er mir die Seife, zeigte auf sein Rasierzeug und stellte fest, dass ich mich jetzt auch rasieren müsste. Ich sagte, dass ich seinen Rasierpinsel und Rasierer nicht benutzen wollte, weil ich Läuse hätte. Darauf sagte er nur: „Mensch, ich habe auch Läuse!" Die Eröffnung nahm mir alle Skrupel, und ich begann, mich zu waschen und zu rasieren. So frisch gemacht, verließen wir diese Rotkreuzstation in Würzburg.

Vor der Universität standen viele Fahrzeuge, welche zu besonderen Reparaturwerkstätten in verschiedenen Teilen der Stadt gefahren werden sollten. Ich suchte nach Jasio und erwartete, dass er nach einer kleinen Weile ankommen würde. Mein Soldat erfuhr von anderen Kollegen, dass Jasio mit seinem Fahrer schon zur entsprechenden Werkstatt gefahren sei und wahrscheinlich erst später hier ankommen müsste. Es konnte sein, dass ich ziemlich lange auf seine Rückkehr warten musste. Deshalb schlug mir mein Soldat vor, dass wir gemeinsam seine Bekannten besuchen sollten, die in Würzburg wohnten. Ich war einverstanden.

Nicht weit vom Sammelplatz der Fahrzeuge wohnten die Bekannten meines Fahrers in einer Nebenstraße. Das Haus war zwei- bis dreistöckig, aus roten Ziegelsteinen erbaut. Vielleicht war es ein Hinterhaus, daran erinnere ich mich jetzt nicht mehr, jedenfalls war es ein Mietshaus, ein altes Gebäude. Die Treppen, die hinaufführten, waren aus Holz und schon stark abgenutzt. Nachdem wir das erste Stockwerk erreicht und die richtige Wohnung gefunden hatten, klingelte der Soldat. Eine jüngere Frau, vielleicht 30-35 Jahre alt, öffnete die Tür. Allem Anschein nach freute sie sich sehr über seinen Besuch. Er stellte mich kurz vor, aber das erweckte weder die Neugier der Hausherrin, noch die einiger anwesender Soldaten verschiedenen Ranges. Denn es war laut, und ich würde sagen: Es ging lustig her. Sie unterhielten sich, aber der Gesprächsinhalt ist meinem Gedächtnis entschwunden.

Von diesem Besuch erinnere ich mich unter anderem daran, dass die Wohnungsbesitzerin meine schwierige Situation beklagte. Sie überlegten, wie sie mir helfen könnten, doch sie fanden keinen konkreten, sicheren Ausweg. Natürlich wurde dieses Gespräch nur zwischen der Frau und meinem Fahrer geführt. Als Fremder unter den Gästen dieser Wohnung bemühte ich mich, nicht an den Unterhaltungen teilzunehmen, um durch dieses Verhalten ihre Aufmerksamkeit nicht auf mich zu ziehen. Für mich war der Höhepunkt des Besuchs, als die Hausherrin den Gästen eine Suppe mit Makkaroni servierte. Auch wenn ich aus der Perspektive dieser vielen Jahre nach dem Krieg auf dieses doch so banale Ereignis zurückblicke, kann ich nicht abstreiten, dass das ein königliches Mahl für mich war. Einige Sorgen bereitete mir, dass ich nicht wusste, was mit Jasio Pielak los war. Ich redete über ihn mit meinem Fahrer, welcher guten Mutes war, und er vermutete, Jasio würde auf mich vor der Universität warten, so wie wir es ausgemacht hatten. Mein Aufenthalt dort bei den Leuten dauerte nicht mehr lange.

Nachdem ich die Wohnung verlassen hatte, fand ich alles unverändert: keine Spur von Jasio. Ich spazierte die andere Straßenseite entlang, beobachtete die Personen, die zur Rotkreuzstation kamen, glaubte dann, dass mein Gefährte mich innerhalb des Gebäudes erwartete, aber natürlich waren das nur Vermutungen. Jasio konnte kein Deutsch und außerdem ließ sein Äußeres viel zu wünschen übrig. Er war unrasiert, schmutzig und der Mantel, den er besaß, war zu groß und stark verschmutzt. Ich konnte mir nicht verzeihen, meinen Leidensgenossen verloren zu haben, umso mehr, als ich über Treffpunkt und Zeit informiert gewesen war. Ich machte mir viele Gedanken über sein weiteres Schicksal, doch darüber werde ich an passender Stelle meiner Erinnerungen berichten.

Nachdem ich mich von den Leuten in dem gastfreundlichen Haus in Würzburg verabschiedet hatte, begab ich mich am frühen Nachmittag nochmals an den Treffpunkt und machte mich dann Richtung Schweinfurt auf den Weg. Ich möchte noch erwähnen, dass die Wohnungseignerin und ihre Gäste mir vorgeschlagen hatten, bis zum nächsten Tag zu bleiben und erst dann Jasio Pielak zu suchen. Ich hatte keinerlei Misstrauen meinem Soldaten gegenüber, mit dem ich zusammen gefahren war. Er hatte so viel für uns getan. Unter anderem wusste er, dass wir Flüchtlinge aus einem KZ waren. Aber ich fürchtete, dass vielleicht irgendein Fremder dazukommen und sich dann für meine Person interessieren könnte. Die Gäste in der Wohnung hatten, nachdem mein Beschützer gesagt hatte, ich sei sein Gehilfe, keine weiteren Fragen gestellt. Mein Beschützer verließ dann auch die Wohnung und überließ mich meinem eigenen Schicksal.

Auf dem Weg nach Schweinfurt
24./25. Dezember

Es war nicht sehr schwer, die Straße nach Schweinfurt zu finden. Bei schönem, aber frostigem Wetter befand ich mich nach einigen Stunden, ohne dass ich von irgendjemandem behindert worden wäre, schon weit von Würzburg entfernt. Die Straße stieg leicht an, zur Linken befanden sich Wälder, auf der rechten Seite der Straße breiteten sich ausgedehnte Wiesenflächen aus, in denen irgendein Dorf zu sehen war und eine Eisenbahnlinie. Die Sonne war am Untergehen, die Lufttemperatur verminderte sich spürbar. Mir wurde trotz meines ziemlich schnellen Marschtempos allmählich kalt.

In dieser Szenerie der Ruhe, die durch keinerlei Autogeräusche auf der Landstraße gestört wurde, hörte ich auf einmal Stimmen, das Gelächter einer Gruppe von Menschen, die mir auf der Straße entgegenkamen. Ich hörte, dass das russische Landarbeiter waren, unter welchen sich auch Frauen befanden. Als sie sich mir näherten, folgte eine Begrüßung, aber ich kann nicht sagen, dass sie herzlich war. Mir kam in den Sinn: Slawen! Slawen! Das heißt, es trafen sich Leute in den gleichen schwierigen, unsicheren Umständen, sie waren in gleicher Weise unterdrückt. Tatsächlich gaben sie mir wertvolle Informationen, nämlich dass an der Straße nicht weit von unserem Treffpunkt ein Wehrmachtposten war, wo alle kontrolliert wurden und sich alle Fußgänger ausweisen mussten. Da die Nacht herankam und ich den weiteren Weg nicht kannte, bat ich die Landarbeiter, mir zu helfen und mir etwas zu essen und eventuell ein Nachtquartier zu geben. Sie konnten weder die erste noch die zweite Bitte erfüllen. Sie erklärten, dass die Bauern, bei denen sie beschäftigt waren, das Essen genau zuteilten und von einem Nachtquartier könne keine Rede sein. „Wo denn? In der Scheune? In ihrem Quartier?" Deshalb fragte ich sie noch nach Einzelheiten über die Eisenbahnlinie und welchen Weg nach Schweinfurt ich wählen könnte. Sollte ich den bewachten Teil der Straße auf einem Nebenweg umgehen oder eine Marschroute entlang der Eisenbahnschienen wählen? Ich erhielt keinen wirklich brauchbaren Rat, denn wahrscheinlich bereitete es ihnen Schwierigkeiten, meine Frage zu beantworten, um so mehr, als ein Teil der Gruppe schon weiter zum Dorf gegangen war. Ich spürte, dass sie Angst davor hatten, mit mir zu sprechen. Denn immer wieder fragte einer: „Was für einer bist du?" Als ich einsah, dass sie eine eher unfreundliche Haltung mir gegenüber behielten, dankte ich ihnen für alle Informationen und Ratschläge und ging schnell weiter.

Zuerst benutzte ich die Landstraße, danach wandte ich mich nach rechts in Richtung Eisenbahnlinie. Es war schon dunkel. Als dann der Mond aufging, verbesserte sich die Sicht erheblich. Man konnte in der Nähe viele Einzelheiten des Geländes erkennen. Der Frost musste ziemlich stark sein, denn der Schnee gab während des Gehens ein charakteristisches knirschendes Geräusch. Ich ging entlang der Gleise, eine Zeitlang einen schmalen Pfad, welcher dann in den Furchen eines gepflügten Feldes endete. Das machte mehr Mühe und ließ mich schneller ermüden. Aber ebenso machte der Weg längs der Schienen große Mühe, weil ich über die

Bahnschwellen stolperte und außerdem erschwerte der rutschige Schotter das Gehen. Es wurde mir klar, dass meine Person auf den Schienen im Mondlicht aus großer Entfernung sicher gut zu sehen war. Erschöpfung, Hunger, Kälte verlangsamten mein Marschtempo und ich hielt Ausschau nach möglichen Ruheplätzen.

Jetzt bemerkte ich auf der linken Seite der Schienen ein Gebäude sowie ein Dutzend Meter davor einen großen Heuschober. Das Haus war bewohnt, Rauch kam aus dem Kamin und das Fenster hatte einen blassen blauen Lichtschein. Ich ging an das Haus heran, um an die Tür zu klopfen. Ich riskierte es aber erst, als ich nachgeschaut hatte, wer sich da drinnen befand. Das Fenster lag ziemlich hoch, sodass man etwas klettern musste, um ins Innere des Zimmers zu sehen. Aber dorthin zu kommen, wurde mir dadurch erleichtert, dass große Holzklötze unter dem Fenster angehäuft waren. Das Zimmer war ziemlich groß. Die Bewohner schliefen noch nicht, die Hausfrau machte irgendetwas in der Küche, am Tisch saß ein ungefähr vierzigjähriger Mann und in der Stube waren wohl fünf Kinder verschiedenen Alters. Das älteste mochte 12 Jahre alt sein. Durch die Fensterscheibe sah ich herumtollende Kinder, welche sich allmählich auszogen. In der Stube musste es warm sein, denn der Mann trug nur Hemd und Hose.

Dieses idyllische Familienbild brachte mich dazu anzuklopfen. Es kam keine Antwort. Dann öffnete der Hausbesitzer die Eingangstür und forderte mich auf hereinzukommen. Ich begrüßte ihn mit: „Grüß Gott!" Ich fragte, ob ich etwas Wasser haben könnte und vielleicht etwas zu essen, weil ich Hunger hätte. Ich erklärte, dass ich auf dem Weg zum Arbeitsamt sei, um von meinem bisherigen Arbeitsplatz zu wechseln. Nachdem der Hausherr mich angehört hatte, gab er seiner Frau den Auftrag, mir etwas Essen zu geben, was sich aus einer Brühe mit Fettstücken und Brot zusammensetzte. Außerdem erhielt ich Kaffee. Die Kinder schauten mich neugierig und aufmerksam an, sie machten verschiedene Bemerkungen, was der Vater tadelte. Weil es in der Stube warm war, weil ich vom Marsch erschöpft und weil mein Hunger gestillt war, überfiel mich eine solche Müdigkeit, dass ich fragte, ob ich übernachten könnte. Der Hausherr erwiderte, dass es nicht so viele Schlafplätze und Bettzeug gab, weil er so viele Kinder hatte. Er fügte hinzu: „Es ist Krieg." Plötzlich fragte er, woher ich die deutsche Sprache kennen würde, denn ich spräche mit rheinländischem Akzent. Ich sagte, dass ich sie von Arbeitern gelernt hätte, und auf die zweite Frage, ob ich auch lesen könne, antwortete ich, dass ich überhaupt nicht deutsch lesen könne, ich verstünde kein einziges geschriebenes Wort. Darauf sagte der Hausherr – wie sich später zeigte, war er Bahnwärter – dass er im Dorf einen Freund habe, welcher mir gerne ein Nachtquartier und vielleicht auch Arbeit geben würde. Er zog sich schnell an. Ich dankte der Hausfrau für das Essen und verabschiedete mich. Wir verließen das Haus.

Die Kälte hatte noch zugenommen, der Mond schien, es war still. Wir gingen zuerst längs der Eisenbahnschienen zu einem großen Stellwerk mit zahlreichen Signalen und zu einer Brücke, die über die Gleise führte. Dort wendeten wir uns nach links und gingen wieder von der Eisenbahnlinie weg. Nach einem Weg von ungefähr zwei Kilometern zeigten sich die Umrisse eines ziemlich kleinen Städtchens mit kleinen Straßen.[15] Die Häuser waren aus Stein. Mein Führer brachte mich zu einer Villa. Nachdem er sich vergewissert hatte, dass die Gartentür geschlossen war, läutete er mehrmals. Nach einer gewissen Zeit öffnete eine Frau ein Fenster im ersten Stock und fragte: „Wer ist da?" Mein Begleiter fragte die Frau, ob der Hausbesitzer da sei, er nannte seinen Namen. Die Frau antwortete, dass er nicht da sei und dass er wahrscheinlich nicht so bald zurückkommen würde. Mein Begleiter bat, die Tür zu öffnen, denn er habe eine sehr wichtige Sache für ihn und bringe ihm einen Gast. Tatsächlich gab uns das elektrisch geöffnete Schloss den Eintritt in das Grundstück frei. Der Mann hatte mich, wie es sich zeigte, zum Landrat dieser Gegend geführt, was deutlich auf dem Schild beim Hauseingang zu sehen war. Er ließ das Gartentor zuschlagen, lief selber zur Treppe des Hauses und befahl mir, eine Weile außen zu warten.

Mir wurde die drohende Gefahr bewusst, ich wartete nicht darauf, was weiter passieren würde, sondern beschloss, sofort zu fliehen. Natürlich suchte ich einen anderen Weg als den, der uns in die Villa des Landrats gebracht hatte. Das Mondlicht zeigte mir den Weg, wie ich wieder in die Freiheit kommen konnte. Ich übersprang den ziemlich hohen Zaun, der die Villa umgab und befand

---

15 Der Ort könnte am ehesten Werneck gewesen sein. Das Stellwerk deutet auf Weichen und eine Abzweigung, möglicherweise der Bahnhof von Waigolshausen.

mich auf einem Weg, der die Grenze zu Kleingärten bildete. Es waren viele Gärten mit Bäumen bestanden und mit Sommerhäusern verschiedener Konstruktion. Schnee bedeckte mit einer ziemlich dicken Schicht die Wege und die Zugänge zu den Abteilungen sowie die Gartenhäuser selbst. Wenn ich Spuren im Schnee hinterließ, erleichterte das sicher die Verfolgung. Anfangs bemerkte ich diese Gefahr nicht und suchte schnell nach einem Gartenhaus, in welchem ich mich verstecken konnte. Viele von ihnen waren gegen Einbruch dicht verschlossen, sodass es ohne Werkzeuge unmöglich war, hineinzukommen. Ich lief von einer Parzelle zur anderen, rüttelte an der Tür jedes Gartenhauses, es musste doch endlich eine zu öffnen sein. Könnte ich durch eine eingeschlagene Fensterscheibe hineinkommen?

Diese Idee war nicht zu realisieren, weil ich Hunde bellen hörte, Männerstimmen – die Angst ließ mich schneller laufen. Endlich ließ sich die Tür eines Gartenhauses öffnen und ich trat ins Innere des kleinen Hauses. In ihm lagen Heu, verschiedene Arten von Gartenwerkzeugen, Säcke, irgendwelche alte Schränkchen. Der Raum war so eng, dass ich mich nur auf den Heuhaufen und einige Stöcke legen konnte. Ich fasste mit einer Hand die Klinke der Tür fest und hielt auf diese Weise das Gartenhaus verschlossen. Die Stimmen der Leute und der suchenden Hunde verstärkten sich mit jedem Moment. Ich lag ausgestreckt auf dem Heu und hielt mit hochgerecktem Arm die Klinke, ich fühlte die Kälte nicht, meine Angst vertrieb sie. Aus den Unterhaltungen der Suchmannschaft ging hervor, dass die einen feststellten, dass der Flüchtling nicht diesen Fluchtweg genommen hätte, dass sie aus Zeitmangel nicht jeden Kleingarten durchsuchen könnten. Die anderen fanden das richtig, sie stellten die weitere Suche hier ein, obwohl sie sich schon sehr nahe an meinem Versteck befanden.

Tatsächlich verstummten die Stimmen nach einiger Zeit, das Hundegebell war nicht mehr zu hören. Aber als es still war, brachte mich das noch nicht dazu, mein Versteck zu verlassen. Ich lag auf dem Heu, ließ nur vorsichtig die Türklinke los und bemühte mich, durch die Scheibe in der Tür zu erkennen, was sich draußen tat. Ich dachte: „Ist die Stille nicht nur ein Hinterhalt?" Es war möglich, dass einige Verfolger sich ohne Hunde irgendwo zwischen den Sträuchern und verschneiten Bäumen versteckt hätten, um leise dem Flüchtling aufzulauern. Länger dachte ich dann darüber nach, welchen Weg ich jetzt auswählen sollte. Als Erstes fiel mir ein: „Soll ich zum Bahnwärter zurückkehren und Rache nehmen?" Aber wie sollte ich das machen? Im Heuschober schlafen, der nur ein Dutzend Meter von seinem Haus entfernt war? Unsinn!

Nach einiger Zeit war ich sicher, dass mir jetzt keine Gefahr mehr drohte. Ich verließ mein Versteck und ging in Richtung der Eisenbahngleise. Nachdem ich einige Kilometer hinter mir hatte, erreichte ich erneut die Bahnlinie und – oh Wunder! – den Heuschober mit dem bekannten Bahnwärterhaus.

Wegen meiner Übermüdung und meinen Erlebnissen musste ich schlafen und wenn es nur für zwei Stunden im Heuschober war. Alle meine Bewegungen, um in den winterlichen Schlafraum hineinzukommen, geschahen sehr vorsichtig, leise. Der Mond erleuchtete weiter die Umgebung, was mir deren Beobachtung erleichterte. Der Heuschober war nicht zu fest geschichtet und es war ohne Gewalt möglich hineinzukommen, sich mit den Beinen unten an der Basis des Heus in das Innere hineinzuschieben und sich gleichzeitig mit den Händen aufzustützen. Ich kroch so tief wie möglich in das Heu hinein, sodass es einerseits warm war und man andererseits mich am Tag nicht bemerken konnte, falls es hell würde. Ich lag im Schober so zwei Stunden lang. Ob ich geschlafen habe? Eher habe ich gedöst. Es war ein unruhiger Schlaf. Immer wieder wachte ich auf. Ringsum war es still und es schien mir, dass es draußen ziemlich dunkel geworden war. Das schrieb ich der späten Stunde zu. Und da es mir im Heustock inzwischen ziemlich kalt geworden war, beschloss ich, aus meinem „warmen" Versteck herauszukommen und weiter Richtung Schweinfurt zu marschieren.

Zu meiner Verwunderung merkte ich, dass meine ganze Kleidung nass war. Als ich in die eisige Luft hinausging, froren meine feuchten Sachen an. Ich fühlte nicht nur die mich durchbohrende Kälte, sondern hatte auch den Eindruck, in einem stählernen Panzer zu gehen. Dadurch war ich im freien Ausschreiten behindert und die Kleidung gab keinerlei Wärme. Vom Haus des Bahnwärters aus begab ich mich auf den gleichen Weg wie am Vorabend entlang der Gleise bis zum Stellwerk mit der Signalbrücke.

Als ich näher kam, hörte ich einen Mann, der im offenen Fenster stand, mit einer Frau sprechen, die wahrscheinlich gerade aus dem Gebäude herausgekommen war. Sie war stehen geblieben, um das Gespräch fortzusetzen. Das Stellwerk stand auf der rechten Seite der Schienen. Mein Abstand zu der Frau betrug nur einen drei- oder viermaligen Gleisabstand. Ich wusste überhaupt nicht, wie viel Uhr es war, von dem Zeitpunkt an, als ich den Heustock verlassen hatte. Der Mond war noch am Himmel, aber die Sterne konnte man nicht mehr deutlich sehen, sodass aus ihrem Stand kaum die Uhrzeit abzuleiten war. So nutzte ich die Gegenwart der Frau und fragte sie, wie viel Uhr es sei. Ihre Reaktion hatte ich nicht vorhersehen können: Sie rannte mit lauten Hilferufen zur Tür des Stellwerks. Weil mein Weg von großen Hecken bestanden war, sah mich die flüchtende Frau nicht. Nach wenigen Sekunden lief der Eisenbahner mit einem Karabiner aus dem Stellwerk und fragte mehrmals, ob jemand in der Nähe sei. Ich schwieg und hielt mich im Dunkel versteckt. Der Mann versicherte dann der Frau, dass es nichts Beunruhigendes gebe. Ich sah, dass sie sich noch eine Weile unterhielten, dann entfernte sich der langsame Schritt der Frau. Der Eisenbahner blieb noch eine Weile stehen, dann ging er ins Stellwerk zurück.

Der Zwischenfall war wirklich nicht angetan, meiner aktuellen psychischen Verfassung aufzuhelfen. Als niemand mehr in der Nähe war, ging ich so vorsichtig weiter, wie ich konnte. Ich passierte die Signalbrücke und ging in die Richtung, in der nach meinem Gefühl Schweinfurt lag. Es war keine leichte Wanderung, denn meine Route führte mich hauptsächlich über die offenen holprigen Äcker. Ich entfernte mich von den Eisenbahngleisen, hatte auf der rechten Seite einen Wald, dem folgend setzte ich meine Flucht fort. Die Straße, die sich nach meinem Gefühl zur Linken hinziehen musste, konnte ich nicht lokalisieren. Das beunruhigte mich aber dann nicht mehr, als ich jenseits des Waldes zum ersten Mal einen Zug vorbeifahren hörte. Mein Weg musste der richtige sein, außerdem war er sicher.

Ungefähr in einer solchen Szenerie verging die Nacht. Es begann, hell zu werden, ich konnte das Gelände besser sehen. Der Frost hatte überhaupt nicht nachgelassen. Weil ich, seit ich den Heustock verlassen hatte, schnell und lange gegangen war, hatte ich das Gefühl, dass meine Wäsche etwas trockener geworden war. Meine Schuhe, die Hosen und der Mantel waren weiter steif gefroren. Vor allem schmerzten meine Beine, vor allem die Knie, sowie die Hände, welche ich nicht in die nassen Taschen stecken konnte. Die Ärmelenden meines Mantels rieben meine Hände wund. Sie waren so durchfroren, dass ich sie fast nicht spürte. Natürlich versuchte ich, sie immer wieder zu reiben und mit dem Atem ein wenig anzuwärmen, aber das konnte ich nur tun, wenn ich stehen blieb. Ebenso rieb sich mein Hals an dem steif gefrorenen Mantelkragen, was mir wehtat. Nicht einmal ein kleines Feuer konnte ich anzünden, um an Ort und Stelle die Kleider zu trocknen und mich ein wenig aufzuwärmen. Das würde schnell die Ordnungskräfte aufmerksam machen, die mich festnehmen konnten.

In so unangenehmer Lage wanderte ich, bis es völlig hell geworden war. Es gab keinen Wind, nur ein leichter Nebel lag über der Landschaft. Endlich zeigte sich die Sonne, auf die ich mit Inbrunst gewartet hatte. Ich hoffte ein geschütztes Plätzchen zu finden, um mich nach einem derartigen Gewaltmarsch zu erholen. Aber ich erinnere mich nicht mehr, ob ich eine solche Oase der Ruhe und des Friedens in meinem Golgatha gefunden habe.

Jedoch entdeckte ich dann in einiger Entfernung die Straße und bog dorthin ab. Nun ging ich die Straße entlang. Es gab keinerlei Autoverkehr, nur hin und wieder zeigte sich ein Fuhrwerk, das dann in einen der abzweigenden Wirtschaftswege hineinfuhr.

Der Tag versprach freundlich zu werden, obwohl noch der Nebel über der Landschaft hing. Deshalb war die Sicht schlechter, als sie bei so schönem Wetter hätte sein können.

Schweinfurt
25. Dezember vormittags

Schweinfurt war eingehüllt in Rauch oder Nebel. Die Umrisse machten von Weitem nicht den Eindruck einer großen Stadt oder eines Industriezentrums. In den Vorstädten sah ich ganz nah die Ufer eines Flusses, später dann eine Brücke mit mehreren Pfeilern und weiter die Konturen irgendwelcher Türme oder hoher Häuser. Zur Linken erstreckten sich über viele Kilometer irgendwelche zerbombten Fabriken hin. Trotz der großen Zerstörung waren sie aber noch in Betrieb. Trümmer lagen auf der Straße, teilweise hoch aufgetürmt, sie waren so aufgeräumt, dass sie gerade einen Durchlass für Fahrzeuge ließen, überall Trümmer über Trümmer. Solche Bilder verließen mich im ganzen Umkreis der Stadt nicht und auch nicht in der Stadt selbst, wo die Trümmerwälle sogar bis zum zweiten Stockwerk reichten. Im Zentrum waren nur einige große Gebäude heil geblieben.

Während ich die Straßen Schweinfurts entlangging, hatte ich Angst, dass meine Person die Aufmerksamkeit der Passanten weckte. Es waren Einwohner in Zivilkleidung unterwegs oder Personen in Uniform oder Arbeiter verschiedener Nationalitäten, kenntlich an ihren Armbinden. Ich bemühte mich um das ganz normale Verhalten eines Mannes, der zur Arbeit eilt. Deshalb schenkte ich der Umgebung keine Beachtung und wählte meinen Weg durch die wenig belebten Straßen, auch durch solche, die wegen der Ruinen nicht bequem zu begehen waren.

Um neun Uhr morgens bei schönem sonnigen Wetter, als ich noch nahe an den Fabriken war, gab es einen Luftalarm. Aus großer Höhe fielen Bomben auf die Stadt und die von fern sichtbare Brücke. Ich beobachtete diesen Angriff, während ich mit großer Angst in den Ruinen neben der Straße lag. Ich beobachtete die darüber hinfliegenden Flugzeuge, die man nicht zählen konnte, und die Folgen ihres Angriffs. Mit mächtigen Explosionen flogen die getroffenen Objekte in die Luft, es wurde trüb vor Brandwolken und Staub, so sehr, dass die Sicht darauf fast ganz verloren ging. Das alles war von mächtigen Erschütterungen der Erde begleitet und untermalt von dem Krachen der Bomben und von den hier und dort schießenden Flak-Kanonen. Während meines Zwangsaufenthalts verbargen sich viele zufällig vorbeikommende Leute in den Winkeln der Ruinen oder direkt in den Bombenkratern.[16]

Es war danach keine kleine Kunst, inmitten der zerstörten Gebäude den richtigen Weg nach Bamberg zu finden, ohne sich bei anderen Personen Auskünfte zu holen. Meine Richtung schlug ich in gewisser Weise intuitiv ein, es gab zur Linken eine bedeutende Erhöhung, wohl ein Berg, auf dem sich wohl alte Schlossgebäude erhoben. Auf diesen wehten Flaggen des Roten Kreuzes, was auf einen großen Kranken-

---

16 Nach Auskunft des Stadtarchivs Schweinfurt ist dieser Luftangriff bisher nicht nachweisbar. Es muss sich um eine vergleichsweise kleine Bombardierung gehandelt haben.

hauskomplex hindeutete. Mehr oder weniger von diesem Punkt an gab es keine Spuren der Bombardierung mehr.[17]

Es begann die typische Landstraße. Rechts war Süden und links Norden. Anhöhen auf der linken Seite zogen sich wohl über viele Kilometer hin, Bamberg lag also im Osten. Nach einigen Marschkilometern sah ich im Süden eine ausgedehnte Talaue, durch die eine einspurige Eisenbahnlinie verlief. Meine Landstraße war nicht besonders breit, aber sie hatte auf beiden Seiten eine Art abgetrennter Bürgersteige.

Schonungen
25. Dezember mittags bis abends

Ich erinnere mich nicht mehr, wie viele Kilometer ich brauchte, um die Ortschaft Schonungen zu erreichen, die sich längs der Straße hinzog. Der ganze Ort war ziemlich ausgedehnt, die Gebäude standen nur auf der Nordseite der Straße. Alle Gebäude, ihre Architektur, zeigten eine mehr oder weniger große Eleganz, es waren Einfamilienhäuser. Sie standen zwischen Bäumen und Sträuchern, die vor den Häusern Vorgärten bildeten, und hinten waren sie in Parzellen aufgeteilt. Wie ich mich erinnere, waren die Häuser eher einstöckig, manche waren tief versteckt unter dichten Hecken.

Meine physische Erschöpfung, Hunger und vor allem Durst zwangen mich, eines der Häuser herauszusuchen, damit ich dort wenigstens um Wasser bitten könnte und dass ich etwas zu trinken bekam. Diese Auswahl war aber nicht leicht, ich fürchtete neugierige Nachbarn, bellende Hunde, verschlossene Türen. Allerdings waren überall Zeichen dafür da, dass die Eigentümer anwesend waren. Denn die Gehsteige waren innerhalb der Parzellen vom Schnee gesäubert, hier und da kam Rauch aus den Kaminen und zeigte an, dass die Bewohner zu Hause waren. Nur was für welche? Misstrauische? Schließlich war ja Krieg.

Ich schritt langsam an den Häusern entlang. Da sah ich in einem Haus im Oberstock eine junge Frau am offenen Fenster stehen. Ich blieb stehen und beschloss, bei dieser Frau um Wasser zu bit-

---
17 Wohl das Städtische Krankenhaus.

ten. So drehte ich mich um, überquerte die Straße und öffnete, so vorsichtig ich konnte, die Gartentür, sie war nicht verschlossen. Ein schmaler Weg führte zur Eingangstür, die sich seitlich am Haus befand. Ich läutete, nach wenigen Sekunden öffnete mir diese Frau die Tür. Ich bemerkte an ihrem Gesicht, ihrer Mimik, dass sie außerordentlich verwirrt war. Indem sie den Finger auf den Mund legte, zeigte sie mir ihre Hilfsbereitschaft, obwohl ich doch so einen heruntergekommenen Eindruck machen musste. Ohne etwas zu sagen, ging sie schnell aus dem Vorraum weg und schloss hinter sich die Haustür. Sie fasste mich bei der Hand und führte mich schnellen Schritts zu einer Art Gartenhaus, das direkt am Haus stand.

Das alles geschah ganz schnell. Dort drinnen erst erklärte ich ihr, was ich wollte. Die sympathische Frau sagte mir, ich solle mich hier im Gartenhaus verstecken. Dieses Sommerhaus war sechseckig, die Mauern holzbedeckt, außen vom Schnee befreit. Sie fragte nach, ob zufällig jemand aus den Nachbarhäusern mich gesehen hatte, wie ich hier in den Garten hereingegangen war. Ich antwortete, dass ich sehr vorsichtig gewesen sei. Erst nachdem ich mir sicher gewesen sei, dass niemand in der Nähe oder an den Fenstern der benachbarten Häusern gestanden habe, sei ich zum Haus gegangen. Ich war mir bewusst, welches Risiko sie einging, wenn sie mir half, umso mehr, als ich bemerkt hatte, dass im Haus dieser Frau Gäste waren. Im Vorraum hatte ich einige Mäntel von Wehrmachtsoffizieren gesehen. Dieser Vorraum war verhältnismäßig klein gewesen, die Tür zum nächsten Raum war offen gestanden, von innen waren die Stimmen einer Männerunterhaltung herausgedrungen, alles war voller Zigarren- und Zigarettenrauch gewesen. Da ich kräftige Stimmen gehört hatte, hatte ich gleich gedacht, dass es junge Offiziere sein müssten. Einer von ihnen, der nicht sichtbar war, hatte mit lauter Stimme gefragt, was los sei, die Frau hatte geantwortet: „Nichts Besonderes!" und hatte die Tür geschlossen. Nach zehn bis fünfzehn Minuten brachte die Frau, die inzwischen einen Mantel anhatte, eine sehr große Kanne heißen Kaffee mit Milch, Brot mit Rauchfleisch und einige Stücke Kuchen ins Gartenhaus. Sie stellte alles auf den Tisch.

Wir wechselten ein paar Worte, natürlich konnte ich ihr über den Grund meiner Anwesenheit nicht die Wahrheit sagen. Ich sagte, dass ich auf das Arbeitsamt nach Bamberg ginge, aber weder Ausweis, noch Lebensmittelmarken, noch Geld hätte. Sie fragte nicht viel nach, sondern kehrte schnell ins Haus zurück. Nach einiger Zeit, vielleicht nach einer halben Stunde, kehrte sie in einer ganz anderen Stimmung zurück, sie lächelte. Nie werde ich ihre guten Augen vergessen, es war eine blonde, hübsche Frau, ziemlich schlank. Sie führte ein kleines, etwa vierjähriges Kind mit sich, welches ein mit Zierband verschnürtes Päckchen trug. Als das Kind mir das Päckchen gab, sagte sie – sie war wohl die Mutter des Kindes – das sei mein Weihnachtsgeschenk von ihrer Tochter. Das war ergreifend für mich. Ich dankte der Frau für alles und verabschiedete mich rasch und ging sehr vorsichtig vom Haus weg. Ich wechselte dabei jedoch auf die andere Straßenseite, sodass ich in einigen Metern Entfernung am Haus vorbeiging und man nicht sehen konnte, woher ich kam.[18]

Von dieser so gastfreundlichen Frau hatte ich erfahren, dass die Eisenbahnlinie nach Bamberg führte und dass ein Zug erst am frühen Abend fahren würde. Der Bahnhof befand sich in einiger Entfernung von Schonungen Richtung Osten. Sie hatte mir auch gesagt, dass es für mich auf dem Bahnhof gefährlich sein würde, weil dauernd Kontrollen stattfinden könnten. Als ich das Haus verlassen hatte, war es gegen Mittag gewesen. Der heiße Kaffee und mein voller Magen machten mich so müde, dass ich fast im Gehen einschlief. Ich fand eine große Müllkippe am Hang, gut gewärmt von der Sonne, und nachdem ich eine passende Vertiefung gefunden hatte, schlief ich im Abfall. Es war warm, trotz der Kälte.

Mit dem Zug nach Bamberg
25./26. Dezember nachts

Ich erwachte, als die Sonne schon untergegangen war, und ich verspürte eine große Kälte. Ich beschloss, zum Bahnhof zu gehen, an seinen Namen erinnere ich mich nicht. Aber ich erinnere mich gut

---

18 Nach freundlicher Auskunft der Gemeindeverwaltung Schonungen konnte die Helferin nicht identifiziert werden: „Von den vielen gefragten älteren einheimischen Personen kann sich keine an ein solches Gartenhaus erinnern. So lässt sich auch das dazugehörige Wohnhaus und damit dessen frühere Bewohner nicht finden."

an das Aussehen des Bahnhofs sowie an eine Hecke vor dem Bahnsteig, welche mein Versteck sein sollte, wo ich auf den Zug warten wollte. Von diesem Platz aus konnte ich gut auf den Bahnsteig sehen und auf die wenigen Personen, die sich dort befanden. Vorwiegend waren es Soldaten. Einige Polizisten und Zivilpersonen fanden sich kurz vor der Ankunft des Zuges aus Schweinfurt ein. Es war schon dunkel, als ich den Zug heranfahren hörte, der aus einigen Personenwagen bestand. Der Bahnsteig war ziemlich hochgelegen im Verhältnis zu meiner Hecke und endete mit einer Betonmauer. Es war nicht einfach, auf den Bahnsteig hinaufzukommen, der in dem Augenblick beleuchtet wurde, als der Zug einfuhr. Die Betonbegrenzung war zu hoch, um einfach ungehindert auf den Bahnsteig zu klettern und einzusteigen. Der letzte Waggon hielt gerade an einer sehr ungünstigen Stelle. Das Trittbrett des Waggons war zwar von den Schienen aus erreichbar, aber es war nicht möglich, es zu benutzen, denn sobald der Zug anfahren würde, würde es unter die Höhe des Bahnsteigs geraten. Ich wusste nicht, was ich da machen sollte. Der Bahnhof war hell erleuchtet, viele ein- und aussteigende Personen bevölkerten den Bahnsteig. Es war unmöglich, ungesehen dorthin zu kommen, also wartete ich, ob sich nicht doch eine Möglichkeit auftun würde. All das dauerte nur Minuten.

Der Schaffner am Zug gab das Abfahrtssignal – und da gingen plötzlich die Lichter am Bahnhof aus. Das hatte ich nicht erwartet. Der Zug blieb noch stehen und obwohl steifgefroren vom Warten, versuchte ich mit Einsatz aller Kräfte, auf den Bahnsteig hinaufzukommen. Als es mir mit viel Mühe gelungen war, das hohe Hindernis zu überwinden und ich mich auf dem Bahnsteig aufgerichtet hatte, befand sich der Zug schon in ziemlich rascher Fahrt. Es gelang mir nur, die Metallgriffe zu fassen, die den Aufgang zur Außenplattform sicherten, ich rannte in die Dunkelheit hinein und versuchte bei ständig wachsender Geschwindigkeit des Zuges auf die unterste Stufe zu springen. Außerdem war der Bahnkörper mit kleinen Schottersteinen belegt, damit war das Laufen auf der unebenen Oberfläche erschwert. Es war ein Wunder, dass ich es schaffte.

Trotz meiner Anstrengung war ich ganz kaltblütig gewesen. Jetzt war ich glücklich. Langsam stieg ich die Stufen hinauf zu einem kleinen Anbau am Wagen. Es war das Bremserhäuschen, auf beiden Seiten Türen mit heruntergelassenen Scheiben. Natürlich fehlten die Scheiben in beiden Fenstern. Die Bahnfahrt nahm noch an Geschwindigkeit zu. Ich setzte mich auf das Bänkchen, das an der Wagenwand befestigt war. Einen solchen Fahrtwind mit mörderischer, eisiger Luft hatte ich nicht erwartet, wegen der fehlenden Scheiben zog er ungehindert durch. Ich versuchte, in der Hocke zu sitzen, das half nicht viel. Aber trotzdem war ich jetzt zufrieden, dass ich mich immer weiter von Sandhofen entfernte.

Ich wusste nicht, ob die Endstation Bamberg sein würde oder ein anderer Ort. Der Zug hielt an einigen Bahnhöfen. Während der kurzen Aufenhalte konnte ich mich nicht hinauslehnen, denn mein Aufenthaltsort war ja nicht für Passagiere bestimmt. Wenn meine Anwesenheit im Bremserhäuschen dem Bahnpersonal oder anderen Personen aufgefallen wäre, hätte das schlimme Konsequenzen gehabt. Weil ich mich so ganz verstecken musste, konnte ich auch nicht auf die beleuchteten Bahngebäude mit ihren Namensschildern schauen.

Nach einiger Zeit verlangsamte der Zug, er kreuzte andere Gleise und schien in einen größeren Bahnhof einzufahren. Es zeigte sich, dass das die Endstation war: Bamberg. Nun war ich zufrieden, eine doch ziemlich große Entfernung in so relativ kurzer Zeit zurückgelegt zu haben. Ich hoffte, dass mein Zug auf ein Abstellgleis gestellt werden würde, wo ich aussteigen und meine Wanderung fortsetzen konnte. Unglücklicherweise hielt mein Wagen aber gerade gegenüber von irgendwelchen Bahngebäuden. Da dauernd Eisenbahnarbeiter vorübergingen, welche das Gebäude betraten oder verließen, war es mir unmöglich, die Umgebung zu erkunden, weder in Richtung des Gebäudes, noch auf der anderen Seite. Ich musste also weiter in der Hocke sitzen bleiben, weshalb ich nicht mitbekam, was draußen ablief.

Nach einiger Zeit hörte ich das Zischen von Druckluft, die aus dem Bremssystem entwich. Der Waggon ruckte ein wenig. Ich dachte, dass wir gleich von unserem Standplatz wegfahren würden. Aber stattdessen tat sich nichts, der Zug blieb stehen. Verschiedene Gedanken gingen mir durch den Kopf. Ich kam zum Schluss, dass anscheinend einige Standzeit vergehen musste, bevor die Waggons auf ein anderes Gleis geschoben werden würden. Dass ich immer länger auf eine Änderung meiner Situation warten musste, machte mich nervös: Ich konnte nichts tun, nur warten. Immer wieder stand ich auf und schaute durch die eingeschlagenen Fenster nach draußen. Eigentlich veränderte sich nichts. Vielleicht gingen weniger Bahnarbeiter vorbei, aber es gab keinen Augenblick, an dem dieser Teil des Bahnhofs leer und unbeleuchtet war.

Plötzlich hörte ich zwei Eisenbahner näherkommen, die sich unterhielten. Den Inhalt ihres Gesprächs verstand ich nicht. Sie stoppten gerade vor meinem Versteck und diskutierten noch einige Zeit weiter. Dann begann einer zu meinem Entsetzen die Stufen zum Bremserhäuschen hochzusteigen. Aber er öffnete die Tür nicht, sondern stützte sich mit dem einen Fuß auf einen Vorsprung der Wagenkonstruktion und den anderen Fuß stellte er in die Öffnung der Tür. So konnte er, wie sich zeigte, die eine Signallampe dieses letzten Wagens herunterholen. Während er dies tat, bemühte ich mich, mäuschenstill zu sein und drückte mich zusammengekrümmt in misslicher Lage an die Bremsvorrichtung. Das war ein großes Metallrad, das auf einer starken Metallplatte fußte. Ich lag sehr unbequem zwischen der Wand des Häuschens und der Platte, auf der das Rad montiert war. Ich sah, wie sich der Fuß des Eisenbahners bewegte und hatte Angst, dass er zufällig die Tür öffnen würde, vielleicht um das Fenster zu schließen, weil er nicht sehen konnte, dass die Scheibe fehlte. Ich weiß auch nicht, wie er die zweite Signallampe entfernte, die auf der dem Bahnsteig abgewandten Seite hing. Mein Sehfeld in halb liegender Position war begrenzt. Jegliche Bewegung musste ich mir in diesem Moment verkneifen. Im Übrigen drückte mich schon die Angst klein und flach. Nur die Nacht war meine Verbündete, sie war zwar mondhell, aber wo ich lag, war tiefer Schatten.

Der Eisenbahner stieg ziemlich langsam vom Wagenvorbau herab, und nachdem er noch einige Worte mit seinem Kollegen gewechselt hatte, gingen beide auseinander. Erstarrt und voller böser Vorahnungen veränderte ich meine Lage nicht sofort. Ich hatte nun gemerkt, dass das Bremserhäuschen doch nicht das beste Versteck war, wie ich anfangs gemeint hatte. Nachdem es längere Zeit still gewesen war, kam ich ganz langsam aus der Hocke hoch und hob ein wenig den Kopf, um durch die Fensteröffnung zu sehen, was draußen los war. Nach dem, was ich gerade erlebt hatte, hatte ich keine Idee, was ich weiter tun sollte, ich war völlig verzweifelt und leer. Wieder etwas später sah ich auf dem Nachbargleis eine Lokomotive und einen Gepäckwagen. Sie passierten langsam meinen Zug und verschwanden wieder. Durst und wachsender Hunger meldeten sich. Die Kälte war ziemlich stark, die Furcht vor der Ergreifung verdrängte noch eine andere unpassende Regung eines körperlichen Drangs: Ich hatte Lust auf eine Zigarette, aber es gab keine Möglichkeit, diesem Wunsch nachzugeben. Also blieb mir nur übrig, in meiner Lage zu verharren – in einer Mausefalle.

Wahrscheinlich döste ich ein, denn plötzlich fühlte ich einen starken Stoß und einen Ruck des Zuges nach vorne, das dauerte eine Weile. Vor mir erblickte ich eine Wagenwand. Ich hörte Bremsen quietschen und Puffer gegeneinander stoßen und dass Wagen durch einen Bahnarbeiter aneinandergehängt wurden. Wieder zitterte ich vor Angst. Weil Menschen meinem Versteck so nahe waren, glaubte ich, nun mit großer Wahrscheinlichkeit entdeckt zu werden. Eisenbahner unterhielten sich laut in der Nähe der Lokomotive und des vorderen Gepäckwagens, sie riefen den Passagieren zu, ihre Plätze einzunehmen, die sofortige Abfahrt nach Schweinfurt wurde angekündigt. Der Zug bewegte sich, langsam rollten die Wagen über die Weichen auf das Ausfahrtgleis, der Zug nahm Geschwindigkeit auf. In dieser neuen Lage war ich betäubt, erschöpft und entnervt. Ich konnte mich nicht entschließen, sofort bei der Bahnhofsausfahrt vom Zug abzuspringen.

Das tat ich erst dann, als der Zug in eine unbekannte Station einfuhr und langsamer wurde. Die Station machte den Eindruck eines Rangierbahnhofs, es gab viele Gleise, auf welchen Züge leerer Güterwaggons standen. Das Mondlicht über den Schienen erleichterte es mir, den richtigen Zeitpunkt für den Sprung zu finden. Es gab keine große Auswahl dafür: Auf beiden Seiten der Schienen waren hohe Schwellen und eine Schotterunterlage, ich musste mich sofort entscheiden, sobald auf beiden Seiten leere Züge standen. Ich sprang, kam auf die Füße und lief noch mehrere Meter über das Gleisgelände, bevor ich verlangsamte, denn ich gab sehr acht, nicht zu fallen und mich nicht zu verletzen oder gar ein Bein zu brechen. Also machte ich große, schnelle und starke Schritte, was mich viel Energie kostete. Ich musste so laufen, um immer auf die Schwellen zu treffen und nicht in den Schotter im Zwischenraum zu treten.

Als ich stehen blieb, war der Zug schon im Bahnhof[19]. Trotz starker Schmerzen in beiden Beinen ging ich sofort zu einem der Güterwagen. Diese Wagen waren gedeckt und verschlossen. Aber es war leicht, einen der Waggons zu öffnen, die schwere Tür war mit etwas Kraft und Fingerspitzengefühl aufzuschieben. Das Mondlicht beleuchtete einen Teil des leeren Waggons. Bevor ich hineinstieg, vergewisserte ich mich noch einmal genau, dass kein ungebetener Besucher in der Nähe war. Das Erste, was ich nun tat, war, dass ich mir die lang ersehnte Zigarette drehte. Das beruhigte meine Nerven ziemlich schnell. Es war sehr gefährlich, selbst in einem so günstigen Versteck.

Der nicht geringe Schmerz rührte von einer Verletzung der Fußsohlen durch Nägel, welche in das Innere des Schuhs hineinragten, und das kam von meinem starken Auftreten auf die Eisenbahnschwellen. Mit meinem Taschenmesser zog ich einen Teil der Nägel heraus, und wo das nicht ging, versuchte ich sie umzuknicken. Ringsherum herrschte völlige Stille.

Ich wollte nun zu Fuß nach Bamberg zurückkehren. Langsam und gemächlich verließ ich den Waggon. Mein Weg führte mich entlang der Schienen, wo innerhalb des Eisenbahnknotenpunkts noch leere Güterzüge standen. Ich passierte geschlossene Signale mit roten Lichtern. Parallel zu den Gleisen verlief ein manchmal schmaler Pfad, der sich als ziemlich bequem erwies, natürlich mit unangenehmen Wegabschnitten, wenn sie abschüssig waren und bei der anhaltenden Kälte dann auch rutschig durch Eis. Mit einem besseren Weg konnte ich nicht rechnen, denn entweder musste ich über die gepflügten Felder marschieren oder entlang der Schienen. So hatte ich während meiner Wanderung an einigen Stellen Hindernisse aus Schnee und Eis zu bewältigen. Zusätzlich beschwerte mich in diesem welligen Gelände, dass ich unaufhörlich die Umgebung beobachten musste, viele Male blieb ich stehen. Manchmal machte ich langsamer oder ich blieb stehen und hörte irgendwelche Stimmen, ein anderes Mal weckte Hundegebell meine Aufmerksamkeit, dadurch kam ich nur langsam voran.

Ungefähr um vier Uhr morgens erreichte ich den Stadtrand von Bamberg. Auf meiner linken Seite verlief längs der Gleise in ei-

---

19 Das war sicher Hallstadt, ein Bahnknotenpunkt wenige Kilometer nördlich von Bamberg.

ner gewissen Entfernung eine mit Bäumen bestandene Landstraße, welche dann nach rechts abbog und die Schienen überquerte und dann in einem leichten Bogen nach links zur Stadt führte. Genau da am Bahnübergang stand zu meiner Rechten ein Bahnwärterhaus.[20] Aus dem Kamin des Hauses stieg Rauch, also musste der Schrankenwärter drinnen sein. Ich ging näher heran. Es war ein kleines Haus. Vorsichtig schaute ich durch die Scheibe der Eingangstür hinein. Mitten im Raum saß ein Eisenbahner mittleren Alters an einem Ofen. Wahrscheinlich döste er, denn auf mein leises Klopfen antwortete er zuerst nicht. Erst nach einer Weile nahm er die Pfeife aus dem Mund und bat mich mit einem kurzen „Rein!" ins Haus. Ich trat ein und begrüßte den Bahnbeamten, wieder einmal erklärte ich, dass ich zum Arbeitsamt ginge usw. Ich wiederholte meine Geschichte wie bei ähnlichen Gelegenheiten. Der Eisenbahner war freundlich, er erlaubte mir neben dem Ofen Platz zu nehmen. Auf meine Frage nach der Uhrzeit sagte er, dass es gleich vier Uhr morgens sein würde. Dass es noch so früh war, machte mir Sorgen. Ich fragte, um wie viel Uhr das Arbeitsamt öffnen würde. Er antwortete, dass das sicher nicht vor neun Uhr sein würde. Dann fragte er, ob meine Dokumente in Ordnung seien, denn am Stadteingang müssten sich alle Passanten ausweisen. Da ich keine Papiere hatte, würde ich dort in Schwierigkeiten kommen und wohl verhaftet werden. Ich erklärte dem Eisenbahner, dass ich keinerlei Ausweise hätte. Aber ich wollte mich zur Arbeit melden, deshalb müsste ich notwendigerweise zum Arbeitsamt. Der Eisenbahner dachte eine Weile nach und gab mir dann folgenden Rat: Wenn ich ohne Dokumente in die Stadt wolle, dann müsse ich auf eine Kolonne französischer Arbeiter warten und zusammen mit ihnen die Kontrolle passieren, eine andere Möglichkeit sehe er nicht. Da ich spürte, dass er mir wohl gesinnt war, fragte ich noch nach anderen Einzelheiten, die mich interessierten, also z.B., wo

---

20 Nach der Recherche des Stadtarchivs Bamberg dürfte es sich bei der baumbestandenen Straße um die Gundelsheimer Straße gehandelt haben, wo damals in der Nähe des Friedhofs auch ein Bahnwärterhäuschen stand. Damit befand sich Kostrzeński schon ziemlich nah an der Ausfallstraße nach Bayreuth (Malzfabrik Weyermann, Memmelsdorfer Straße), von wo er am gleichen Nachmittag losgehen sollte. Hätte er gleich danach gefragt und nicht nach dem Arbeitsamt Bamberg, dann hätte er gar nicht in die Stadt hineingehen müssen. Ihm wären die Wanderungen fast eines ganzen Tages erspart geblieben.

das Arbeitsamt lag und ob er Personen kenne, die mir Arbeit geben könnten usw.

Im Häuschen war es sehr heiß. Ich war sehr erschöpft und da packte mich die Müdigkeit. Der Eisenbahner fragte mich, ob ich hungrig sei oder etwas trinken wolle. Ich bejahte das eine und das andere. Da stellte er einen Topf Suppe auf den Ofen, und nachdem sie aufgewärmt war, sagte er, ich solle den ganzen Inhalt essen. Danach reichte er mir noch Kaffee. Wir unterhielten uns noch über verschiedene Dinge.

Auf einmal sah der Eisenbahner auf seine Uhr und sagte, dass es bald fünf Uhr sei und dass um diese Zeit immer ein Inspektor in einer Draisine komme, um die einzelnen Dienststellen zu kontrollieren. Deshalb könne ich mich nicht länger aufhalten und er bat mich, das Häuschen zu verlassen. Natürlich wollte ich ihn in keiner Weise in irgendwelche Schwierigkeiten mit seinen Vorgesetzten bringen. Ich verabschiedete mich und bedankte mich für alles, was er für mich getan hatte.

Bamberg
26. Dezember 1944 morgens

Draußen vor dem Bahnwärterhaus bemerkte ich hinter dem Bahnübergang Gleisverzweigungen und zahlreiche Signale. Das war der Anfang des Bamberger Hauptbahnhofs. Aber die Entfernung von hier bis zum Bahnhof selbst war tatsächlich noch einigermaßen groß. Viele in der Dunkelheit leuchtende Signale zeigten, dass das ein großer Bahnknotenpunkt war.

Heute erinnere ich mich nicht mehr, wo ich mich versteckte, um auf die Kolonne der französischen Arbeiter zu warten. Nach nicht sehr langer Zeit hörte ich eine Gruppe Menschen herankommen. Vorne trugen sie je rechts und links eine Petroleumlampe, um auf diese Weise den Beginn der Gruppe anzuzeigen. Auf dieselbe Weise war das Ende der Gruppe markiert. Die Kolonne wurde durch jeweils fünf Männer in einer Reihe gebildet. So konnte die Zahl der marschierenden Arbeiter festgestellt werden, sie wurden durch einige bewaffnete Soldaten bewacht. Es war eine ziemliche Anzahl Menschen, die eine lange Kolonne bildeten. Die Arbeiter sangen beim Marschieren. Sie gingen ziemlich schnell, aber die Wachsoldaten trieben dazu noch diejenigen an, welche nicht im Schritt der Fünfergruppe mithielten.

Ich schloss mich dieser Kolonne der Franzosen an, indem ich im Takt des Gesangs marschierte und anfangs auf dem Bürgersteig direkt daneben ging, dann verlangsamte ich so, dass ich mich in der letzten Reihe der Arbeiter befand, wo sie nur zu viert waren. Zwei trugen Petroleumlampen und zwei innerhalb der Reihe beschlossen die Marschsäule. Ohne etwas zu fragen, schlüpfte ich in die Reihe der Marschierenden hinein. Da zeigte sich, dass die französischen Kollegen erstaunlich unfreundlich reagierten. Sie begannen, mich aus der Reihe zu drängen, sie gestikulierten und riefen laut mir unverständliche Worte zu. Ich bemühte mich, ihren Gefühlsausbruch durch die Feststellung zu besänftigen, dass ich Pole sei. Darauf reagierten sie jedoch überhaupt nicht. Erst als ich sie in deutscher Sprache anredete, folgte daraus wenigstens soviel, dass sie mir keinerlei Beachtung mehr schenkten. Das Auftreten eines Soldaten half, die Ordnung in der Reihe wiederherzustellen, sein drakonischer Eingriff brachte die geordnete Reihenfolge zurück. Die Marschierenden fielen artig wieder in den Schritt und sangen im Marschtakt. Der deutsche Soldat beeilte sich dann, auf dem Bürgersteig wieder an die Spitze des Zuges zu kommen. Ebenso kam ich auch wieder auf einfache Weise aus der Reihe heraus. Als ich auf der rechten Seite eine große Kirche mit einigen Stufen sah, nützte ich das aus.[21] Ohne lange zu überlegen, scherte ich aus der marschierenden Truppe aus und ging gemächlich, ohne mich zu beeilen, zur Kirche hinüber.

Dass ich diese Kirche als zeitweiligen Schutzraum ausgewählt hatte, war völlig zufällig gewesen. Das Innere des Kirchenschiffs war schwach erleuchtet, einige Frauen bildeten eine Gruppe von Gläubigen, sicher warteten sie auf die Messe. Hohe Bänke boten sich als ideale Ruheplätze für mich an. Ich suchte einen meiner Meinung nach völlig sicheren Platz aus, auf der linken Seite direkt an einem Pfeiler. Dort saß ich allein in der langen Bank. Ich betete

---

21 Da nicht ersichtlich wird, wie lange Kostrzeński in der Kolonne der französischen Kriegsgefangenen mitmarschierte und wohin die Gruppe ging, lässt sich diese Kirche kaum bestimmen und damit fast keine der folgenden Stationen dieses Tages.

und in himmlischen Gedanken versunken schlief ich ein. Anfangs war es mir warm, ich spürte aber die Kälte sofort, als ich durch eine schimpfende ältere Frau geweckt wurde, welche sagte, dass eine Kirche kein Obdachlosenasyl und Nachtlager sei. Ich erinnere mich nicht wörtlich an ihre Drohungen, aber ich verließ die Kirche so schnell wie möglich. Es war neun Uhr morgens, die Kälte war nicht gewichen, aber es war sonniges Wetter. Ängstlich ging ich in Richtung Stadtzentrum. Im Gewirr der Straßen musste ich eine Brücke finden, um auf die andere Seite des Flusses zu kommen. In dieser Richtung lag mein nächstes Etappenziel Bayreuth.

Ich nahm mir vor, ziemlich schnell durch die Straßen der Stadt zu gehen. Den Kragen meines Mantels hochgeschlagen, die Mütze weit über den Kopf heruntergezogen, die Hände in der Tasche: Da ging ein Ausländer. Sich so auf der Straße zu verhalten, schien mir das sicherste, meine Person weckte keine Neugier. Mein Orientierungsgefühl ließ mich die ersehnte Brücke erreichen.

Auf der anderen Seite des Flusses hatte Bamberg schon bald wieder Vorstadtcharakter, kleine Häuser, eingezäunte Grundstücke, nur geringer Verkehr auf der Straße, überwiegend mit Pferdewagen und wenigen Passanten. Eine solche Umgebung gab mir das Gefühl größerer Sicherheit. An genauere Einzelheiten erinnere ich mich nicht, aber die Brücke war gemauert, wohl aus Natursteinen erbaut. Die Straße auf der anderen Seite verlief in einiger Entfernung parallel zum Fluss. Der Raum zwischen Fluss und Straße war unbebaut, einzelne Grundstücke waren umzäunt. Auf einem solchen lag eine Menge Heizmaterial, davor war ein großes Tor mit zwei Flügeln, das offen stand. Der Platz lag voller Kohle, Briketts, Brennholz und noch voll von anderem Material und Gerät, vielleicht für Bauzwecke. An einer Kohlenhalde standen einige gestikulierende Männer und an ihrer Kleidung und ihrer Art, sich auszudrücken, war nicht schwer zu erraten, dass es Leute aus der Sowjetunion waren, Kriegsgefangene, die mit einer offenbar schweren körperlichen Arbeit beschäftigt waren.

Bei ihrem Anblick freute ich mich und hoffte, dass sie mir die nötigen Informationen geben könnten, vielleicht sogar Hilfe. Als die Arbeiter die fremde Person auf dem Gelände des Heizmateriallagers sahen, hörten sie schlagartig mit ihrer Unterhaltung auf und konzentrierten ihre ganze Aufmerksamkeit auf meine Person.

Ich trat zu ihnen hin und begrüßte sie auf Russisch und bat dann um ihre Hilfe: Ich hatte nicht vermutet, dass sie mir gegenüber so aggressiv und ungastlich reagieren würden. Sie zeigten das unter anderem auch handgreiflich und benutzten dabei Beschimpfungen. Ich wartete keine weiteren entsprechenden Schimpfworte ab, sondern erlaubte mir, ihr Verhalten zur Abwehr direkt als rüpelhaft und ordinär zu bezeichnen. Ich bemerkte noch, dass sie in der Gefangenschaft doch gutes Verhalten lernen könnten, natürlich nur, falls sie nicht verhungerten oder durch die Nazis ermordet werden würden. Meine entschiedene, kategorische Abwehr bewirkte, dass die Arbeiter verstummten. Sie waren wie am Boden festgewachsen und standen demütig, und ich kanzelte sie immer weiter ab.

Es zeigte sich jedoch, dass die plötzliche Verhaltensänderung nicht das Ergebnis meiner Überzeugungsarbeit war, sondern der Anwesenheit des Besitzers dieser Brennstoffhandlung. Das war eine junge Frau, die mit einem Ledermantel bekleidet war, Schaftstiefel trug und in der Hand eine Peitsche hielt. Breitbeinig stand sie hinter mir und lächelte mich an. Sie fragte mich, was mich in diesen Betrieb führe und ob ich wisse, dass es verboten sei, mit den Arbeitern Kontakt aufzunehmen. Ich entschuldigte mich und sagte, dass mir die Vorschriften bekannt seien, von denen sie spreche. Ich suchte aber irgendeine Beschäftigung, denn das Arbeitsamt, wo ich mich hätte melden wollen, sei geschlossen gewesen, und als ich die Arbeiter gesehen hätte, hätte ich gedacht, dass sie mich zum Büro des Eigentümers dieser Brennstoffhandlung führen könnten, und vielleicht würde ich dort in dieser für mich schwierigen Situation eine Beschäftigung finden. So wie sich diese junge Frau gab und wie sie sich ausdrückte, schenkte sie möglicherweise meinen Erklärungen Glauben. Sie sagte: Wenn sie mir helfen könne, dann nur durch etwas zu essen. Dagegen habe sie bereits eine ausreichende Zahl von Arbeitern, sodass von meiner Anstellung keine Rede sein könne. Ich fand das gut, die Frau führte mich zu einem mehrstöckigen Eckhaus, das auf der anderen Straßenseite stand. Dort war ein Restaurant, im Hinterzimmer erhielt ich eine Mahlzeit. Die Person, welche die Frau mit meiner Bedienung beauftragte, stellte überhaupt keine Fragen an mich.

Nach einiger Zeit kam die Besitzerin der Brennstoffhandlung in meinen Raum zurück und fragte, ob ich mit dem Essen zufrieden sei, und sie erklärte, dass ich nun das Restaurant verlassen und anderswo nach Arbeit suchen müsse. Diskret händigte sie mir Geld aus, wohl fünf Mark, und stellte dazu fest, dass ich doch nicht ganz ohne Geld sein könne. Ihre Großherzigkeit, welche mir so viel Unterstützung zukommen ließ, hat mich regelrecht schockiert. Ich dankte ihr für alles, verließ die Gastwirtschaft über den Hinterausgang und begab mich auf den Weg nach Bayreuth.

Verlaufen
26. Dezember mittags

Im Gewirr der Straßen, und weil ich von niemandem die richtige Richtung erfragen konnte, nahm ich den falschen Weg. Nach einigen Kilometern des Marschierens in ziemlich starker Kälte befand ich mich in einem märchenhaften, verschneiten Winterwald. Mein Verdacht, der sich schon geregt hatte, dass nämlich meine Richtung falsch war, erwies sich als begründet. Die Straße war anfangs ziemlich breit gewesen, sie veränderte sich im Wald in einen zwar gangbaren, aber doch engen Weg, der einer normalen Durchgangsstraße ganz unähnlich wurde.

Nachdem ich ungefähr 12 bis 15 Kilometer im Wald gegangen war, kam ich an ein einsames Haus an der rechten Straßenseite. Es war ein Forsthaus. Das sah ich als willkommenen Anlass, dort einzutreten und die Bewohner oder Besitzer nach dem Weg zu fragen. Ich erinnere mich, dass es in das Forsthaus direkt vom Hof über Treppen in den ersten Stock hinaufging, das Erdgeschoss diente offenbar anderen Zwecken. In den Wohnräumen traf ich zwei Frauen, eine ältere Frau, eine jüngere, blonde, ziemlich korpulent mit einem Kind auf dem Arm. Beide Frauen fragten nicht nach meinem Reiseziel. Auf völlig natürliche Weise und ohne Misstrauen gaben sie mir ausführliche Hinweise, wie ich nach Bayreuth kommen könnte. Leider war es dazu notwendig, nach Bamberg zurückzukehren. Mich entsetzte die Strecke, die ich noch einmal nach Bamberg zurücklegen musste und außerdem die starke Kälte. Bevor ich das Forsthaus verließ, gaben mir die beiden freundlichen Frauen einen Becher heißen Kaffee mit Milch und Sacharin. Sehr wertvoll war die Information, dass in Bamberg eine Brauerei der richtige Orientierungspunkt für den Weg nach Bayreuth sein würde. Ich wollte meinen Aufenthalt in dem gastlichen Haus nicht weiter verlängern, umso mehr, da mir die Tageszeit knapp wurde. Außerdem raubte mir die Wärme eher meine Kräfte für die Fortsetzung der Wanderung. Deshalb dankte ich den Frauen, dass sie meinen körperlichen Bedürfnissen und meinen Problemen so freundlich entgegengekommen waren.

Ich verließ das Haus und wanderte auf dem bekannten Weg los Richtung Bamberg. Nach ungefähr einem Kilometer holte ich einen alten Holzfäller ein, ich denke, er war so etwas. Er trug eine große Axt und eine Säge. Ich grüßte ihn und bot ihm meine Hilfe beim Tragen seiner Arbeitswerkzeuge an. Der Deutsche lehnte nicht ab. Nachdem wir eine Wegstrecke zurückgelegt hatten, trafen wir zwei offenbar höhere Nazi-Parteifunktionäre, welche zum Jagen in den Wald gekommen waren. Ich blieb nicht stehen, sondern ging langsam weiter, die Axt und die Säge auf dem Rücken tragend. In sicherer Entfernung wartete ich auf den Holzfäller. Nach einigen Minuten holte er mich wieder ein und äußerte sich ein wenig höhnisch über diese Jäger. Ich hatte die richtige Vorahnung gehabt: Sie hatten nicht versäumt, den Holzfäller zu fragen, wer jener Mann mit Axt und Säge sei. Der Holzfäller hatte geantwortet: „Mein Helfer". Das hatte sie beruhigt und das tat es mich jetzt auch. Ein großes Stück Weges wanderte ich mit dem freundlichen Holzfäller, bis der Moment kam, sich zu verabschieden. Der Mann bog in einen anderen Waldweg ein, der ihn zu seinem Dorf führte. Die restliche Strecke nach Bamberg brachte ich ziemlich schnell hinter mich, unterwegs traf ich niemanden mehr. Von Weitem waren auf der linken Seite die Gebäude der Stadt zu sehen. Der Weg, den ich benutzte, machte den Eindruck einer Umgehungsstraße, und von daher war es wohl noch ziemlich weit bis zu den ersten Häusern der Stadt. Die Landstraße verlief durch Felder, sie war nicht mit Bäumen bestanden. Sie führte mich zu einer Kreuzung mit einer Hauptstraße, dort teilten sich die Wege. Der eine nach links führte ins Stadtzentrum, jedoch die Straße, die die Verlängerung des Weges bildete, auf dem ich zurückkam, lief direkt neben einer großen Brauerei vorbei.

Unterwegs nach Bayreuth
26. Dezember nachmittags

Direkt am Eingangstor der Brauerei bog die Hauptstraße um 90 Grad nach rechts. Das war der Anfang der Ausfallstraße von Bamberg nach Bayreuth.[22] Weiter hinten konnte ich die Wand des Waldes sehen. Nachdem ich ein gutes Stück gegangen war, aber den Wald noch nicht erreicht hatte, traf ich auf Fußgänger, welche ich fragte, ob das die richtige Richtung nach Bayreuth sei. Es wurde mir versichert, dass die Straße mich direkt nach Bayreuth führen würde, vorausgesetzt meine Personalpapiere wären in Ordnung. Das klärte sich dann so auf, dass nach einer bestimmten Wegstrecke, wenn die Straße an den Wald kam, eine Barackensiedlung beiderseits der Straße lag. Diese war mit Draht umzäunt und durch eine Militäreinheit bewacht. Und so lagen am Waldrand Kontrollpunkte. Damit sie leicht und sicher kontrollieren konnten, hatten die Wachmannschaften die Schranken geschlossen mit dem Zeichen: „Halt!" Jeder, der hier die Straße passieren wollte, musste sich ausweisen.

Als mir diese Situation klar geworden war, kehrte ich zum Tor der Brauerei zurück. Ein anderer freundlicher Fußgänger informierte mich dort, dass ich den Kontrollpunkt umgehen könnte, wenn ich von einem Wasserlauf oder von irgendeinem Kanal her durch den Wald ginge. Ich folgte diesem Rat, weil ich davon ausging, dass die Einheimischen sowohl Gelände als auch die Umstände gut kennen mussten. Dank dieser Hinweise hoffte ich, meine Flucht ohne größere Schwierigkeiten fortsetzen zu können. Über eine Abzweigung von der Hauptstraße erreichte ich den Wald, dann ging ich entlang des Waldrandes und erreichte ein Flussufer. Aber es erwies sich als unmöglich, den Wald entlang des Wasserlaufes zu umgehen, denn eine Umzäunung führte ein Stück vom Ufer ins Wasser hinein. Das Wasser schien tief, das Eis brüchig und die Entfernung vom Ufer machte es unmöglich, dieses Hindernis einfach zu umgehen. Den Draht zu

---

22 Ziemlich sicher handelte es sich um die bis heute bestehende Malzfabrik Weyermann in der Brennerstraße. Die dort von der Brennerstraße rechtwinklig abbiegende Memmelsdorfer Straße führt Richtung Scheßlitz und Bayreuth und berührt nach etwa 1 km den Waldrand.

übersteigen war ebenfalls schwierig, weil er zusätzlich mit Stacheldraht bewehrt war.

Also musste ich erneut zum Tor der Brauerei zurück, ohne weiterzuwissen. Der Frost hielt an, mir war kalt. Wie angefroren saß ich in der Hocke an der Mauer des Brauereigebäudes. Ich wartete auf irgendeinen Glücksfall, der mich durch den Kontrollpunkt bringen könnte. Während ich hin und her überlegte, öffnete sich plötzlich das Brauereitor, und heraus fuhr ein großer Wagen, der mit etwas beladen war, was Viehfutter sein musste. Die Wagenladung dampfte. Der Wagen wurde von zwei beleibten älteren Frauen gefahren, typischen Bauersfrauen. Ein charakteristischer Teil ihrer Tracht war ihre Kopfbedeckung: Sie hatten Hauben, die wohl aus Filz waren, so wie man sie bei Frauen antreffen kann, die von holländischen Malern gemalt wurden. Den Wagen zogen zwei schwere große Ochsen und er bewegte sich langsam voran, wie es dem Temperament der Tiere entsprach.

Als sie in die von mir gewünschte Richtung einbogen, lief ich zur Straße vor und bat die gutmütig aussehenden Frauen, mich mitzunehmen. Sie sagten ja, ohne mich nach meinem Reiseziel zu fragen. Ich setzte mich hinten auf den Wagen und legte mich mit dem Rücken auf die dampfenden Pressrückstände. Unter den Kopf legte ich mir eine Gabel. Auf dem Rücken liegend, wartete ich mit Herzklopfen auf den Kontrollpunkt. Da geschah nichts, niemand fragte die fahrenden Frauen nach ihrem Ausweis und mich schon gar nicht. Vielleicht war ich unsichtbar, so wie ich da auf dem Wagen lag. Die Frauen waren anscheinend den Wachposten bekannt und daher wurden sie einfach durchgelassen. Der Wagen kam langsam voran und nach einiger Zeit erreichten wir den zweiten Kontrollpunkt. Die Durchfahrt gestaltete sich genauso: Die Schranke ging hoch, zwischen den Posten und den fahrenden Frauen wurden einige Worte gewechselt, und ohne anzuhalten fuhren wir weiter. Ich atmete auf. Wir fuhren noch zwei bis drei Kilometer und befanden uns auf freiem Feld, der Wald lag hinter uns. Die Reise dauerte nicht mehr lange für mich. Der Wagen hielt an einer Wegkreuzung und die Frauen sagten, dass sie nun die Nebenstraße nach links ins Tal fahren würden, ich müsse also zu Fuß weitergehen oder mir ein anderes Verkehrsmittel suchen.

In diesem Moment fuhr aus diesem Weg, in den die Frauen mit ihrem Wagen einbiegen wollten, ziemlich schnell ein Kutschwagen heraus, den zwei gut gepflegte Pferde im Geschirr zogen und den ein älterer Mann kutschierte. Dieser Wagen bog in die Landstraße ein und hielt an. Der Lenker war, wie ich aus seiner Kleidung, dem Pferdegeschirr und dem eleganten Wagen schloss, sicher der Besitzer eines Landgutes. Sein Ton und die Art, wie er sich mit den Frauen unterhielt, drückte deutlich ein herrenmäßiges Auftreten aus, gute deutsche Familie, sicherlich mit einem „von" vor dem Namen. Ich stand einige Schritte von dem Wagen entfernt und dieser Herr fragte mich, ob ich einen Wagen mit Pferden kutschieren könne, wenn ja, dann würde er mich einige Kilometer mitnehmen. Ich sagte natürlich: „Ja!", jedoch war das eine klare Lüge. Ich konnte keine Pferde lenken, aber ich hatte schon zugeschaut, wie man das macht. Wie sich gleich herausstellte, waren Zusehen und Selbermachen nicht dasselbe. Der ältere Herr setzte sich bequem auf den weichen Sitz der Kutsche, ich dagegen stieg auf den Bock. Inzwischen zündete er sich eine große, dicke Zigarre an und rief: „Fahren wir los!" Ich ergriff die Zügel und begann, die beiden Pferde auf meine Weise anzureden. Ich hielt die Zügel ziemlich eng, die Pferde bewegten sich anfangs langsam, ich wollte, dass sie schneller liefen, ich zog sie zu mir her, dadurch löste ich einen plötzlichen, wilden Galopp der Pferde aus. Sie rannten wie der Wind und reagierten überhaupt nicht auf meine Befehle, die ich mit Ausdrücken wie: „Wio! Brr!" usw. gab. Die Geschwindigkeit des Wagens war groß, aber das war nicht das Schlimmste bei diesem unangenehmen Spaß. Die Kutsche war in Fahrt gekommen und neigte sich von der einen Seite auf die andere und deshalb begann das Fahrzeug wie irre zu schleudern. Ich konnte die durchgegangenen Pferde nicht zügeln. Der ältere Herr sah meine Unfähigkeit, riss mir die Zügel aus der Hand, und ich weiß nicht wieso – die Pferde verlangsamten ihr Tempo plötzlich, und gehorsam hielten sie allmählich an.

Nachdem er die beiden rennenden Pferde gestoppt hatte, bekam ich meinen Teil ab. Der empörte „Herr von" beschimpfte mich, ich weiß aber nicht genau womit, denn ich verstand nicht alles. Und dann befahl er mir, sofort abzusteigen und zu Fuß weiterzugehen. Unter diesen Umständen tat ich das auch gerne. Ich versuchte nicht einmal, mich zu rechtfertigen. Die Worte des aufgeregten Kutschenbesitzers waren wie ein Befehl für mich. Im Übrigen dankte ich Gott, dass der Zwischenfall auf diese Weise so glimpflich ohne die „Hilfe" der Polizei abgelaufen war. Der Wagen fuhr ziemlich schnell weiter. Der nächste Seitenweg, der nach rechts von der Straße wegführte, hätte meine Kutschenfahrt sowieso beendet.

Ich wusste überhaupt nicht, wie viele Kilometer ich brauchen würde, um nach Bayreuth zu kommen. Schnell ging ich weiter, umso mehr, als ich die Kälte zu spüren begann. Die Erlebnisse dieses Tages, dass ich so viele freundlich gesinnte Menschen getroffen hatte, gab mir seelischen Auftrieb. Ich vergaß völlig, mich mit größter Wachsamkeit zu bewegen, ich war doch noch kein freier Mensch, trotz meiner augenblicklichen Erfolge bei meinem Marsch in die Freiheit.

Familie Bauer in Scheßlitz
26. Dezember abends

So wanderte ich also weiter, allein, wie ich es seit dem Verschwinden von Jasio Pielak war, und erreichte ein großes Dorf, vielleicht auch eine größere Ortschaft oder Stadt, namens Scheßlitz. Der Ort war langgestreckt, Haus stand neben Haus, sie waren von der Hauptstraße durch einen tiefen Graben getrennt, hier und da waren Brücken errichtet, die erlaubten, den Graben zu überqueren, um auf dem Weg entlang der Häuser zu gehen. Das sah sehr malerisch aus. Die Hauptstraße war gepflastert und mit Schnee bedeckt. Es war noch etwas hell. Am Ortseingang stieß ich auf eine ziemlich große Gruppe ausgelassener Kinder. Zuerst beschäftigten sie sich mit verschiedenen Spielen im Schnee, daher interessierten sie sich nicht für mich. Dann wurde ich das Ziel ihrer Schneebälle. Das passierte, während ich immer weiter voranschritt. Dabei war ich ohne Schutz vor diesen angreifenden Kindern, welche sich gegenseitig anfeuerten, indem sie schrien: „Wir bombardieren den Ausländer!" Glücklicherweise erschöpfte sich ihr Vergnügen darin, dieses Spiel in der Mitte des Ortes weiterzutreiben. Sie ließen davon ab, mich bei meiner Wanderung vollends durchs Dorf zu begleiten.

Scheßlitz Ortsausgang, links Krankenhaus, rechts Haus der Familie Bauer 1991 (privat)

Ich war sehr müde. Ich brauchte dringend irgendwo eine Ruhepause und wenn es nur im Freien wäre, irgendwo im Wald weit weg von Kindern und Menschen. Während ich darüber nachdachte, war ich schon an das Ortsende gekommen, wonach die Straße leicht anstieg. Auf der linken Seite war ein nicht sehr großes Gebäude, mit einem Rotkreuzzeichen, wie ich glaube. Daran erinnere ich mich nicht mehr genau.

Dagegen unterschied sich das letzte Haus auf der rechten Straßenseite in seiner Architektur stark von den übrigen Häusern, hauptsächlich dadurch, weil es auf ungemütliche Weise im Erdboden einsank wegen seines Alters und wohl durch seine Holzkonstruktion. Es war aus Fachwerk gebaut, schien sehr alt und war nicht groß. Ich entschloss mich, in das Anwesen hineinzugehen und um einen heißen Kaffee zu bitten, denn ich war ausgefroren und der Durst plagte mich. Ich trat hinein in einen engen Korridor, welcher auf der linken Seite eine Tür hatte, die zu einem großen Raum führte. Ich klopfte. Ich hörte eine Stimme und plötzlich wurde die Tür durch eine junge, ziemlich korpulente Frau geöffnet, die mich hereinbat. Mehr oder weniger inmitten des Raumes war ein großer Tisch, aus rohen Balken gemacht, sehr reinlich. Weiter stand ein Küchenherd mit einem Kamin darüber im Raum. Eine ältere Frau saß beim Herd und spielte mit einem kleinen Kind. An der Wand

Haus der Familie Bauer 1991 (privat)

hingen zahlreiche gerahmte Bilder, darunter bemerkte ich einige Heiligenbilder.

Nachdem ich sie begrüßt und meine traurige Situation dargestellt hatte, bat ich um etwas zu trinken. Zuerst verhielten sich die Frauen mir gegenüber mit einer gewissen Reserve, sie sprachen miteinander in ihrem Dialekt, den ich kaum verstand. Die junge Frau stellte nach kurzer Zeit eine große Tasse Kaffee und einen Teller mit Brot und eine ziemliche Portion Rauchfleisch auf den Tisch vor mich hin. Beide Frauen beobachteten mich sehr aufmerksam. Von Zeit zu Zeit versuchte die jüngere Frau, ein Gespräch über Alltagsdinge mit mir zu führen. Draußen war es völlig dunkel geworden. Die Uhr an der Wand zeigte irgendwann neun Uhr. Der Raum war warm, ich saß da ohne Mantel. Irgendwann fragte ich sie, ob es die Möglichkeit gäbe, hier zu übernachten. Sie antworteten, dass die Entscheidung der Eigentümer des Hauses treffen müsse, welcher demnächst nach Haus kommen müsse. Die Atmosphäre, die anfangs eher kühl war, wurde nach einiger Zeit herzlicher, und beide Frauen wurden gesprächig und ich fühlte von ihrer Seite ein sehr freundliches Interesse an meiner Person.

Gegen zehn Uhr knarrte die alte Eingangstür. Es war sehr deutlich zu hören, dass die Person, welche hereinkam, ein Holzbein trug. Es waren schwere Tritte einer Prothese gegen den Fußboden. Plötzlich trat ein großer, schlanker Mann in den Raum, er hatte Ohrenschützer auf dem Kopf und sah eher gefährlich aus. Ein typischer „preußischer Zivilist". An seinem Gürtel hatte er einen hölzernen Behälter, in welchem sich einige Metzgerwerkzeuge befanden. Der alte Hausherr schaute mit einem sehr misstrauischen Blick zu mir her. Er wechselte einige Worte mit den Frauen, wobei die junge Frau dem Ankömmling aus dem Mantel half. Der Alte setzte sich nieder auf die Bank und fragte mich, was mich hergebracht habe und wohin ich unterwegs sei. Ich erzählte ihm meine übliche Geschichte über den Wechsel der Arbeitsstelle und mein Wanderziel. Auf den Tisch wurde wieder Essen und auch Kaffee gestellt, auch für mich. Der Hausherr lud mich ein mitzuessen. Bei dem Gespräch während des Essens erfuhr ich, dass seine Söhne in der Armee waren und dass es die Tragödie der Familie war, dass sie die Mehrheit ihrer jungen Männer an den verschiedenen Fronten verloren hatte. Seine kritischen Bemerkungen über die Berechtigung des Krieges änderten meine Haltung ihm gegenüber völlig. Es erwies sich, dass er ein Mensch mit viel Ehrenhaftigkeit und mit einem großen Herzen war. Er war sensibel für menschliches Leid. Ich betone das an dieser Stelle, weil ich bis zum Ende meiner Tage Josef Bauer aus Scheßlitz bei Bamberg nie vergessen werde.

Während unserer langen Unterhaltung gestand ich, dass ich ein Flüchtling aus einem Konzentrationslager war. Diese Mitteilung überzeugte ihn wohl noch mehr von der Notwendigkeit, mir zu helfen. Vorher hatte ich von der jungen Frau gehört, dass er zugestimmt hatte, mich über die Nacht aufzunehmen. Ich war sehr glücklich, das zu hören. Bevor ich schlafen ging, fragte Herr Bauer mich, ob ich nicht zufällig von irgendjemandem aus dem Ort gesehen worden sei, als ich sein Haus betrat. Ich antwortete ihm, dass ich um mich geblickt und niemanden gesehen hätte, bevor ich ans Haus gekommen sei.

Ich ging schlafen. In den Raum, in welchem ich schlafen sollte, führte mich die junge Frau. Der Raum war klein, es befand sich dort nur ein großes hölzernes Bett mit einem Schlafsack, der mit Stroh gefüllt war, mit einem sehr großen Kopfkissen und einem Berg von Federbett. Ein kleiner Teppich lag vor dem Bett. Die Fenster mit ärmlichen Gardinen waren gerade gegenüber dem

Bett. Unter dem Fenster stand eine Nähmaschine oder eine hölzerne Truhe, ich erinnere mich nicht mehr genau. Nahe bei dem Bett war die Mauer eines kachelbedeckten Ofens, wahrscheinlich in die Wand zwischen zwei Räumen, eingebaut. Der Ofen war kalt. Der Raum war nur durch eine elektrische Lampe mit einem großen Lampenschirm beleuchtet, die von der Decke hing. Die Birne war schwach und so war das Licht dünn. Ich knipste das Licht aus, zog meinen Mantel an und legte mich nieder auf den Teppich. Wegen meiner Läuse glaubte ich, das saubere Bett nicht benutzen zu können. Ich ließ meine Schuhe an, was mir aber einen zusätzlichen Schmerz bereitete, denn meine Beine waren angeschwollen. Die Temperatur in dem Raum war nahe Null und das Schlafen auf dem Fußboden unter solchen Bedingungen erwies sich als unmöglich. Nach kurzer Zeit war mir unheimlich kalt, sodass ich mich auszog und, obwohl ich den Gedanken abgewehrt hatte, ins Bett sprang. Zu meinem großen Erstaunen fand ich eine heiße Wärmflasche für meine kalten Füße. Die Betttücher waren eiskalt. Ich war so erschöpft und fühlte mich gleichzeitig so behaglich, dass ich sofort einschlief.

Ich weiß nicht, wie lange ich schlief. Plötzlich, es könnte ungefähr um drei Uhr in der Nacht gewesen sein, weckte mich Herr Bauer mit leiser Stimme und sagte, dass ich das Haus sofort verlassen müsse, weil Gendarmen einen entlaufenen Gefangenen suchten. Diese Neuigkeit war ein Schock für mich. Während mein Gastgeber den Raum für einen Moment verließ, zog ich mich in einer Minute an und war bereit zum Weggehen. Die Füße waren noch geschwollen und ich hatte zuerst Schwierigkeiten, in die Schuhe zu kommen. Weil ich mich so dringend beeilen musste und mich wie unter Schock befand, hat mich das daran gehindert, in dieser Situation an meine körperlichen Leiden zu denken. Herr Bauer kam in den Raum zurück und führte mich leise hinaus in den Garten, der hinter dem Haus lag. Der Garten war nicht groß und grenzte an eine Wand von Bäumen. Am Ende des Gartens waren einige Käfige zusammengestellt, daneben ein Tor, welches ich öffnete und in einen jungen, niederen Wald trat. Als ich das Haus verlassen hatte, hatte die junge Frau, sicher die Schwiegertochter meines Gastgebers, mir ein Paket mit Verpflegung und eine Flasche mit Kaffee ausgehändigt. Am Tor zeigte mir Herr Bauer den richtigen Weg nach Bayreuth, ich sollte im Gehölz und später auf Feldwegen bleiben. „Die Hauptstraße ist gefährlich, weil einige Kilometer von Scheßlitz entfernt ein großes Anwesen direkt an der Durchgangsstraße liegt, das im Besitz der SS ist."[23] Ich dankte ihm für alles und versprach, was selbstverständlich war, dass ich nie erwähnen würde, dass ich sein Gast gewesen war, falls ich gefasst würde. Er sagte mir auch, dass irgendein Ortsbewohner die Polizei informiert hatte, dass ein Flüchtling im Ort sei. Deshalb würden die Häuser nun von Gendarmen durchsucht. Vielleicht hatte eines der Kinder, die mich mit Schneebällen beworfen hatten, seinen Eltern von der Anwesenheit eines Verdächtigen im Dorf erzählt. Auch die Bewohner des roten Gebäudes gerade gegenüber von Herrn Bauers Haus konnten die Informanten sein.

Ich war nur einige Schritte weit gegangen, als ich eine laute Unterhaltung an Herrn Bauers Häuschen hörte. Ich hockte mich hin, um nicht gesehen zu werden und beobachtete den Platz eine längere Zeit. Ich war nicht sicher, ob ich nicht im hellen Mondlicht gegen die schwarze und dichte Mauer des Gehölzes gesehen werden konnte. Deshalb wartete ich, bis ich keinerlei Stimmen mehr hörte, und gebückt, so leise wie möglich, ging ich fort.

Von Scheßlitz nach Bayreuth
27. Dezember

Meine Nachtwanderung ging sehr langsam vor sich. Ich ging entlang des Waldrands, dann über gepflügte Felder. Das Gelände war hügelig, ich war noch müde, hatte schmerzende Beine. Manchmal ruhte ich aus, blickte und hörte um mich, in der Angst verfolgt zu werden. Die Felder lagen still da, gefroren, nichts bewegte sich rings umher. Die Äste der Bäume, mit Schnee bedeckt, schienen tot zu sein, eine künstliche Ausstellung, die in die Winterlandschaft montiert war.

Nach meinen letzten Erlebnissen war ich niedergeschlagen. Ich versuchte, die Situation zu überdenken. Ich erkannte, dass die Durchsuchung durch die Ortspolizei nichts mit mir zu tun haben

---

23 Das muss in Würgau gewesen sein.

konnte. Ich hatte kein Verbrechen begangen, deshalb konnte die Anzeige der Leute mit der Furcht zusammenhängen, dass „der Feind alles mithörte". Dennoch fühlte ich mich in Gefahr und ich versuchte sehr vorsichtig zu sein, was nicht leicht war. Meine Flucht war besonders schwierig wegen des kalten Winters, wegen meiner Ermüdung, meines Hungers und Durstes. Aber trotz dieser Plagen fühlte ich mich frei. Ich überlegte, ob eine solche Freiheit für die Einwohner dieser Gegend oder die ausländischen Arbeiter damals je existierte.

Gegen Morgen ließ die Kälte ein wenig nach. Ich spürte, dass die Luft feuchter wurde, der Mond verschwand. Ich erblickte einen kleinen, alten Dorffriedhof. So beschloss ich den Vorteil dieses ruhigen Platzes zu nutzen, um eine Pause einzulegen und einen Bissen zu essen. Direkt hinter der Friedhofsmauer suchte ich mir einen windgeschützten Platz zwischen den Gräbern. Aber mein Ruheplatz war nicht der beste, ich saß zuerst in der Hocke, und als mir die Beine zu sehr schmerzten, setzte ich mich auf eine Grabeinfriedung. Sobald es hell zu werden begann, setzte ich meinen Weg fort. Ziemlich starker Nebel lag um mich herum, also war ich nicht leicht zu sehen. Unten im Tal verlief eine Straße mit Kurven. Nach einiger Zeit lichtete sich der Nebel und die Sonne kam heraus. Die Baumäste waren von einer dicken Schneeschicht von einigen Zentimetern bedeckt. Die ganze im Licht der Sonne daliegende Umgebung sah aus wie aus einem Märchenbuch für Kinder. In der Ferne waren einige Bauernhöfe zu sehen, aus deren Kaminen der Rauch steil in den Himmel stieg, was einen schönen Tag ankündigte.

Von der Hauptstraße war ich ungefähr einige hundert Meter entfernt. Ich stapfte in schwierigem Gelände über verschneite Felder. Nachdem ich einige Kilometer marschiert und der Nebel völlig verschwunden war, sah ich, wie sich im Tal die Straße wie ein Band dahinschlängelte. An ihr lagen zahlreiche, aus weißem Kalkstein erbaute große Bauernhöfe. Im Hintergrund war ein schlossartiger Bau zu sehen, dessen Wände ebenfalls schneeweiß waren. Zwischen diesen Gebäuden herrschte ein ziemlich großer Verkehr. Am Eingangstor konnte man einen Wachposten sehen, der einen Helm aufhatte und einen Karabiner über der Schulter, also war das jenes Landgut, das von der SS belegt war. Ich wich noch mehr nach rechts aus und ein Hang verbarg dann die Gebäude des Landgutes. Ich hatte Angst, dass jemand von den Bewohnern des Anwesens, der die Gegend beobachtete, mich bemerken würde. Deshalb ging ich so schnell wie möglich auf sicheren Abstand. Das bergige Gelände hörte auf. Die Straße hatte ich weiter zur Linken. Es herrschte kein großer Verkehr, nur hier und da verschönerten einige Bauernfuhrwerke das friedliche Bild. Ich kam wieder näher an die Hauptstraße heran, aber ich nahm wieder eine Parallelstraße für meinen weiteren Weg.

Ich erinnere mich nicht, wie viele Kilometer ich seit Scheßlitz zurückgelegt hatte, von drei Uhr morgens bis zum Mittag. Etwa gegen zwölf Uhr mittags befand ich mich an einem Ort, wo verstreut Häuser standen.[24] Aber es gab kein Ortsschild, an dem ein Name angegeben gewesen wäre. Doch einige alte Häuser, die zusammen an der Straße standen, zeigten an, dass das eine Ortschaft war. Schon von Weitem bemerkte ich direkt an der Straße ein kleines Haus, das an der Einmündung einer Seitenstraße stand. Im Untergeschoss dieses Hauses befand sich eine Kneipe oder eine Gastwirtschaft. Viele Leute besuchten diese Wirtschaft. Einige Wolken von Rauch drangen von innen heraus nach außen, wenn Leute hineingingen oder aus dem Lokal kamen. Näher herangekommen, schaute ich mir die Besucher der Wirtschaft an: Es waren Männer höheren Alters. Jeder von ihnen hatte eine große Ledertasche, was darauf hinweisen konnte, dass sie vielleicht Eisenbahnarbeiter waren oder auch Maschinisten, ich weiß es nicht.

Ich beschloss hineinzugehen und einen Kaffee zu trinken. Das Innere der Wirtschaft, vor allem die Luft, ließ viel zu wünschen übrig. Es war eng, eine Masse von Gästen, die sich hauptsächlich auf Getränke konzentrierte. Im Raum hing Tabakrauch, von Pfeifen, von Zigarren und allen möglichen anderen Arten von brennenden Zigaretten. Mir kam der Gedanke: Wenn ich auch noch meine Selbstgedrehten rauchen würde, dann könnte man da nicht mehr atmen. Die schwierige Situation wurde für mich dadurch er-

---

24 Wenn er wirklich seit über acht Stunden unterwegs war, könnte er bis Mittag schon über 30 km zurückgelegt haben. Jedenfalls hat er an diesem Fluchttag die größte Strecke bewältigt. Die Eisenbahner- oder Arbeiterkneipe kann an der damaligen Lokalbahn Bayreuth-Hollfeld gelegen haben, wenn Kostrzeński die Reichsstraße 22 über Hollfeld benutzt hat.

leichtert, dass einige Gruppen dieser Bierbrüder gleichzeitig den Saal verließen.

Wie ich bemerken konnte, weckte mein Erscheinen die große Neugier der Anwesenden. Sie stellten für eine Weile ihre Unterhaltung ein und es gab niemanden, dessen Augen nicht zu mir herblickten. Ich grüßte die Anwesenden, ging an den Ausschank und bat um Kaffee. „Wir verkaufen keinen Kaffee, nur Bier!" „Also bitte ein Bier! Wie viel kostet es?" Ich hatte Angst, dass das Geld, das ich besaß, nicht für ein Maß Bier reichen würde. Aber wie sich zeigte, bekam ich noch einiges heraus. Der Mann am Ausschank, schon ein älterer Mensch, war freundlich, und da ich keinen Platz im vollen Raum suchen wollte, blieb ich stehen, um mein Bier am Schanktisch zu trinken. Obwohl ich nur kleine Mengen zu mir nahm, wirkte das bei meiner schlechten physischen Konstitution blitzartig. Ich fühlte mich, als ob ich eine große Menge Alkohol getrunken hätte, aber so schnell der Rausch gekommen war, so schnell verging er wieder. Das Übrige trank ich langsam in kleinen Portionen.

Nach einiger Zeit beugte sich der Mann am Ausschank vor und fragte mit leiser Stimme, wohin ich unterwegs sei. Ich antwortete von vornherein mit einer vorbereiteten Version der „Wahrheit", indem ich sagte: Wenn ich keine meinen Vorstellungen entsprechende Arbeit fände, dann sei ich bereit, in meine Heimat zurückzukehren, aber die sei leider weit entfernt. Als das Gespräch zwischen mir und dem Mann hinterm Schanktisch noch im Gang war, trat ein älterer, wohl erfahrenerer Eisenbahner an den Tresen. Der Wirt unterbrach das Gespräch und ging zu ihm hin. Aus den Gesprächsfetzen war zu entnehmen, dass das ein alter Stammkunde der Wirtschaft war und die beiden wohl vertraut miteinander waren.

Nach einiger Zeit redete mich der alte Eisenbahner an, wohin ich gehen wolle: „Nach Osten?" Ich antworte, dass ich natürlich nach Polen gehen wollte, wenn kein Krieg mehr wäre. Er sah mich eine Weile mit aufmerksamem Blick an und fügte dann hinzu, dass von Bayreuth heute Abend um 20 Uhr ein Zug ins Generalgouvernement abginge. „Die Wagen stehen auf einem Nebengleis, manche Wagen tragen das Zeichen des Roten Kreuzes." „Den muss ich erreichen", dachte ich, aber ich sagte dem Eisenbahner nur: „Ich habe keine Fahrkarte, mit wem soll ich da reden?" Der Eisenbahner gab zurück: „Natürlich mit dem Lokführer, sie brauchen immer Helfer. Sag nur, dass das der Eisenbahner vom Bierkeller gesagt hat!" Das Gespräch endete vorsichtig und leise. Ich dankte dem Eisenbahner und dem Mann am Ausschank für die freundlichen Worte und dass ich dank ihrer Hilfe sogar eine realistische Möglichkeit hatte, vielleicht nach Hause zu kommen.

Ich verließ die Wirtschaft sehr erhobenen Mutes. Das war zweifellos der Verdienst dieser Leute, die mir gegenüber so hilfsbereit gewesen waren.

Mit schnellem Schritt marschierte ich weiter, voll guter Gedanken und Hoffnungen. Dass ich so überdurchschnittliche Menschen getroffen hatte, dass sie so einfach waren und doch von einer so uneigennützigen Hilfsbereitschaft, das unterstützte meinen Glauben daran, dass die Menschen von Natur aus gut seien. Ich war mit dem bisherigen Erfolg meiner Flucht zufrieden. Jedoch konnte ich nicht ahnen, dass auf mich noch viele Erlebnisse warteten und dass mein Freiheitstraum seinem Ende zuging. Das geschah nur kurze Zeit später.

Gegen Abend machte sich der Frost von Neuem fühlbar: Es wurde kalt. Ich hatte Hunger und Durst. Der Weg wurde schwieriger, weil das Gelände bergig war, ein Hindernis für schnelles Marschieren. Es war mein einziger Wunsch, so schnell wie möglich den erträumten Zug zu erreichen. Mein größter Kummer war, dass ich nicht wusste, wie viel Uhr es war. So vergaß ich den Hunger, den Durst, den Frost und die Schmerzen in meinen Beinen. Ich erreichte den Scheitel einer ziemlich großen Erhöhung, überall Wälder, und in einiger Entfernung sah ich einen Wegweiser, der zeigte die Entfernung nach Bayreuth an, aber mit einer für mich schwer lesbaren Zahl. Ich entzifferte: 7 km. Es war schon dämmrig, deshalb konnte meine Ablesung falsch sein.

Ein wenig später kam aus der gleichen Richtung eine Fahrradfahrerin. Ich fragte sie, wie viel Uhr es sei, und erfuhr, dass es schon 19:30 Uhr war. Angesichts dieser Uhrzeit und der Distanz kam ich zum Schluss, dass ich es keinesfalls schaffen würde, die sieben Kilometer in diesem hügeligen Gelände in dreißig Minuten zurückzulegen. Diese neue Einsicht machte mich sehr unglücklich. Viele Pläne und Erwartungen wurden damit ins Land der Träume und unerfüllbaren Hoffnungen versetzt.

Diese Situation ließ mir nichts anderes übrig, als einen Platz für mein Nachtlager zu suchen und vor allem etwas gegen meinen Hunger zu tun. Das, was in der Gegenwart getan werden musste, war vorerst das wichtigste. Denn ich verlor an Kräften und in dem Maß vergingen auch die Erfolgsaussichten meiner Flucht. Bis die Frau, die mir entgegengekommen war, sich entfernt hatte, ruhte ich ein wenig aus. Ich blickte mich um: Auf der linken Seite der Straße, die nach Bayreuth führte, entdeckte ich in einiger Entfernung auf einem ziemlich ausgedehnten flachen Gelände eine Reihe von Einfamilienhäusern. Sie waren wohl alle von der gleichen Art. Ich überlegte nicht lange und wählte das Häuschen aus, das am nächsten an der Zufahrtstraße lag, die von der Landstraße aus hinüberführte.

Verraten und wieder festgenommen
27. Dezember abends

Ich öffnete die Gartentür, und ein schmaler Pfad brachte mich zur Haustür, zu der einige Stufen hinaufführten. Ich klingelte. Eine Frau, die schon nicht mehr jung war, öffnete mir, schlank, mittleren Wuchses und von einer wächsernen Gesichtsfarbe mit vielen Falten, aber ein Mensch voller Energie und sehr lebhaft, wie ich dann feststellen konnte. Sie fragte nicht lange, warum ich als unerwarteter Gast erschien, sondern bat mich ins Haus herein. Ich befand mich in einer kleinen Küche, die mit typischem Mobiliar ausgestattet war. Aus der Küche führte eine enge Treppe ins Obergeschoss. Auf der rechten Seite, direkt an der Treppe, führte die Haustür nach außen. Über der Tür befand sich eine Dose, welche eine Telefonschaltung enthielt. Im Raum stand ein ziemlich großer Tisch. Die freundliche Frau wies mir einen Stuhl und befragte mich auf sehr liebenswürdige Weise mit einem leichten Lächeln, was die Absicht meines Besuches sei. Ich sagte, dass ich nach Bayreuth ginge, um Arbeit zu bekommen, weil mir meine bisherige Arbeit nicht zugesagt habe. Sie wunderte sich, wie ich mich zurechtfinden konnte, und dass ich nicht mit dem Zug fuhr, sondern meine Reise zu Fuß zurücklegte. Ich erinnere mich nicht, welches Lügen-Argument ich benutzte, um ihre Neugier zu befriedigen. In der Küche befand sich noch eine ältere Frau, die mit einem Kind spielte. Sie sagte nichts, so sehr war sie mit dem Kind beschäftigt. Als mich die redelustige Frau fragte, ob ich noch irgendwelche Wünsche hätte, sagte ich, dass ich sehr großen Durst hätte und bat sie um ein wenig Wasser. Das sei kein Problem: Sie bot mir Kaffee an. Sie fragte wohl außerdem, ob ich auch Hunger hätte. Da sagte ich nicht nein. Sehr gewandt und flink erhielt ich eine Tasse Kaffee und Brot.

Dann ging sie ziemlich schnell ins obere Stockwerk hinauf. Man hörte ein Gespräch mit einer anderen Person und etwas später den typischen Ton eines unterbrochenen Glockenzeichens in jener Dose, was anzeigte, dass man eine telefonische Verbindung herzustellen versuchte. Der ganze Ablauf des Telefonierens, das Wählen der Nummern, das Auflegen des Hörers waren akustisch zu verfolgen durch die Schaltdose, die über der Eingangstür aufgehängt war. Das machte mir Angst, doch ich dachte nicht daran, dass diese Frau mit der Polizei telefonierte, um den Behörden die Anwesenheit einer verdächtigen Person zu melden. Hierher hatte mich nicht nur meine Intuition geführt, sondern auch meine Überzeugung, dass ich selber doch keine Gefahr für das Deutsche Reich darstellte.

Nach einer Weile kam dann aus dem Oberstock ein Mann mittleren Alters und kleinen Wuchses, aber sehr dick, mit kurzgeschnittenem Haar, einem runden Gesicht und groben Zügen. Schweigend nahm er am Tisch mir gegenüber Platz. Sein Verhalten war irgendwie sonderbar. Er stützte seinen Kopf auf die beiden Arme, die er auf seiner Seite auf den Tisch gelegt hatte und schaute mich schweigend an. Er sah aus wie eine Bulldogge. Dann beendete die Hausfrau das Telefongespräch und man hörte vom Erdgeschoss aus, dass die Verbindung unterbrochen wurde. Das Ende des Gesprächs markierte das Klingelzeichen des aufgelegten Hörers. Danach kam sie die Treppe herunter in die Küche und lud mich ein, noch mehr zu essen. Ich fühlte, dass etwas faul war, einerseits fürchtete ich mich vor der schweigenden „Bulldogge", andererseits vor der Redseligkeit der Frau, welche nicht erlaubte, dass ich aufbrach.

Während der freundlich geführten Unterhaltung forderte sie mich auf, noch eine weitere Tasse Kaffee zu trinken, und damit verlängerte sie einfach auf eine für mich zwingende Weise meinen Aufenthalt in ihrem Haus. Ich wagte nicht hinauszugehen, obwohl es schon spät und längst Zeit für mich war. Auf einmal hörte ich, wie sich vor der Haustür laute Stimmen unterhielten und wie Schuhe auf dem metallenen Schuhabtreter abgestreift wurden, und kurz darauf ein Klopfen an der Tür. Die Hausfrau ging zur Tür und öffnete sie. In die Küche herein traten zwei uniformierte Gendarmen, und jeder von ihnen richtete eine Pistole auf mich, die sie in der ausgestreckten Hand hielten, und riefen: „Hände hoch!" Da ich keinen Widerstand leistete und nachdem sie herausgefunden hatten, dass ich nicht bewaffnet war, erlaubten sie mir, mich wieder hinzusetzen und weiter meinen Kaffee zu trinken. Aus ihrer Unterhaltung mit den Hausbewohnern erkannte ich, dass sie sich gut kannten. Die „Bulldogge" wechselte jetzt ihre Haltung, aber der Mann nahm nicht an der Unterhaltung zwischen der Frau mit dem wächsernen Gesicht und den beiden Polizisten teil, es ging um banale Dinge und betraf Familienangelegenheiten. Die Gendarmen legten ihre Mäntel und Mützen ab, setzten sich hin, zündeten sich Zigaretten an und schwatzten freundlich, ohne mir weitere Aufmerksamkeit zu schenken oder mich etwas zu fragen.

Nach vielleicht 30 Minuten fragte mich der jüngere Polizist, ob ich mich ausgeruht habe und ob wir nun aufbrechen könnten. Natürlich stimmte ich zu. Beim Ausgang holte ein Gendarm eine Handschelle heraus und fesselte mich mit der linken Hand an, das andere Ende hielt er in seiner Hand. Er bedeutete mir, dass jeder Fluchtversuch fatale Folgen haben würde. Denn er würde seine Waffe benutzen. Zur Bekräftigung seiner Worte holte er seine Pistole aus dem Halfter, legte eine Kugel in den Lauf und steckte sie zurück, wobei er das Halfter offen ließ. Es war klar, dass ich zur Flucht keine Lust hatte, denn meine Füße waren geschwollen und schmerzten nun so sehr, dass ich anfangs kaum einen Schritt machen konnte. Außerdem wollte ich meine Ruhe haben, schlafen und meine Füße schonen. Die „freundliche" Hausfrau wollte uns zum Gartentor geleiten, aber der Gendarm lehnte das ab, er sagte, er kenne den Weg. Der zweite Gendarm wollte auch mit uns kommen, aber der Hausherr, „die Bulldogge", bat ihn, dass er noch eine Weile bleiben solle, umso mehr, da er schon außer Dienst sei. Nach einer warmherzigen beiderseitigen Verabschiedung mit einem „Heil Hitler!" verließen wir das Haus, um, wie ich erwarten musste, zur Polizeistation zu gehen.

Anfangs gingen wir denselben Weg, der mich zu diesem Haus geführt hatte, auf die Landstraße hinüber. Nachdem wir diese erreicht hatten, erklärte der Polizist, dass wir eine Abkürzung gehen würden, also nicht die Straße, sondern einen ihm bekannten schmalen Weg, dadurch würden wir eine große Kurve der Straße, die sich durch die Berge wand, einsparen.[25] Zuerst den Berg hinunter, der mit Bäumen bestanden und verschneit war, das machte mir keine Schwierigkeiten, der Weg war ziemlich abschüssig und stellenweise glatt. Auf einmal fühlte ich in der Dunkelheit einen starken Ruck und mein Wächter verschwand irgendwohin. Ein Weilchen horchte ich herum und suchte gleichzeitig mit den Augen nach dem Verschwundenen. Was war geschehen? Der Gendarm war mit seinen beschlagenen Schuhen wie ein Pferd gestrauchelt, hatte sein Gleichgewicht am Abhang verloren und war mit seinem ganzen Gewicht und mit seiner Pistole in eine Vertiefung gestürzt. Er rutschte in einen Schneehaufen. Und wo er hängen blieb, das waren viele Meter unterhalb der Stelle, wo ich stand. Ich wollte ihm keine Schwierigkeiten bereiten und floh nicht, sondern blieb ruhig stehen und wartete auf die Rückkehr meines Führers. Der Gendarm, wohl ganz schneebedeckt und etwas verdutzt, bat mich herunterzukommen, da wir sowieso da hinuntergehen müssten. Er halte es für unnötig, wieder auf dem glatten Weg den Berg hinaufzusteigen. Ich antwortete: Er habe natürlich recht. Und langsam in der Hocke, indem ich mich an den Zweigen der Bäume und Hecken festhielt, erreichte ich meinen Begleiter. Ich half ihm, den Schnee abzuschütteln, fand seine Mütze und die Fortsetzung des Weges bewältigten wir schon als gute alte Bekannte. Natürlich war jetzt keine Rede mehr von meiner Flucht oder seiner Waffe.

Unterwegs erfuhr ich, dass jene Streckenangabe weiter oben auf dem Wegzeiger zur Stadtgrenze nicht „7 km" bedeutete, wie ich entziffert hatte, sondern nur „1 km". Diese Information traf mich wie ein Blitz aus heiterem Himmel. Ich war buchstäblich nur einen Schritt von dem Eisenbahnzug nach Osten entfernt gewesen. Ich hätte es geschafft, wenn ich jene Frau nicht nur nach der

---

25 Dieser Hinweis passt zur großen Straßenkurve bei Matzenberg zwischen Donndorf und Bayreuth.

Uhrzeit, sondern auch nach der Entfernung nach Bayreuth gefragt hätte. Damit hatte ich nicht gerechnet, dass nicht nur die Zeit wichtig war, sondern auch die dazugehörige Wegstrecke. Das war zumindest vorübergehend ein Tiefschlag für mich, was mich jedoch bedeutend weniger niederdrückte als die aktuellen Schmerzen in meinem Körper.

Wir wanderten nun schon länger durch eine schöne Mondnacht, die jedoch frostkalt war, bis wir die Polizeiwache erreicht hatten. Wo sie sich befand, erinnere ich mich nicht mehr, denn die Stadt war verdunkelt.

Polizeiwache Bayreuth
27. Dezember nachts

Zum ersten Mal befand ich mich in einer, wie mir vorkam, untypischen Polizeistation.[26] Sie befand sich in einer großen Halle, die mit vielen Büros ausgefüllt war. Diese Büros waren keine abgetrennten Räume. Alle Polizeibeamten, die in Uniform und in Zivil waren, befanden sich in diesem riesigen Raum, ohne einander bei ihrer dienstlichen Arbeit zu stören. Große Bierfässer bildeten nicht nur ein wichtiges Dekorationselement, sondern waren auch zum Konsumieren da, sie waren an der Wand im mittleren Teil der Halle aufgestellt.

Mein Gendarm führte mich ins Innere und meldete die Ablieferung eines Verdächtigen bei einem älteren Beamten höheren Ranges, welcher ohne Uniform nur in Hemd und Hose in seinem Büroabteil Dienst tat. Dieser ältere Mann mit freundlichem Äußeren fragte mich, was ich in Bayreuth machte und woher ich käme. Er machte sich keinerlei Notizen und nahm kein Protokoll auf. Er nahm meine Äußerungen zur Kenntnis und befahl mir, mich nebenan auf eine Bank zu setzen. Ich war so erschöpft und wollte nur meine Ruhe. Ich hatte großen Durst und als ich sah, dass manche Beamte Bier tranken, konnte ich es mir nicht verkneifen, den Be-

---

26 Nach freundlicher Auskunft des Stadtarchivs Bayreuth, das auch noch andere von Kostrzeński genannte Gebäude identifizieren konnte, war diese Polizeistation die Gendarmeriehauptstation im Alten Schloss. Das Gebäude wurde wenige Wochen darauf durch Bomben zerstört, inzwischen aber wieder rekonstruiert.

amten, der meine Sache behandelte, um Bier zu bitten. Tatsächlich war das kein Problem und ich erhielt einen großen Maßkrug voll Bier, womit ich meinen Durst löschte.

Inzwischen hatte der Polizist, der mich hergebracht hatte, irgendwelche Formalitäten erledigt und dann die Polizeistation verlassen. Die anderen, nicht sehr zahlreichen Beschäftigten kümmerten sich nicht um mich. Nach ungefähr einer Stunde Wartezeit erschien ein uniformierter Polizist. Genau besehen trug er eine andere Uniform in Farbe und Rangabzeichen. Er nahm irgendwelche Papiere an sich, sprach mit meinem zweiten Betreuer und erklärte dann, dass wir zum „Gerichtsgefängnis" gehen würden. Er fesselte mich nicht, hatte aber, um meine Flucht zu verhindern, einen normalen Karabiner über der Schulter. Er war wenig gesprächig. Der Weg zum Gefängnis war ziemlich lang und ermüdend für mich. Schnee bedeckte die Bürgersteige und die Straßenoberfläche, doch manche Abschnitte des Weges waren geräumt. Der Schnee lag in hohen Haufen und erschwerte es erheblich, die Straße zu überqueren.

Kapitel 2

Im Gefängnis St. Georgen in Bayreuth

28. Dezember 1944 bis Februar 1945

Das Gefängnis befand sich in einer Vorstadt von Bayreuth.[27] Das war ein großes Gebäude mit sogar ansehnlicher Architektur, wohl ein historisches Gebäude wie der Tower oder die Bastille, aber immer noch ein Gefängnis. Weil es schon so spät war, nämlich kurz nach Mitternacht, mussten wir eine Weile vor dem Tor warten, bis es sich öffnete. Es öffnete uns ein schimpfender, kleiner Mann, welcher Wachmann war. Andere Beamte sah ich nicht, aber dieser Wächter wurde von einem großen dünnen Gefangenen begleitet, einem Tschechen. Wie ich später erfuhr, war er ein Pastor. Mein Begleiter wechselte einige Worte mit dem Wächter, händigte ihm meine Papiere aus, die wahrscheinlich diesen meinen Zwangsaufenthalt im Gefängnis anordneten. Der Wächter schaute die Dokumente gar nicht an, sondern gab sie gleich dem Pastor-Schreiber weiter. Dieser Schreiber notierte sich in einem Büro meine persönlichen Daten, woher ich kam und den Grund meiner Festnahme.

Nach dieser Befragung begab ich mich auf den Korridor zurück. Ich wusste nicht, dass das Umhersehen im Gefängnis streng verboten war, und erhielt aus diesem Grund unerwartet einen starken Schlag vom Wächter. Ich fiel auf den gewachsten, rutschigen Steinboden hin. Zuerst konnte ich gar nicht wieder aufstehen, weil ich ein wenig benommen war und außerdem schmerzten mir die Beine so sehr, dass ich bei jeder Bewegung einen schrecklichen Stich verspürte. Der tschechische Pastor half mir beim Aufstehen, während der Wächter nach diesem Zwischenfall die ganze Zeit mit gellender Stimme irgendwelche Äußerungen von sich gab. Die nächste Station bei meiner Aufnahmeprozedur als Gefangener war das Bad. Mir wurde befohlen mich auf der Stelle, wo ich stand, also im Flur, nackt auszuziehen, und alle meine Sachen liegen zu lassen. Ich gehorchte. Von dort musste ich mich ins Bad begeben. Aber zuerst verständigte sich der Pastor mit dem Wächter, dass es nötig sei, einen Arzt zu rufen, weil ich keinen Schritt mehr tun könnte. Der Pastor hielt mich unter den Armen fest. Nach einigen Minuten kam der Arzt, von Nationalität ein Franzose. Er half mir

---

27 Kostrzeński wurde in das Landgerichtsgefängnis, Markgrafenallee 30, im Stadtteil St. Georgen eingeliefert. Dieses Gebäude wurde im April 1945 durch Bomben zerstört und nicht wieder aufgebaut.

in den Sanitätsraum hinein, und nachdem er meine Beine in Augenschein genommen hatte, verordnete er ein Bad. Danach sollte ich zur medizinischen Versorgung und dann ins Gefängniskrankenhaus eingewiesen werden. Das Gefängnisbad befand sich im Keller. Es war ein großer Raum mit zahlreichen Duschen an der Decke. Im Grunde war ich sehr damit einverstanden, dass ich nun mit warmem Wasser duschen konnte. Ich erhielt sogar dafür ein ziemlich großes Stück grauer Seife sowie Waschpulver. Beim Bad halfen mir der Pastor und der Arzt, und das Ganze überwachte der Wächter persönlich. Vor dem Bad desinfizierten der Arzt und der Pastor alle möglichen Stellen auf meinem Körper mit irgendeinem Mittel, das so ähnlich roch wie Lysol. Dann stellten sie mich mitten ins Bad unter eine Dusche und ließen das Wasser laufen. Und dann zeigte es sich, dass bei dem verordneten Bad kein einziger Tropfen warmen Wassers floss, sondern nur eisig kaltes Wasser, wie ein Regen, und das war für mich zuerst unerträglich. Ich floh von der Dusche weg, aber der Pastor und der Arzt zogen mich mit Gewalt wieder unten den Wasserstrahl. Ich konnte nichts dagegen machen, gewöhnte mich an die eisige Dusche und bemühte mich auf den Rat der Mitgefangenen hin, mich gründlich zu waschen. Nach dieser Prozedur erhielt ich ein Handtuch sowie komplette weiße Nachtwäsche.

Gewaschen, desinfiziert und in sauberer Unterwäsche wanderte ich zu einer Gefangenenzelle im Spital, eine kleine Zelle, die drei Stockwerksbetten enthielt, also mit sechs Übernachtungsplätzen. In der Zelle war nur noch ein Platz durch einen anderen Gefangenen belegt, die anderen Betten waren leer. Ich nahm das obere Bett gegenüber der Tür und direkt am Fenster. Der Komfort, den ich in der Zelle vorfand, verblüffte mich: das Bett mit einem Bettlaken, einem Kopfkissen, einer Steppdecke oder Wolldecke, alles weiß überzogen und warm. Ich dachte nicht darüber nach, was weiter sein würde. Die wichtigste Sache war für mich jetzt die Ruhe, dass meine Beine behandelt würden und dass ich, wie ich hoffte, ein hervorragendes Essen bekäme. Ich schlief beinahe sofort ein.

Am Morgen weckte mich der Appell, welcher die Gefangenen in der Krankenzelle nur zum Teil betraf. Ein neuer Wachbeamter öffnete die Zelle, um sie reinigen zu lassen und den Eimer zu leeren, der während des Tages als Toilette diente. Diese Reinigungsarbeiten machten immer zwei sehr junge Polen. Nach dieser einfachen Säuberung erschien in der Zellentür der Gefängnischef in einer Uniform mit Rangabzeichen, welche ihn als den mächtigsten Mann im Gefängnis auswiesen. Ihn begleiteten jener erste Wachmann, der Pastor-Schreiber sowie der Arzt, welcher in ziemlich fließendem Deutsch begründete, weshalb ich notwendigerweise in die Krankenzelle musste. Der Gefängnisleiter sagte nichts darauf und kurz danach schloss sich die Zellentür wieder. Mein Mitgefangener, an dessen Nationalität ich mich nicht mehr erinnere, verließ die Zelle noch am selben Tag und wurde wahrscheinlich in eine normale Gefangenenzelle eingewiesen. Wir hatten nach einiger Zeit ein Frühstück erhalten, ein sehr bescheidenes. Es bestand aus einem Teller irgendeiner Suppe, Kaffee, einem Stück Brot, einem kleinen Stück Margarine und in derselben Menge Schmelzkäse. Später lernte ich, dass das zugleich die Ration für das Abendessen war, wozu wir noch einmal einen Teller Suppe oder drei kleine Kartoffeln mit Kaffee statt Suppe bekamen. Das Mittagessen bestand aus einem Teller Rüben- oder Kohlsuppe. Die Verpflegung war also sehr bescheiden. Ich war in jener Zeit in Bayreuth immer hungrig und alle meine Gedanken kreisten nur um das Essen.

Nach dem Frühstück brachte mich der Gefängnisarzt in einen Behandlungsraum, wo er alle Blasen öffnete und beiden Beinen Verbände auflegte. So war es täglich bis zum dritten Tag. Am vierten Tag nach dem Morgenappell teilte der Arzt der Gefängnisleitung mit, dass ich die Krankenzelle verlassen könnte mit der Einschränkung, dass ich noch weitere drei Tage die Gemeinschaftszelle nicht verlassen sollte, bis die Beine ganz geheilt seien. So wurde es auch vom Wachdienst eingehalten: Weitere drei Tage der Schonung vergingen in einer allgemeinen Zelle. Diese Zelle Nr. 13 im Parterre teilte ich mit den beiden sehr jungen Polen. Einer der beiden, der ungefähr 18 war, kam von Błonie bei Warschau, der zweite, noch jüngere, kam aus der Gegend von Lublin. An das Aussehen des Älteren erinnere ich mich noch sehr gut, während das Gesicht des Jüngeren ganz aus meinem Gedächtnis entschwand. Der Ältere war ein ziemlich gut aussehender Junge, nicht groß, blond, mit rundem Gesicht, blauen Augen, einer großen Nase und zahlreichen Sommersprossen im Gesicht. Was der Grund ihres Gefängnisaufenthaltes war, verrieten sie mir nicht, das behandelten sie als ein Geheimnis. Die beiden wurden zum Säubern des Korridors und des Fußbodens der großen Gefängnishalle eingesetzt, zum Austeilen der Essensbehälter und zu anderen Arbeiten im Gebäude.

Am vierten Tag nach dem Morgenappell ging ich nicht zum allgemeinen Appell aller Gefangenen aus der Zelle heraus, welcher jeden Tag morgens in der Halle stattfand. Aber es gab keine Entschuldigung mehr für mich und von einem Wachmann gedrängt, musste ich mich in die Reihe stellen. Man konnte auch nichts simulieren. Während dieses Appells der Häftlinge erfuhr ich, dass die Häftlinge in verschiedenen Kommandos beschäftigt wurden. Es gab Gruppen mit unterschiedlicher Arbeit. Die größte Arbeitsgruppe war das Kommando „Holzhacken" auf dem Gelände des Gefängnisses. Die anderen hatten alle den Namen „Außenkommando". Das hieß, dass es sich um Arbeiten außerhalb des Gefängnisses handelte. Auf dem Gefängnishof in den Vormittagsstunden spazieren gehen durften nur Gefangene ohne eine Arbeitszuteilung sowie die Frauen, deren Zellen sich im ersten Stock befanden. Die weiblichen Gefangenen mussten nicht am Morgenappell teilnehmen, vielleicht, weil der Eingang zu den Zellen in den höheren Stockwerken durch eine Art Balkon gebildet wurde, der nur durch ein Geländer gesichert war.

Am folgenden Tag teilte man mich zum Kommando „Holzhacken" ein. Ein Wachmann führte uns zu einem ausgedehnten Hof, wo ein deutscher Mitgefangener die Arbeitsgeräte verteilte, nämlich Äxte und Sägen. Die Auswahl überließ er den Gefangenen selber. Von welcher Nationalität waren die Gefangenen? Drei Polen, worunter ich war, Russen, unter ihnen auch Weißrussen, dann Ukrainer, Italiener, Franzosen, Jugoslawen, wenige Tschechen oder Slowaken – wie viele jeweils, weiß ich nicht mehr.

Wir zerkleinerten Holzstämme und spalteten sie in kleine Stücke, das war keine schwere Arbeit, denn niemand überwachte uns, und deshalb tat zwar immer jemand etwas, aber ohne Enthusiasmus. Der deutsche Mitgefangene hatte in der SS gedient und war mit einem hohen Kriegsorden ausgezeichnet worden für seine Teilnahme am Kampf um Stalingrad. Dort hatte er seine rechte Hand verloren, die während der Kämpfe an der Ostfront amputiert worden war. Gegenwärtig saß er eine zweijährige Gefängnisstrafe ab. Er war uns allen gegenüber tolerant und nützte seine Position nicht aus. Ich arbeitete einige Tage lang beim Spalten der Klötze oder zusammen mit dem Russen Grischa beim Holzsägen. Grischa war ein erfahrener Gefangener. Obwohl er nur drei Finger an der rechten Hand hatte, konnte er den Eindruck angestrengter Arbeit machen, er war sehr gewitzt. Lästig am Kommando „Holzhacken" war nicht das Sägen oder Spalten des Holzes, sondern der Ort, wo sich diese Arbeit abspielte. Das war eine großflächige Halle, hoch, aus Holz erbaut, aber in einer solchen Konstruktion, dass der Aufenthalt während dieser windigen, frostkalten Zeit zur Folter wurde. Die Wände waren auf allen vier Seiten durchbrochen: Sie waren durch Bretter einer solchen Breite und mit solchen Abständen gemacht worden, dass zwischen ihnen Ritzen entstanden, durch die es sehr stark zog.

Die Vorschriften für die Gefangenen betrafen nicht nur die Ordnung, die Verpflegung, die Arbeit und anderes, sondern auch die Kleidung. Diese war außerordentlich dürftig. Sie bestand nur aus einer leinenen Unterhose und einem Unterhemd, Hosen mit einem einzigen Knopf ohne Taschen und einer Jacke ohne Kragen oder Taschen. Die Hose und die Jacke waren aus einem Material gemacht, das einer dünnen grauen Decke ähnlich war. Das Schuhwerk der Gefangenen bildeten natürlich die Holzschuhe, falls ein Gefangener nicht eigene Schuhe hatte. Jedoch besaßen nicht alle Gefangenen Socken oder eine Kopfbedeckung. So waren einfach nicht alle Gefangenen vollständig bekleidet. Ein anderes Manko unserer Kleidung war, dass die Hosen entweder zu eng oder zu weit waren. Im letzteren Fall versuchte man, sie mit Draht zu befestigen, aber das war natürlich verboten. Der Pastor-Schreiber besuchte uns während unserer Beschäftigung beim Holzhacken mehrmals, um die persönlichen Daten der Gefangenen zu vervollständigen oder wegen anderer Dinge. Das war eine Gelegenheit, um mit ihm über einen eventuellen Wechsel vom Kommando „Holzhacken" zu einem „Außenkommando" zu reden. Denn die Gefangenen bildeten feste Arbeitsgruppen, es sei denn, dass ein Gefangener seine Arbeit nicht richtig machte oder wegen einer Strafe im Gefängnis bleiben musste. Verfehlungen, welche man den Gefangenen vorwarf, waren: Diebstahl, Entfernung vom Arbeitsplatz, zu geringe Arbeitsleistung oder andere Regelverstöße.

Lehrerbildungsanstalt Bayreuth, Januar 1945 Lazarett, heute Gymnasium (Aus: Kleiner Führer durch Bayreuth 1914)

Ein „Außenkommando" war eine Elite-Arbeitsgruppe, denn man bekam dort vor allem zusätzliche Verpflegung: nicht nur eine tägliche Zulage von 100 g Brot, sondern bei der Arbeit draußen geschah es oft, dass man inoffiziell Essen ergatterte. Die Lebensmittelportionen des Gefängnisses waren so kümmerliche Hungerrationen, dass wir zum Abendessen die Kartoffelschalen von den geschälten Kartoffeln aßen, welche die weiblichen Häftlinge erhalten hatten. Sie schälten sich ihre Kartoffeln, während wir die Kartoffeln ungeschält aßen: Wir erhielten ja zum Abendessen drei kleine Kartoffeln in der Schale.

Nach zwei, drei Tagen schlug der Pastor-Schreiber dem Gefängnisleiter vor, dass ich im Gebäude des Lehrerseminars arbeiten sollte, das jetzt zum Militärkrankenhaus gemacht worden war.[28] Auch andere Gefangene außer mir wurden dieser Arbeit zugeteilt.

Eine Plage, die im Außenkommando allerdings dazukam, war der Marsch zum Arbeitsplatz. Es waren zwei Marschetappen, der erste Stop: das Zuchthaus, dort Wechsel der Wachleute, dann die zweite Etappe: Marsch zum eigentlichen Arbeitsplatz. In unserem Fall musste ein Teil der Gefangenen im Stadtzentrum die Möbel

---

28 Es geht um die ehemalige Lehrerbildungsanstalt, damals Dürschnitz 29. Heute befindet sich in dem Gebäude das Markgräfin-Wilhelmine-Gymnasium.

aus einer Schule herausbringen. Die zweite Gruppe wanderte ziemlich weit bis zum Seminargebäude am anderen Ende der Stadt. Die Gefangenen, die normales Schuhwerk trugen, hatten beim Marsch auf dem verschneiten Weg nicht so viele Schmerzen zu erdulden. Ich und viele andere, die nur Holzschuhe hatten, mussten den Weg barfuß gehen. Mit den Holzschuhen war nämlich ein schnelles Marschieren unmöglich, weil der Schnee in solchen Mengen anklebte, dass man unmöglich darin gehen konnte. Die Hoffnung auf ein bisschen Essen, Tabak oder Zigarettenkippen, auf die Wärme im Gebäude und andere Formen von Erleichterungen, zum Beispiel die Rückkehr ins Gefängnis zu den vielen Brotresten, das alles hat die Strapazen dieses Marsches gemildert. Ich beobachtete, wie schnell sich die Gefangenen an die primitiven Bedingungen gewöhnten und wie einfallsreich sie waren, etwas zu erwischen, das sich zum Handeln und Tauschen eignete. Man tauschte immer Dinge gegeneinander aus: Suppe, Brot, Tabak und anderes.

In dem Moment, in dem wir das Seminar betraten, begann ein wahnsinniges Gerenne der Gefangenen durch alle Korridore, um aus den Aschenbechern etwaige Kippen zu fischen, die man den Mitgefangenen als Tabakreste verkaufen konnte. In diesem Seminargebäude war bereits ein Krankenhaus untergebracht, aber man war noch beim Einräumen. Es wurden Betten, Schränke und andere Einrichtungsgegenstände angefahren. Ein Teil der Einrichtung wurde in einem nahe gelegenen Magazin untergebracht, von wo aus wir die Sachen herübertrugen. Die Schuleinrichtung dagegen, Möbel und Lernmittel, wurde auf Pferdefuhrwerke und Militärfahrzeuge verladen und weggefahren. Die Arbeit war nicht schwer oder kompliziert und es waren auch genug Leute von uns da. Aber die Gefangenen, die draußen arbeiten mussten, löste man erst dann durch andere Kräfte ab, wenn sie halb erfroren und am Ende ihrer Kräfte waren. Die Krönung unserer Anstrengungen war jeweils eine Mahlzeit, die wir in der Arbeitspause bekamen. In der Hauptsache war das eine Suppe oder Soße mit Brot, Kartoffeln oder Klößen. Die Essensmenge war jeden Tag gleich. Sie richtete sich nach der Anzahl der verwundeten Soldaten im Krankenhaus. Wir waren froh über jede zusätzliche Brotration, die wir ins Gefängnis mitnehmen konnten. Manchmal hat aber der Wachhabende im Gefängnis Kleiderkontrollen durchgeführt und uns das ganze Brot wieder weggenommen.

Luitpoldschule Bayreuth, aus der Kostrzeński Möbel heraustragen musste (Aus: Kleiner Führer durch Bayreuth 1914)

So gute Bedingungen gab es aber nur bei der Arbeit in diesem ehemaligen Seminar. Es gab Tage, an denen der verantwortliche Wachsoldat die Gefangenen nach seinem Gutdünken einteilte und die Leute in eine Schule im Stadtzentrum führte.[29] Ich war einmal dorthin eingeteilt zum Entfernen der Möbel aus dieser Schule. Viel zu tun gab es dabei nicht, weil es an Transportmitteln fehlte. Zwei Pferdefuhrwerke waren zu wenig für das Arbeitspensum. Eine Beschäftigung außerhalb des Gefängnisses bedeutete immer die Chance, etwas Essbares aufzutreiben. Wenn man zur Arbeit im Stadtzentrum eingeteilt wurde, wo es weder Verwundete noch Soldaten gab, bestand auch keine Chance, etwas zu essen zu bekommen.

Diese Schule im Zentrum befand sich zwischen mehrstöckigen Wohnhäusern in einer ziemlich steil ansteigenden Straße. Auf der anderen Straßenseite waren auch Wohnhäuser und eine kleine Grünanlage mit ein paar verschneiten Bäumen. Dort spielte eine Gruppe von Kindern im Alter von ungefähr vier bis sechs Jahren.

---

29 Hier handelte es sich wohl um die Luitpoldschule, heutige Adresse Oswald-Merz-Straße. Gegenüber dem Gebäude steht ein mehrstöckiges Beamtenwohnhaus.

In dem Augenblick, als sich unsere Gefangenengruppe der Schule näherte, verließen sie sofort den Spielplatz und kamen auf uns zu. Sicher waren wir eine Attraktion für sie, etwas Neues. Die Kinder kamen nicht nahe heran, doch sie stellten aus sicherer Entfernung verschiedene Fragen, kindliche Fragen, aber angenehm anzuhören. Der Wachhabende erklärte den Kleinen geduldig, dass der Kontakt mit den Gefangenen verboten sei. Das hat nicht viel geholfen, Kinder sind Kinder, immer entdecken sie etwas für sich und sagen, was sie nicht sagen sollen. Unter diesen Kleinen war ein redegewandter Junge, der geheimnisvoll tat, als er alle Vorsichtsmaßregeln zum Besten gab, die ihm seine Mutter eingeschärft hatte. Er machte das sehr vorsichtig und gab uns zu verstehen, dass in unserer Nähe ein Ball liegen müsse, den er vermisse. Der Wachsoldat ging auf und ab und der Junge fragte mich, warum wir bewacht würden, was wir getan hätten, dass wir jetzt Gefangene wären, ob wir Hunger hätten oder ob uns Adolf Hitler Unrecht getan hätte und viele andere ulkige Fragen. Auf einmal hörte ich vom Balkon des gegenüberliegenden Hauses die Stimme seiner Betreuerin rufen. Der Junge lief nach Hause. Nach einer Weile kam er wieder, ging auf und ab und zeigte vorsichtig mit seiner Hand, dass er in einer Spalte des Kellerfensters ein Marmeladenbrot versteckt habe. Er bat darum, nichts zu verraten. Andere Kinder legten dann an dieselbe Stelle Bonbons oder in Papier gewickelte Marmeladenbrötchen. Dann beobachteten sie uns von der anderen Straßenseite aus, ebenso wie manche Frauen aus den gegenüberliegenden Häusern.

Andere Mitgefangene arbeiteten beim Aussortieren von verschiedenen Gegenständen, die aus zerbombten Eisenbahnzügen stammten. Das Magazin dafür befand sich in einer großen, hohen Turnhalle. Da waren Koffer, Körbe, Bündel, Kisten, Taschen und Pakete, die ehemals Personen gehört hatten, die bei Luftangriffen auf die Züge umgekommen oder verwundet worden waren oder irgendwie vermisst wurden. Das meiste Gepäck war mit Namen und Adressen versehen. Was war da nicht alles dabei! Oftmals das ganze bewegliche Vermögen, einschließlich von Pelzen. Uns Gefangene interessierte weder die Luxuswäsche noch der Fuchspelzkragen, noch ein kostbares Essservice. Es war verboten, irgendetwas kaputt zu machen, vor allen Dingen aber das Öffnen von verschlossenen Gepäckstücken. Selbstverständlich hielten sich die

Gefangenen nicht an diese Vorschrift und die Arbeit bestand deshalb aus dem Sortieren der herausgefallenen Dinge je nach ihrer Art. Die Pakete enthielten oftmals Lebensmittel, manchmal geräucherte Wurst. Das interessierte uns. Kompott und Marmelade teilten wir uns auf der Stelle. Hin und wieder fanden wir auch eine Flasche Wein. Damit gingen wir sehr vorsichtig um. Um ein bisschen Kraft und Spaß bei der Arbeit zu bekommen, tranken wir nur immer einen Schluck davon. Die Arbeit beaufsichtigte ein älterer Gefangener, ein Russe, der dank seiner kräftigen Konstitution etwas mehr trinken konnte.

Ich war zufrieden, wenn ich im Seminargebäude arbeiten konnte. Jeden Tag wurde eine andere Häftlingsauswahl dorthin eingeteilt, einmal zwölf Personen, einmal 20 oder mehr. Es kam darauf an, welche Arbeit die Krankenhausverwaltung geplant hatte. Jeden Morgen, gleich nach dem Frühstück, rief der Schreiber die Namen der Gefangenen auf. Die Liste war schon vorbereitet worden. Meistens war es so, dass immer dieselben Gefangenen zu derselben Arbeit gerufen wurden. Wenn wir die Zelle verließen, bekamen wir 100 g Brot zusätzlich. Wir bildeten eine Marschkolonne, und nachdem man die Zahl der Gefangenen nochmals mit der Liste verglichen hatte, gingen wir los. Es begleiteten uns Soldaten, die uns am Zentralgefängnis in Empfang nahmen, das nur ein paar Minuten entfernt lag. Dieses Zentralgefängnis war ein großes altes Kloster, wo Menschen einsaßen, die lange Haftstrafen abbüßen mussten.

Dort gab es auch politische Gefangene, unter anderem war auch der Heizer der Zentralheizung unseres Gefängnisgebäudes von dort. Er saß seit 1933, war tschechischer Herkunft und wegen seiner unliebsamen politischen Überzeugungen verurteilt. Er hatte Angst, dass man ihn in ein Konzentrationslager bringen könnte, was seinen Untergang bedeuten würde. Eines Tages arbeitete ich außerhalb des Gebäudes. Wir vervollständigten die Krankenhausbetten, legten Matratzen drauf und trugen sie ins Gebäude. Gleichzeitig luden Mitgefangene Gegenstände aus der Schuleinrichtung auf Pferdewagen. Möbel und verschiedene Lernmittel waren teilweise in Kisten verpackt worden.

An diesem Tag ereignete sich für uns Häftlinge etwas Fatales: Grischa und sein Freund flüchteten. Diese Flucht hatten sie schon länger geplant, aber sie warteten eine günstige Gelegenheit ab. Das

Risiko war hier nicht so groß. Ganz in der Nähe der Baracke, wo die Krankenhauseinrichtung untergebracht war, befand sich eine kleine Garage, in welcher der Direktor des Krankenhauses sein Motorrad untergestellt hatte. Grischa riss das Schloss ab. Nachdem er sich überzeugt hatte, dass Benzin im Tank war, schob er die Maschine auf einen Seitenweg. Ohne den Motor anzulassen, fuhr er die Straße hinab. Später sah man in der Ferne Auspuffwolken, woran man erkennen konnte, dass der Motor jetzt lief. Die beiden Ausreißer fuhren schnell davon. Niemand von uns Häftlingen sagte etwas zu diesem Ereignis.

Zwischen der Flucht und unserer Rückkehr ins Gefängnis lagen ungefähr vier Stunden. Unser Sammelpunkt zum Abmarsch befand sich im Erdgeschoss des Gebäudes, wo wir uns zur festgelegten Zeit einfinden mussten und wo nach dem Abzählen die Marschkolonne aufgestellt wurde. Wir waren alle versammelt außer den beiden Flüchtigen. Zunächst dachte der Wehrmachtsoffizier, dass die beiden fehlenden Kameraden das Signal nicht gehört hätten, welches das Arbeitsende angekündigt hatte. Er befahl uns, das Gebäude und die Umgebung abzusuchen. Alle gingen hinaus, um zu suchen und wussten doch, dass die Suche zwecklos war. Nach einiger Zeit versammelten wir uns wieder und berichteten, dass die beiden Vermissten sich in Luft aufgelöst haben müssten. Da fing man gleich an, eine Flucht zu vermuten. Kurz darauf entdeckte auch ein Soldat, dass das Motorrad aus der Garage weg war. Der Unteroffizier verständigte telefonisch den Gefängnisdirektor und erhielt den Auftrag, sofort ein Verhör anzustellen. Ich muss sagen, er machte das nicht sehr geschickt. Alles konzentrierte sich auf eine gemeinsame Verantwortung für diese Flucht. Natürlich schworen alle Gefangenen, dass sie von einer bevorstehenden Flucht nichts gewusst hätten, dass sie auch nichts bemerkt hätten und natürlich auch nicht wussten, in welche Richtung die beiden abgefahren waren. Wir standen lange mit erhobenen Händen an einer Wand und warteten auf eine Entscheidung. In der Zwischenzeit kamen immer mehr Leute, Soldaten und Zivilpersonal, um zu sehen, ob sie etwas über die Flucht erfahren könnten. Gegen 22 Uhr traten wir unseren Rückmarsch ins Gefängnis an. Unter den Marschierenden herrschte Grabesstille. Uns war klar, dass dieses „Eldorado" Außenkommando damit für uns beendet war. Die Wachsoldaten verhielten sich unterwegs sehr offiziell mit schussbereiten Karabinern. Im Gefängnis angekommen, wurde sofort eine Leibesvisitation sämtlicher Häftlinge vorgenommen. Am nächsten Tag beim Morgenappell gab es wieder eine gründliche Durchsuchung von uns und auch der Zellen. Natürlich fand man nichts außer Brotresten, etwas Tabak und vielleicht ein paar Metalllöffel. Dieser Tag wurde zum „Trauertag" erklärt und kein Gefangener ging zur Arbeit, keiner durfte spazieren gehen, alles wurde ausgesetzt. Überall herrschte Ruhe, sogar in den Zellen gab es keine Unterhaltungen zwischen den Häftlingen. Die normale Gefängnissituation stellte sich erst wieder zwei bis drei Tage später ein. Es gab nun nur noch wenige Arbeitskommandos außerhalb und die beschränkten sich auf das Ausfahren von Kohle oder auf eine kleine Gruppe, die zum Schneeräumen eingeteilt war. Natürlich bekamen wir dann auch nicht die begehrte Extraportion Brot.

Das Schneeräumen ging langsam, aber systematisch vor sich. Unser Wachsoldat war ein älterer, kränklicher Mann, der seine Hauptfunktion darin sah, dauernd auf die Uhr zu schauen. Der Karabiner war eine Last für ihn und das Herumstehen in der Kälte machte ihm auch keinen Spaß. Trotzdem war er in einer sehr viel besseren Lage als wir, weil er entsprechend angezogen war. Aber er machte den Eindruck eines Mannes, der unter der Pflicht, uns zu bewachen – und das noch mit dem Karabiner – gleich umfällt und gerne stirbt, einer wie der gute Soldat Schwejk im Ersten Weltkrieg.

In den Nachmittagsstunden trieb eine Gruppe von SS-Männern eine Menge Leute beiderlei Geschlechts ins Zuchthaus, ältere Menschen und auch sehr junge. Sie waren unterschiedlich bekleidet, trugen Mäntel, Pelze, Kopfbedeckungen. Manche waren aber nur in Jacketts. Die Frauen waren mittleren Alters, nur ein paar waren schon älter. Der Anblick dieser elenden, schweigenden Menschengruppe, umringt von SS-Männern, machte einen traurigen Eindruck. Ich erfuhr von unserem Wächter, dass es sich um Deutsche handelte, die man des Verrats bezichtigte. Sie seien aus verschiedenen Teilen Deutschlands gekommen und die Kriegsereignisse zwangen die Behörden, diese Gefangenen immer wieder weiterzutransportieren, an Stellen, wo sie sich gut isolieren ließen.

Nach ein paar Tagen monotonen Gefängnisalltags hörten wir kurz vor Mitternacht die lauten Stimmen des Häftlingspersonals in der Halle. Man öffnete und verschloss Gitter, irgendeine unbekannte Aktivität begann. Es gab viele Vermutungen unter uns, aber es stellte sich heraus, dass man unsere beiden Ausreißer wieder zurückgebracht hatte, die so sehr wie wir alle die Freiheit gewünscht hatten. Der Pastor-Schreiber war bei der Begrüßungszeremonie für die Flüchtlinge dabei. Für ein paar Tage brachte man sie in einer Sonderzelle unter. Es wurde nichts davon bekannt – und das bestätigten dann auch Grischa und sein Freund – dass sie irgendwelchen besonderen Repressalien ausgesetzt worden waren. Sie wurden verhört, durchsucht und nach einer Zeit der Quarantäne wieder normal zum Kommando „Holzhacken" eingeteilt.

Kapitel 3

Von Bayreuth nach Langenzenn

Von Bayreuth über Hersbruck und Nürnberg nach Langenzenn

Anfang Februar verriet mir unser Pfarrer-Schreiber im Vertrauen, dass er für einige Gefangene die Papiere vorbereite, unter anderem auch meine. Es hieß, dass wir ins Gestapo-Gefängnis nach Nürnberg überstellt werden sollten. Das war eine Hiobsbotschaft für mich. Ich grübelte viel darüber nach. Anfangs hatte ich nämlich gedacht, ich hätte eine Chance, im Gerichtsgefängnis von Bayreuth auf meine Befreiung warten zu können. Trotz der üblichen Hungerrationen waren die Bedingungen einigermaßen. Um die Wahrheit zu sagen: Ich schätzte inzwischen den „Komfort" in diesem Gefängnis, wo uns niemand drangsalierte, wo es sauber und warm war, und wo man der Arbeit beim Holzhacken manchmal sogar ihre humorvollen Augenblicke abgewinnen konnte. Und dann, eines Tages nach dem Morgenappell und dem Frühstück, rief der Aufseher fünf Gefangene aus verschiedenen Zellen auf, uns drei Polen und Grischa mit seinem Freund. Zunächst bekamen wir unsere alte Kleidung zurück, die man zwischenzeitlich im Magazin aufbewahrt hatte. Dann mussten wir auf unsere beiden Sonderbegleiter warten.

Nachdem man die Gefangenen, außer mir, paarweise gefesselt hatte, marschierten wir mit Tränen in den Augen zum Bahnhof. Der Personenzug hatte in einem Waggon ein Abteil, das ausschließlich für Passagiere wie uns freigehalten wurde. Es gab viele Neugierige. Einige schüttelten den Kopf und bedauerten uns. Andere nahmen eine feindselige Haltung an und betrachteten uns wohl als Kriminelle. Unsere Bewacher standen von Amts wegen auf unserer Seite und bahnten uns schnell einen Weg durch die Menge der Reisenden. Im Abteil nahm man Grischa und seinem Freund die Fesseln ab, ebenso meinen beiden anderen Kollegen. Es stellte sich heraus, dass wir in Richtung Nürnberg irgendwo umsteigen mussten, denn der Zug, in dem wir saßen, hatte ein anderes Ziel.

Nach einiger Zeit monotoner Fahrt erreichten wir einen Umsteigebahnhof. Es war ein ziemlich großer Bahnknotenpunkt mit vielen Gleisen und einem großen Bahnhofsgebäude. Die Gleise waren leer, bis auf das letzte Gleis. Dort stand ein Schmalspurzug mit Personen- und Güterwagen. Die Lokomotive stand unter Dampf. Einige Eisenbahner, die an diesem Liliputzug Dienst taten, standen direkt an der Lokomotive herum. Wir glaubten, dieser Zug würde auf Reisende aus Nürnberg warten. Zuerst führten uns die Wachsoldaten in die große Bahnhofshalle, wo unter den Reisenden ein großes Gedränge herrschte. Es war warm. Bald bemerkten die Wachsoldaten jedoch, dass wir zum Gegenstand des allgemeinen Interesses wurden. Also führten sie uns wieder auf den Bahnsteig hinaus. Die Bahnsteige waren nicht sehr hoch. Das Ein- und Aussteigen musste beschwerlich sein, weil der Abstand zur untersten Wagenstufe recht groß war.

Wieder nach einiger Zeit kam eine Lautsprecherdurchsage, welche besagte, dass ein außerplanmäßiger Zug ankäme. Die Reisenden hätten sich im Bahnhofsgebäude aufzuhalten. Es sei untersagt, nach draußen zu gehen. Nun kam eine größere Zahl von Feldgendarmen auf den Bahnhof, zu deren Pflicht es gehörte, die soeben ergangene Anordnung durchzusetzen. Wir Häftlinge und die zwei Wachsoldaten blieben außerhalb des Bahnhofgebäudes. Wir mussten uns in der Mauerausparung einer nicht mehr benutzten Tür verstecken. Tatsächlich fuhr nach ein paar Minuten ein Schnellzug heran. Aus den Wagen stiegen ungefähr 200 bis 300 Soldaten verschiedener Formationen aus, vor allem SS-Leute. Alle schleppten Rucksäcke, Tornister und Säcke. Was besonders auffällig war: Jeder von ihnen hielt mit einer Hand seine herunterfallende Hose. Ihre Rangabzeichen waren von den Uniformen abgerissen, dadurch war jede militärische Unterscheidung unkenntlich. Bei einigen dieser Arrestanten waren die Uniformen zerrissen. Es fehlten sogar die Ärmel, sodass die weißen oder grünen Hemdärmel zu sehen waren. Nach dem irren Ausdruck in ihren Augen zu urteilen, konnte man meinen, sie kämen direkt von der Front. Bei vielen waren die Jacken offen; sicher fehlten die Knöpfe. Keiner von ihnen hatte Waffen, Gürtel oder andere militärische Ausrüstungsgegenstände. Ein starker Kordon von SS-Leuten bewachte diese ganze Gruppe mit schussbereiten automatischen Waffen. Die Bewachergruppe stieß sie an und trieb sie unter Geschrei in wenigen Minuten zu einem Sammelplatz. Einige hatten Blutspuren im Gesicht oder große blaue Flecken. Der Zug stand eine Weile. Nachdem man festgestellt hatte, dass alle Arrestanten ausgestiegen waren, fuhr er schnell ab. Die SS-Leute trieben diese ganze Gruppe meuternder Soldaten in aller Eile in die Wagen der Schmalspurbahn. All das konnten wir sehen. Es unterschied sich in nichts vom Vorgehen beim Ein- und Ausladen von KZ-Häftlingen, deren Los ja der Gipfel der Diskriminierung war. Genauso hatte ich es selbst erlebt. Der Zug stieß erst etwas zurück und fuhr dann in einem Bogen nach vorne. Von unserem Beobachtungspunkt konnten wir noch ziemlich lange Zeit den letzten Wagen dieses Zuges sehen. Dann verschwand er in einem Taleinschnitt. Danach war alles nur noch Erinnerung. Auf dem Bahnhof kehrte alles wieder zur Normalität zurück. Die erzwungene Stille der anwesenden Menschen war vorüber. Auf einen Befehl hin trat die Feldgendarmerie ab und die Reisenden schwärmten auf den Bahnsteig hinaus. Ich bemerkte nicht, dass auch nur einer von ihnen das soeben Geschehene kommentiert oder irgendwelche Fragen gestellt hätte. Dieses Ereignis hatte es überhaupt nicht gegeben! Es war vermutlich für alle nur ein Traum ohne Bedeutung.

Unsere Wachleute dagegen hatten den Vorfall sehr erregt miterlebt. Auf meine Frage, was das bedeute, antworteten sie: „Hitler kaputt!" Das Militär führe einen sinnlosen Krieg und wolle nicht mehr kämpfen. Es gebe aber hitlergläubige Einheiten. Sie würden die Meuterer verhaften und sie damit zum sicheren Tod verurteilen. Einer der Bewacher erwähnte sogar den Namen des Truppenübungsplatzes, wo die Meuterer abgeurteilt und hingerichtet würden. Meine russischen Kollegen, welche gewöhnlich alle Wendungen des Lebens eher optimistisch hinnahmen, machten dieses Mal keine fröhlichen Mienen. Schweigend und apathisch wegen unseres weiteren Schicksals warteten wir, bis unser Zug nach Nürnberg eintraf. Die Wachsoldaten erfüllten ihre Dienstpflicht und legten meinen Kollegen wieder Handschellen an. Sie sagten, sie täten dies nicht aus Überzeugung, sondern nur wegen der Vorschrift.

Die Reise verging schnell. Gegen Mittag fuhren wir in den Nürnberger Hauptbahnhof ein. Da heulten auch schon die Sirenen auf: Luftalarm! Die Reisenden sprangen aus dem Zug, der noch nicht zum Stehen gekommen war. Die Leute benutzten auch die Waggonfenster, um aus den Wagen herauszukommen. Auf dem Bahnsteig entstand ein ungeheurer Tumult. Alle rannten, wie sich erst später herausstellte, um in einem großen, mehrstöckigen Betonbunker Zuflucht zu suchen. Die Flak donnerte und die Flugzeuge dröhnten. In diesem Lärm und Geschrei verlor ich meine Leidensgenossen. Ehe ich mich zurechtfinden konnte, waren sie, zusammen mit der Begleitmannschaft, im Durcheinander der Leute verschwunden, die zum Ausgang des überdachten Bahnsteigs drängten. Ich hatte Angst, weil ich den Himmel nur teilweise sehen konnte. Die meisten dachten wohl, dass sie vor den Bomben geschützt wären, wenn sie den Himmel beobachten könnten, denn die Flugzeuge waren in Sichtdistanz. Was für ein Unsinn!

Ich weiß nicht, was ich selber gedacht habe, als ich als Letzter aus dem Wagen stieg. Mittlerweile war der Bahnsteig leer. Nur hier und da ein Polizist oder ein Soldat, der seinen Dienst verrichtete und unter Vorsprüngen des Bahnhofsgebäudes Schutz suchte. Zuerst wusste ich nicht, wohin ich mich wenden sollte, um meine Kollegen zu suchen. Ich hörte mächtige Bombenexplosionen und das Pfeifen der nächsten Bomben. Die Explosionen waren zeitweilig so stark, dass ich nicht atmen konnte. Draußen vor dem Bahnsteig bildete sich eine milchige, schwarzgelbe Wolke aus Rauch und Dunstschwaden. Überall hörte man Fensterscheiben zu Bruch gehen. Ich fühlte mächtige Stöße wie die eines apokalyptischen Erdbebens. Ich war so betäubt, dass ich mich weder fürchtete noch daran dachte, wo ich mich vor diesem gigantischen Sturm schützen sollte. Ich hörte wohl die Zurufe irgendeines Polizisten, der sich untergestellt hatte, dass ich unbedingt schnellstens den Bahnsteig verlassen müsse. Aber ich war so konsterniert und verlangsamt, dass ich mir der drohenden Gefahr gar nicht bewusst war.

In diesem Augenblick trat ein älterer, großer, distinguiert wirkender Wehrmachtsoffizier aus einem Waggon, ein Oberst mit einem Monokel im Auge. Sein Verhalten zeigte große Beherrschung und Nervenstärke. Ich erinnere mich, dass er einige Male nach oben schaute, obwohl das Dach des Bahnsteigs den Blick in den Himmel verstellte. Seine Bewegungen waren gemessen, wie nachdenklich. Er stieg die Wagenstufen herab und zog einen großen, schweren Koffer hinter sich her. Es schien, dass er sich nach einem Gepäckträger umsah, welcher ihm beim Tragen helfen könne. In seiner eleganten, maßgeschneiderten Uniform drückte dieser Offizier in seinem stoischen Blick aus, dass das, was da um ihn herum

Zerstörte Bahnsteige und Gleisanlagen am Nürnberger Hauptbahnhof, 1945 (DB-Museum Nürnberg)

ablief, seine Person eigentlich überhaupt nicht beträfe. Er erblickte mich und bat mich, ihm beim Tragen seines schweren Gepäcks zu helfen. Ohne zu überlegen, gab ich sofort zu erkennen, dass ich helfen wolle. Ich dachte mir, dass ich unter einem solchen Schutz vor den Nachstellungen der Polizei sicher wäre. Auf dem Bahnhofsvorplatz waren die Sperren abgebaut, damit die Reisenden bei Luftalarm den Bahnhof schneller verlassen konnten. Nicht weit davon entfernt befand sich ein großer, vielstöckiger Betonbunker, fast ein Turmbau zu Babel. Der Eingang des Bunkers lag etwas unterhalb des Straßenniveaus. Gesichert war er nicht nur durch eine dicke Schutzmauer sowie durch ein massives Dach, sondern auch durch querliegende Mauern, die bei einer Bombenexplosion den Luftdruck verringern und zudem vor Splittern schützen sollten. Eine dafür ganz typische Konstruktion.

Am Eingang herrschte ein großes Gedränge. Soldaten und Polizisten führten die verspätet schutzsuchenden Leute nach innen. Als die Soldaten, die sich im Vorraum des Bunkers aufhielten, den langsam gehenden, hohen Offizier und mich mit seinem Koffer sahen, sprangen sie auf, um uns den Weg zu zeigen und uns zu helfen. Der Oberst dankte mir für meine Hilfe. Er wollte wissen, was ich vorhätte. Als Trinkgeld gab er mir eine ganze Packung guter Zigaretten und eine fast noch volle Schachtel Streichhölzer. Er fragte noch, ob das als Bezahlung ausreiche. Er verhielt sich wie ein eleganter, sehr vornehmer Mann mit den Manieren eines Gentlemans. Der Bombenteppich, die mächtigen Luftminen, der Staub und das Pfeifen der Splitter brachten den Herrn Oberst nicht aus dem Gleichgewicht, als er gemächlich zum Bunker spazierte. Ich schaute zum Himmel, wo man bei strahlender Sonne und kaltem klaren Wetter ganze Ketten von Flugzeugen sah. Ich hörte den stetig anschwellenden Lärm der Flugzeugmotoren, von Geschützfeuer und schnell schießenden Maschinengewehren.

Hinter dem Eingang schien der Bunker fast zu bersten vor ängstlichen Menschen, die sich dort versammelt hatten: Frauen, jüngere und ältere Kinder, Männer. Ich wurde in der Menge fast erdrückt und mit Gewalt ins oberste Stockwerk des Bunkers geschoben. Der Bunker hatte breite Betontreppen. Sie waren auf der rechten und auf der linken Seite angebracht und führten in die oberen Stockwerke hinauf. Es waren wohl vier oder fünf. An den Wänden der Korridore und Treppenhäuser waren hölzerne Geländer montiert und alle paar Meter geschützte elektrische Lampen als Bunkerinnenbeleuchtung. Der Bunker war auch mit einer Rutschröhre ausgestattet, die in einem besonderen Schacht untergebracht war, ähnlich wie bei einer Feuerwehrwache. Nachdem ich mich mühsam durchgearbeitet hatte, erreichte ich das oberste Stockwerk des Bunkers, das für die sogenannten Ausländer bestimmt war. Trotzdem befanden sich dort auch Deutsche. Die einzelnen Räume sahen aus wie Straßenbahn- oder Zugabteile, nur dass die einzelnen Abteilungen keine Türen hatten. Die Holzbänke standen längs der jeweiligen Betonzwischenwände. Über ihnen befanden sich durchbrochene Regale für das Gepäck. Die Beleuchtung war spärlich. Frauen klagten, Kinder weinten. Mitten in diesem Stimmengewirr versuchte man herauszufinden, was draußen los war. All das schuf eine gespannte Atmosphäre. Unter den verängstigten Menschen fanden sich auch beherrschte und gleichmütige. Es gab Augenblicke des Entsetzens unter den Anwesenden. Wilde und erschreckte Augen zeigten eine ungeheure Angst. Der Bunker schien einige Male zu schwanken und zusammenzustürzen. Dann ging für eine Weile das Licht aus, vielleicht für zwei bis drei

Minuten. So lange funktionierten die Stromaggregate im Gebäude nicht. In solchen Augenblicken begannen wahrhaft danteske Szenen: In völliger Dunkelheit versuchten die meisten Menschen, das oberste Stockwerk des Bunkers zu verlassen, weil sie glaubten, nun stehe ihnen ihr Lebensende bevor und sie würden unter den Trümmern des riesigen Gebäudes begraben. Manche schrien, andere bemühten sich, die Verzweifelten zu beruhigen, erklärten, dass das Gebäude stark genug sei und selbst die größten Bombenangriffe aushalte. Dieser Streit und die Appelle an die Vernunft und die Selbstbeherrschung hörten auf, sobald das Licht wieder anging. Das Licht richtete alle moralisch wieder auf. Ich konnte verschiedene menschliche Reflexe auf eine Gefahrensituation studieren: Die einen weinten leise, andere halblaut oder schluchzten sogar. Andere wiederum beteten. Manche konnten ihr Zittern nicht unterdrücken, sie bebten am ganzen Körper. Es sah aus, als ob es ihnen sehr kalt sei und sie nicht vor Angst, sondern vor Kälte zitterten. Aber es war warm im Bunker, auch vom Gedränge der Menschen, die soweit wie möglich zusammengepfercht waren. Ich selber wurde weiter vorwärts gedrängt, fortgeschoben, fortgetragen. Ich musste verschiedene Körperhaltungen einnehmen, je nachdem, wie die Stimmung der Menge war.

Schließlich befand ich mich direkt neben den Wachsoldaten und meinen Mitgefangenen. Als ich die Wachsoldaten erblickte, standen sie still da, ohne Mützen, die Uniform aufgeknöpft, verschwitzt, rot im Gesicht. Sie nahmen an den Gesprächen nicht teil. Grischa war offenbar während der ägyptischen Finsternis aktiv gewesen. Nachdem die Notbeleuchtung wieder angegangen war, aß er belegte Brote, die er von jemandem geklaut hatte. Er bot uns davon an. Direkt neben uns standen drei junge Frauen. Eine von ihnen hatte eine große Korbtasche, und wahrscheinlich hatte Grischa aus deren Inneren das Essen hervorgezogen. Die junge Frau bemerkte, dass sie keine Verpflegung mehr in ihrer Tasche hatte, aber sie war taktvoll, und es war ihr offensichtlich klar, dass wir Häftlinge unterernährt waren. Sie sagte also nichts zu den Wachleuten und wünschte nur „Guten Appetit!" Ich aber war darüber entrüstet. Nicht einmal an einen so geringfügigen Mundraub war ich gewöhnt. Obwohl ich überhaupt nicht an der Unternehmung teilgenommen hatte, fühlte ich, wie ich rot wurde. Mir war sehr unbehaglich zumute.

Eine der Frauen interessierte sich für unsere Gruppe. Sie fragte mich neugierig, woher wir kämen. Ich antwortete, dass wir Häftlinge aus einem Gestapogefängnis seien. Sie schlug mir vor, mich zu verstecken. Der Krieg nähere sich unweigerlich seinem Ende, also könne ich ruhig auf ihr Hilfsangebot eingehen. Das war ein sehr ermutigendes Angebot, aber ich machte mir die möglichen Folgen klar, sowohl für mich selbst als auch für die junge Frau. Ich erzählte ihr einiges über die Untersuchungsmethoden der Gestapo, die ich 1943 in Warschau in einem ihrer Gefängnisse erlebt hatte. Ich erzählte ihr von den bestialischen Verhältnissen in den Konzentrationslagern. Diese Argumente überzeugten sie nicht, denn sie nahm meine Hand, und ich fühlte, dass sie versuchte, vorsichtig von unserem Platz wegzugehen und mich zum Treppenhaus hinzuziehen. Es war eine junge, hübsche und sehr warmherzige Frau mit ausnehmend angenehmem Äußeren. Aber ich nahm ihre Hilfe nicht an und befreite meine Hand aus ihrem Griff und blieb direkt neben meinen Kollegen stehen. Ich sah ihr ins Gesicht. Sie war wohl erstaunt, dass ich ihren Vorschlag, mich zu verstecken, nicht annahm.

Da, plötzlich war ein mächtiger Stoß in dem massiven Bunker zu spüren, wie bei einem Erdbeben. Das Licht ging zwar nicht aus, aber Putzbrocken fielen herunter. Sogar ein leichter Luftstoß war zu spüren. Es dauerte einige Zeit, bis die versammelten Menschen reagierten. Zunächst einmal war es ganz still. Kurz darauf wurde der Luftalarm aufgehoben. Tausende von Menschen begannen, in disziplinierter Weise und ohne Hast den Bunker zu verlassen. Inzwischen hatten wir erfahren, dass der letzte Stoß, den wir gespürt hatten, von einer Bombenexplosion auf dem Bunkerdach herrührte. Sie hatte nur ein unbedeutendes Loch in das Bunkerdach gerissen. Aber die dort stehende Flak- und MG-Abteilung mit der ganzen Ausrüstung existierte nicht mehr. Ich hörte viele Kommentare über die Tragödie des Krieges. Er sei sinnlos. Die Besten der deutschen Jugend kämen um. Wohin führe denn Hitler das deutsche Volk? Was würde passieren, wenn Russland ins Reich einmarschiert? Die Russen seien doch halbwilde Leute! Die russische Armee verhielte sich doch wie die Armee des Dschingis Khan. Solche und ähnliche Meinungsäußerungen waren zu hören. Niemand widersetzte sich diesen verbotenen Ansichten. Die kritischen Äußerungen wurden von den verschreckten Bürgern mit völligem Schweigen aufgenommen. Es waren Ältere und Jüngere, die so etwas sagten, vor allem Frauen.

Wir verließen den Bunker als Letzte. Unsere Wachleute richteten ihre Kleidung wieder einigermaßen her. Langsam entfernten wir uns und sahen die Zerstörungen auf beiden Seiten dieses mächtigen Gebäudes. Ich erinnere mich nicht mehr, ob meine Kollegen von Neuem Handschellen angelegt bekamen. Wir gingen durch die stark bombardierte Stadt. Zwischen den Trümmern standen da und dort noch rauchende Gebäude mit überlebenden Bewohnern. Der Anblick war furchtbar, aber auch tröstlich: Vielleicht würde der Krieg schon morgen aufhören. Aber das waren Träume. Zu Fuß erreichten wir in einer Vorstadt von Nürnberg das Gestapogebäude. Es war ebenfalls stark beschädigt. An Einzelheiten erinnere ich mich nicht. Die Formalitäten dauerten ziemlich lange. Wir wurden zu einer anderen Behörde überwiesen, die nun für uns zuständig war.

Langenzenn

Schließlich musste uns unsere Begleitmannschaft nach Langenzenn überstellen, was ihnen gar nicht gefiel. Dort befand sich das Übergangslager der Gestapo. Ich erinnere mich nicht einmal mehr, ob wir mit dem Zug oder dem Lkw nach Langenzenn gefahren sind. Der Ort befindet sich zwischen Nürnberg und Neustadt/Aisch, 17 km westlich von Fürth. Das Lager war in einer Mulde einer ehemaligen Lehmgrube gelegen. Man hatte sie für eine Ziegelei angelegt. Ihren Kamin konnte man ganz in der Nähe sehen. Das Lager bestand aus einem Komplex von Baracken, die noch nicht alle fertiggestellt waren. Wegen des nassen Geländes sammelte sich Wasser in den niedrigeren Teilen der Mulde, und so stand ein Teil des Lagers ständig unter Wasser. Es arbeiteten zwar Pumpen, die den Wasserüberschuss absaugten, aber das geschah nur in unzureichender Weise. Ein Teil der Baracken war für die Leitung bestimmt. Dieser Teil lag auf einer Randböschung an der Frontseite des Lagers. Er war von der Straße aus sichtbar. Das eigentliche Lager, die Unterkunft

Ziegelei G. M. Walther, Postkarte aus den 1930er Jahren, auf der Freifläche in der Mitte (Fußballplatz) entstand später das Straflager (Luftbildverlag Assmus, Leipzig)

der Häftlinge, war ziemlich klein und setzte sich aus wenigen Baracken zusammen. Darunter war eine mit einer Schneider- und Schusterwerkstatt und einer Schlosserei. Eine zweite war zur Krankenstube – und wohl auch zur Leichenkammer – bestimmt worden. Wer in dieses Gebäude geriet, der kam nicht mehr lebend heraus. Zwei andere Baracken enthielten auf jeder Seite eine Toilette und einen nicht benutzbaren Waschraum. Dazwischen befand sich der Karzer. Auf jeder Seite links und rechts davon war eine sogenannte Wohnbaracke für die Häftlinge. Die links gelegene war die Unterkunft für 200 sowjetische Kriegsgefangene. Die rechts gelegene dagegen beherbergte Zivilgefangene verschiedener Nationalitäten: Italiener, Franzosen, Jugoslawen, Tschechen, Russen – das war die Mehrheit. Die Polen bildeten nur eine Gruppe von wenigen Personen, während andere Nationalitäten wie Deutsche, Griechen, Zigeuner und Juden nur durch Einzelpersonen vertreten waren. Die anderen Baracken in den gleichen Reihen beherbergten das Gestapobüro, das Arztzimmer und andere Räume, deren Bestimmung mir unbekannt geblieben ist.

Die Wäscherei, das Lebensmittelmagazin und ein Frauenlager hatten keine unmittelbare Verbindung mit dem Männerlager, obwohl sie sich auf dem gleichen Gelände befanden und mit Stacheldraht in der Höhe eines doppelten Normalzaunes umgeben waren. Von vorne schützte ein durchbrochenes Eingangstor, das mit Stacheldraht gesichert war, den Eingang zum Lager. Ein eben solches Tor schloss auch das Männerlager ab und bildete damit die Grenze eines ungleichen Karrees. Innerhalb davon befand sich der Appellplatz in der Größe von 1 Baracke x 2 Baracken x 1 Baracke und natürlich einer vierten Seite: einem Stück Doppelzaun und einem weiteren Tor, zusammen mit der Länge von zwei Baracken. Hinter der Baracke, welche für die sowjetischen Kriegsgefangenen bestimmt war, und der Werkstattbaracke, befand sich ein großer Komplex unfertiger Baracken. An den Ecken der doppelten Zaunanlage standen Wachtürme mit der typischen Ausstattung: Maschinengewehre, starke Scheinwerfer, Telefone usw. Den Aufgang zum Wachturm bildete eine Leiter, die nur von außerhalb des Lagers erreichbar war. Der Platz zwischen diesen Baracken wurde als Richtstätte benutzt; dort fand die Hinrichtung von Häftlingen durch Erhängen statt. Aus den Fenstern der Werkstattbaracke konnte man einen Galgen sehen.

Die Gesamtzahl der Häftlinge dieses Gefangenenlagers betrug mindestens 400 und veränderte sich ständig: Häftlinge starben, wurden hingerichtet, andere kamen neu hinzu. In den Baracken waren jeweils zwei Stuben für die Häftlinge. Jede Stube war mit ungefähr 100 oder etwas mehr dieser Verlorenen belegt. In diesen Stuben gab es weder Betten noch Strohmatten. Der Betonfußboden ersetzte die Pritschen. Zwei Außenfenster in jedem Raum sorgten für Helligkeit und dienten als Notausgang. In den Fenstern waren keinerlei Scheiben. Die Häftlinge standen oder kauerten also während des Tages und in der Nacht dicht gedrängt nebeneinander. Wenn man den einmal eingenommenen Platz aus irgendeinem Grund verließ, z.B. um ein natürliches Bedürfnis zu erledigen, dann bedeutete das notwendigerweise eine Übernachtung in der Latrine, wo das Niveau des Wassers und der Exkremente manchmal bis zu den Knöcheln stand. Deshalb befanden sich dort auf dem Betonfußboden verstreut zahlreiche Backsteine, auf denen man zu den Stuben hinübergehen konnte. Sie dienten ebenfalls als

*Prügelnder Kapo. So könnte die „Begrüßung" ausgesehen haben.
Zeichnung M. Wiśniewski (Gedenkstätte Sandhofen)*

trockene Standorte für jene Gefangenen, denen der Platz in den allgemeinen Stuben fehlte.

Die Aufnahme neuer Verurteilter lief nach folgenden festen Regeln: Nachdem die Wachsoldaten die Häftlinge ans Eingangstor gebracht hatten, meldeten sie sich in der ersten Baracke zur Linken. Am Eingang befand sich ein Bänkchen, das nicht groß, aber ziemlich hoch war. Die Häftlinge mussten außerhalb der Baracke warten. Die Formalitäten mit dem Vorzeigen der Dokumente dauerten nicht lange. Darauf verließen die Wachsoldaten das Lager und überließen die Verurteilten der Lagerverwaltung. Für die Ordnung im Lager und den Alltag der Häftlinge war Mikolaj zuständig, ein besonders sadistischer Russe, ein Mensch aus der Wlassow-Armee. Er war ein dünner Kerl, fast zwei Meter groß. Er trug die Uniform der Wlassow-Abteilungen mit ihren Rangabzeichen. Am Gürtel steckte eine großkalibrige Pistole. In der Hand führte er eine ziemlich große Peitsche, die aus einem Stierpenis mit Stahldraht im Innern gemacht war. Er konnte kein Deutsch und bediente sich nur der russischen Sprache. Er war sehr ordinär. Offensichtlich war er durch das stalinistische System in speziellen NKWD-Formationen erzogen. Einige russische Häftlinge meinten, er habe Verbindungen zum Sicherheitsdienst der UdSSR gehabt. Doch vielleicht war das nur eine Legende. Die russischen Gefangenen drangsalierte er nicht. Dagegen verfolgte er die Polen mit außerordentlichem Hass. Andere Nationalitäten behandelte er nach seiner jeweiligen Stimmung, aber bedeutend weniger brutal. Vor allem die deutschen Häftlinge, von denen es übrigens nur zwei gab, respektierte er. Zu fünft waren wir von der Gestapo in Fürth hergebracht worden, drei Polen und zwei russische Gefangene, darunter Grischa, der an einer Hand keine Finger mehr hatte. Die erste Frage Mikolajs betraf die Nationalität der Häftlinge. Große Freude bereitete ihm die Information, dass sich unter uns Russen befanden; er führte ein langes Gespräch mit ihnen. Doch als er erfuhr, dass die anderen Polen waren, wurde er richtig verrückt. Er schrie, schimpfte und überhäufte uns mit Beleidigungen. Am Anfang seiner Äußerungen stand, dass mit Ausnahme der Russen jeder Häftling, welcher das Lagertor von Langenzenn durchschreite, als Anzahlung für sein gutes Verhalten 25 Schläge auf den nackten Hintern bekomme. Mir ist nicht bekannt, warum Herr Mikolaj diese Strafe persönlich ausführte. Zu diesem Zweck diente die kleine Bank vor der Baracke. Ich weiß auch nicht mehr, wen sich der Folterknecht Mikolaj als erstes Opfer seiner sadistischen Instinkte auswählte. In dem Augenblick, als einem meiner Häftlingskollegen, weinend, mit rotem Gesicht und vor Angst zitternd, die Hosen heruntergezogen wurden, erschien in der Barackentür ein SS-Offizier und fragte: „Wenn jemand Deutsch spricht, soll er ins Büro kommen!" Ich antwortete, dass ich Deutsch spräche und ging in den Büroraum hinein. Der Deutsche befahl mir, Platz zu nehmen und begann, mir Fragen zu stellen. Die Antworten notierte er in ein spezielles Formular. Er stellte keine meiner Antworten infrage. Vielleicht hatte das keinen Einfluss auf den Verlauf der Ermittlungen und wohl auch nicht auf die Entscheidungen über das weitere Los der Häftlinge. Die Schreie meiner beiden Kollegen, die während dieser Zeit geschlagen wurden, störten das geschäftsmäßige Vorgehen des SS-Mannes in keiner Weise. Er maß dem, was da draußen passierte, keinerlei Beachtung bei. Nachdem er das Protokoll geschrieben und meine persönlichen Daten überprüft hatte, wurden die anderen Häftlinge, die geschlagenen wie auch die privilegierten Russen, der gleichen Untersuchung unterworfen. Außerdem wurden die Dokumente, die irgendeine Bedeutung für die aktuelle Untersuchung hatten, dem gerade erstellten Protokoll beigefügt. Nachdem alle im Langenzenner Lager verlangten Formalitäten durchgeführt waren, führte uns Mikolaj zur Baracke, die von den sowjetischen Kriegsgefangenen belegt war. Hier erfolgte eine genaue persönliche Durchsuchung. Die russischen Zivilgefangenen, die mit uns kamen, wurden dem nicht unterworfen. Diese Durchsuchung führten russische Gefangene auf sehr brutale Weise durch. Sie beschlagnahmten Streichhölzer, die einzeln in den Säumen unserer Kleidung versteckt waren und Reste von Tabak, der sich lose in unseren Taschen befand. Ebenso irgendwelche Metallgegenstände, die als Messer gedient hatten und andere Gegenstände, die wir in den Mützen und Schuhen versteckt hatten. Diese Durchsuchung fand durch verschiedene Gefangene mehrmals hintereinander statt. Dann folgte im Flur der Sanitätsbaracke das Haareschneiden. Wer sich beim Durchsuchen gewehrt hatte, wenn ihm seine Wertgegenstände weggenommen worden waren, der wurde mit Hilfe einer stumpfen Haarschneidemaschine geschoren. Die fügsamen Häftlinge jedoch wurden dieser Tortur des Haareausreißens mit der untauglichen Maschine nicht unterworfen. In diesem Fall benutzte man eine Maschine mit einer scharfen Klinge. Das Haareschneiden verlief dann relativ schnell.

Nachdem wir beraubt und rasiert waren, dachten wir, wir würden zu der Stube kommen, in der die anderen Häftlinge waren. Wir wurden jedoch 24 Stunden bei kaltem Wetter in diesem stinkigen Raum ohne Fensterscheiben gelassen. Niemand interessierte sich für uns. Wir standen auf den Ziegelsteinen in völliger Dunkelheit bis in den folgenden Tag hinein und lehnten uns an die Barackenwände. Wir blieben ohne Essen und Trinken. Am Morgen änderte sich nichts. Während des Appells der Häftlinge wie auch während der Essensausgabe sowie der von Mikolaj angeordneten Beschäftigungen, blieben wir weiter in der Baracke. Am Abend während des Appells „erinnerte" sich Mikolaj plötzlich an uns drei Häftlinge und verkündete ironisch vor allen Häftlingen, dass sich die Verlorenen wiedergefunden hätten und die Zahl der Häftlinge jetzt stimme.

Die Deutschen schauten selten in das Lager herein. Die Information über den Häftlingsstand übergab Mikolaj selbst an den Rapportführer, welcher vor dem Eingang auf dem Lagergelände wartete. Es gab Tage, da dauerte der Appell lange, vor allem der am Morgen. Dieser Zustand wurde durch einen der typischen russischen Funktionshäftlinge verursacht, die sich Mikolaj ausgesucht hatte. Eine schreckliche Kreatur! Sowohl vom Aussehen als auch von seinem Verhalten her war er ein halbes Tier. Er war ein kleiner, dicker Mensch mit völlig unproportionierter Figur und einem runden Kopf mit gierigen und durchtriebenen, grünen Augen. Er musste uns Häftlinge zählen, die wir in Fünferreihen angetreten waren. Die besondere Perfidie dieser Komödie lag darin, dass dieser Funktionshäftling nur bis vierzig, also bis „sorock" zählen konnte. Die folgenden Häftlinge konnte er nicht zählen. Deshalb wiederholte er die Zählerei vielmals, was für uns sehr quälend war. Wenn Mikolaj erschien, verkündete er die zum Schluss festgestellte, richtige Zahl aller auf dem Appellplatz versammelten Häftlinge, zusammen mit der Zahl der Kranken und der Toten. Nach dieser Zeremonie erhielten wir den Befehl „Rührt euch!", aber es war so lange nicht erlaubt, aus den Fünferreihen herauszutreten, bis das Frühstück ausgegeben wurde. Also standen wir da, ohne Rücksicht auf das Wetter, schmutzig, unrasiert, in Lumpen gehüllt und verlaust. Niemand wusch sich, es gab kein fließendes Wasser, keine Seife oder Seifenpulver oder andere Mittel für die persönliche Hygiene. Niemand rebellierte dagegen.

Ein Brummen der Zufriedenheit kündigte einen Augenblick der Ruhe an: die Ausgabe des Essens. Das geschah immer in der vorgeschriebenen Weise: Einige Meter vor der ersten Häftlingsreihe stellten russische Gefangene einen großen Behälter mit „Kaffee" oder mit Kräutertee auf, von dem es verschiedene Arten gab. Dann trugen vier andere Häftlinge vier große Waschschüsseln herbei. In zwei der Schüsseln befanden sich Metallbecher, die zwei anderen waren leer. Die russischen Häftlinge mit den mit Bechern gefüllten Schüsseln kamen zu den Fünferreihen der Häftlinge. Jeder von uns nahm einen Becher und stellte sich damit in der Schlange für den Kaffee an. Insgesamt gab es nicht viele Becher, vielleicht 20 oder 30. Jeder Häftling erhielt einen Schöpflöffel Kaffee und ein Stück Kommissbrot von der Dicke eines Fingers, das heißt, es war eigentlich nur ein Bissen.

*Essensausgabe. Zeichnung von M. Wiśniewski
(Gedenkstätte Sandhofen)*

Nachdem wir Kaffee und Brot bekommen hatten, gingen wir zum anderen Ende des Appellplatzes und legten dort in einer der leeren Schüsseln unseren Becher gleich wieder ab. Sie wurden zu den Häftlingen zurückgebracht, die noch nicht an der Reihe gewesen waren. Diese Prozedur wurde so lange wiederholt, bis alle Häftlinge ihre Verpflegung erhalten hatten. Das Trinken des Kaffees oder Tees lief in zweierlei Weise ab: Die Häftlinge, denen es nicht gelang, zu der Gruppe zurückzukommen, die schon ihre Portion erhalten hatte, tranken den Inhalt einfach im Gehen. Die anderen gingen langsam zu den übrigen zurück und tranken erst dort langsam und mit Genuss den Kaffee. Diese Form des Trinkens war aber gefährlich, weil viele der noch unversorgten Häftlinge versuchten, den Becher zu ergattern oder wenigstens den Inhalt des Bechers auf den Boden zu schütten. Die Motive für ein solches Verhalten sind schwer zu ergründen. Deshalb bildeten sich geschlossene Nationalitätengruppen, z.B. Franzosen, Italiener, Jugoslawen, Tschechen und sicherten sich untereinander Schutz zu. Übrig blieben nur wenige andere Nationalitäten, die stets den Konflikten mit den anderen Häftlingen ausgesetzt waren, vor allem mit den Russen, die eine Methode ausübten, einen mit zwei ausgestreckten Fingern in die Augen zu blenden. Niemand interessierte sich für die schwächeren Häftlinge. Für sie war das Leben wahrlich entsetzlich. Im Lager herrschte das Recht des Stärkeren über den Schwächeren, das Gesetz des Dschungels.

Wir Polen waren eine kleine Gruppe. Meine engsten Freunde waren der geistvolle Pfarrer Janiewski sowie Józef Karliński, der mit mir zusammen nach Polen zurückgekehrt ist. Es gab noch andere Kollegen, aber sie starben nacheinander, entweder an Tuberkulose oder an Hunger. Inzwischen ist mir die Erinnerung an ihre Vornamen und Familiennamen entschwunden. Sie starben friedlich, schliefen ein. Obwohl sie noch lebten, waren sie eigentlich schon nicht mehr unter uns. Pfarrer Janiewski war unser geistiger Führer, über die Maßen sensibel für das Leiden, tolerant gegenüber den Gewalttätern. Unter den gehetzten Menschen in diesem Lager existierten kein Glaube mehr, keine Religion, keine ethisch-moralischen Überzeugungen. Ich hatte noch einen mir gewogenen Freund, einen Weißrussen, gegen den eine Anklage wegen angeblicher Sabotage in der Fabrik lief, in der er beschäftigt war. Das war ein aufrechter junger Mann mit Charakter. Er teilte sich kaum mit, blieb eher allein und hatte nur zu wenigen der russischen Häftlinge Kontakt; und auch das nur nach dem Prinzip gegenseitiger Freundlichkeit, falls es hier so etwas wie Freundlichkeit überhaupt noch gab. Verschiedentlich beklagte er die Bestialität seiner Landsleute. Er war nicht imstande, sich die Gründe ihres üblen Verhaltens zu erklären. Er meinte, dass Gewalt und Furcht, Heuchelei und Vorurteile das Denken dieser Leute geformt hätten. Durch den ihnen abverlangten absoluten Gehorsam gegenüber höheren Instanzen fehle ihnen jede eigene Meinung. Sowohl ihr Schweigen wie ihr zynisches Lachen waren Ausdruck von Egoismus und Gleichgültigkeit gegenüber dem Leiden der Mithäftlinge.

Die russischen Kriegsgefangenen, ungefähr 200 Personen, wurden mit uns zusammen auf der Gestapo-Farm gehalten. Sie unterlagen einem völlig anderen Lagerregime. Sie bildeten eine sehr traurige Gruppe menschlicher Schatten. Bei ihnen war keinerlei Individualität mehr erkennbar, weder von ihrem körperlichen Aussehen, noch von ihrer intellektuellen Ausstrahlung her. Alle hatten gleichartig geschorene Köpfe. Sie trugen die gleiche militärische

Uniform, die sie von den russischen Zivilgefangenen unterschied. Zum Appell kamen sie aus der Baracke, stellten sich auf und bildeten eine schweigende Gruppe gleichartig aussehender Menschen. Sogar ihre Gesichter sahen gleich aus. Es war schwierig, sie voneinander zu unterscheiden. Ihr Aussehen war farblos und drückte Trauer, nachdenkliche Trauer aus. Manchmal beobachtete ich diese Gruppe Verlorener und es schien mir, dass sie einen eigenen Organismus bildeten, der im gemeinsam erduldeten Unrecht zusammengewachsen war. Das war ein schrecklicher und kummervoller Anblick. Mehrfach teilte ich meine Beobachtungen dem Pfarrer Janiewski mit. Ich dachte, dass nur der Blick eines Malers die Unermesslichkeit ihres Leidens darstellen könne. Wenn jemand ihre Körper verdeckt hätte, sodass nur die Köpfe übrig geblieben wären, so hätten sie wie Schädel ausgesehen, die man auf einem Friedhof aufgeschichtet hatte.

Nach Ende des Frühstücks folgte eine Weile der Entspannung und des freien Auf- und Abgehens. Es bildeten sich Häftlingsgruppen, die über verschiedene Probleme diskutierten. Dieser freie Umgang und die gemeinsamen Gespräche endeten bald, denn auf dem Appellplatz erschien Mikolaj mit seinen Ideen, von denen er ein reiches und wohl überlegtes Repertoire hatte. Zuerst kam die „Exerzierung": Alle mussten im Lauf den Appellplatz in einem großen Ring umrunden, jeweils fünf Häftlinge in einer Reihe. Innerhalb des so gebildeten Kreises erschien ein italienischer Häftling mit einer wollenen Mütze mit einem ziemlich langen Zipfel daran. In der Hand hielt er eine kurze Peitsche. Wir begannen zu laufen, zuerst langsam, später immer schneller im Takt der Rufe des Italieners: „Hopp – siup! Hopp – siup!" bis zum Überdruss. Eine andere kleine Häftlingsgruppe bildete, während wir liefen, eine besondere Abteilung mit besonderen Übungen wie: Kniebeugen, Hand- und Fußgymnastik, Gehen auf der Stelle, halbe Drehung, Hüpfen und eine Reihe anderer ausgefuchster Bewegungen, wofür uns sogar heute Gymnastik treibende Chinesen beneiden würden. Das alles dachte sich Mikolaj zur Rettung der angeschlagenen Gesundheit der Häftlinge aus. Das Laufen der Haupthäftlingsgruppe dauerte manchmal mehrere Stunden. Wir rannten wie Marathonläufer. Viele Häftlinge wurden dabei ohnmächtig und fielen zu Boden. Es gab auch Todesfälle dabei.

Diese nach Mikolajs Meinung unbedeutenden Zwischenfälle unterbrachen den Lauf nicht. Es gab nur eine Störung in der Reihe. Nachdem man die menschlichen Hindernisse unter unseren Füßen weggezogen hatte, kam man wieder zur Normalität zurück. Ich war mir anfangs gar nicht bewusst, welche großen Kräfte nötig waren, um diesen satanischen Lauf durchzustehen, der bei manchen zum Tod führte. Natürlich verringerte sich nach einiger Zeit unsere Schnelligkeit und der Italiener trieb uns durch sein „Hopp – siup!" erneut an. Nie wussten wir, mit welchem Trick Mikolaj diese für uns so mörderischen Läufe beenden würde. Eines Tages mussten sich alle Häftlinge halb ausziehen, das war das Signal für das Ende der Läufe. Wir mussten unsere Sachen außerhalb des Kreises werfen. An einem anderen Tag bestand das Signal nicht im teilweisen Ausziehen, sondern in der Anweisung an alle, die Schuhe auszuziehen. Aber dann ging der Lauf weiter auf dem kalten, gefrorenen Boden und teilweise durch zusammengelaufenes Wasser. So etwas befriedigte den Banditen Mikolaj. Es gab Zeiten, in denen Mikolaj gutartig und nachsichtig war. Um das Ende der Übungen zu signalisieren, genügte es ihm dann, wenn die Gruppe nur den Mantel oder die Jacke ablegte. Alle mussten laufen, auch die Russen. Ausgenommen waren nur die Kriegsgefangenen, welche sich während dieser Zeit in ihrer Baracke aufhielten und keinerlei Lebenszeichen von sich gaben.

Wenn die „Exerzierung" beendet war, beendete die spezielle Gymnastikgruppe ebenfalls ihre gesundheitlichen Anstrengungen. Einmal in der Woche, wahrscheinlich am Freitag, konnten sich Häftlinge beim Arzt melden. Während der „Exerzierung", ungefähr um zwölf Uhr mittags, unterbrach Mikolaj den Lauf und fragte die Häftlinge: „Wer hat Schmerzen?" Im Grunde hatten alle irgendwelche gesundheitlichen Schäden. Diejenigen Häftlinge, welche sich für den Arzt meldeten, verließen die laufende Gruppe und stellten sich an einer anderen Stelle auf dem Appellplatz in Achterreihen auf. Es meldeten sich immer ungefähr 60 Häftlinge. Dort erfolgte eine Selektion der kranken Häftlinge mit Hilfe von Mikolajs Peitsche. Er fragte – auf Russisch – was den Häftlingen fehle. Verschiedentlich kam es vor, dass dieser Supersadist je nach seiner Laune und der Nationalität des Häftlings ihn sofort mit starken Schlägen und nicht selten mit Fußtritten „heilte" und dabei auf Russisch sagte: „Weg, gesund!" Ich stand mitten in dieser Achterreihe. Da kam Mikolaj und fragte mich, was ich hätte. Ich antwortete, dass ich nicht mehr laufen könnte, weil ich keine Luft mehr bekäme und es mir vor den Augen schwarz würde. „Weg, Polak!" Sofort erfolgte eine nicht zu beschreibende, ordinäre Beschimpfung der Polen und gleichzeitig fielen die Peitschenschläge. Die einzige Rettung vor weiterer Misshandlung bestand darin wegzulaufen. Es kam oft vor, dass ein Häftling malträtiert und bis zur Bewusstlosigkeit geschlagen wurde, weil er es nicht geschafft hatte, aus der Reihe zu entfliehen und auf den Boden gefallen war. Dort blieb er dann ohnmächtig liegen, bis die Selektion beendet war. Wenn ich mich recht erinnere, kamen nur wenige Häftlinge bis zum Arzt. Es war eine Farce. Die übrigen kehrten zu den Laufenden zurück. Pfarrer Janiewski riet mir, ich solle mich am nächsten Freitag zur Ambulanz melden und dabei nicht erwähnen, dass ich einer der den Russen verhassten Polen sei, sonst würde ich es nie bis zur Arztvisite schaffen.

So machte ich es dann am Freitag. Erneut Selektion, Schläge, Fußtritte. Mikolaj kommt zu mir: „Du Polak?" – „Ich verstehe nichts!" – „Ach, Germaniec, haraszo!" („Ach, ein Deutscher, in Ordnung!") Ohne Schläge wurde ich höflich als krank und der ärztlichen Hilfe bedürftig eingestuft. Die Gruppe der kranken Häftlinge wartete auf dem Appellplatz und dann gingen wir vom Lager zur Ambulanz. Davor mussten wir uns nackt ausziehen und unsere Sachen am Eingang zurücklassen. Nackt warteten wir, bis der Arzt kam, ein Russe, Hauptmann der Wlassow-Armee. Nackt mussten wir in der Kälte ungefähr eine Stunde warten. Ein Krankenpfleger ließ jeweils zwei bis drei Häftlinge in den Behandlungsraum herein. Er war auch ein Russe. Aber er war freundlich und auf menschliche Hilfe bedacht. Der Krankenpfleger stellte für jeden eine Krankenkarte aus und schrieb die Personaldaten, das Alter und die Nationalität hinein. Aber die wichtigste Tätigkeit war das Wiegen des Häftlings, die Bestimmung der Größe und das Messen der Körpertemperatur. Mit dieser Karte ging man in den Raum des Arztes. Aus einer Entfernung von drei bis vier Metern befragte der Doktor den Häftling in russischer Sprache nach seinen Leiden, teilweise in Gegenwart eines Dolmetschers. In meinem Fall behalf man sich ohne einen Dolmetscher. Der Doktor stellte fest, dass mir nichts fehle. Er rief den Krankenpfleger und befahl ihm, mir einen kleinen Löffel Jod zu verabreichen. Das würde mich bestimmt heilen. Was jedoch die von mir gewünschte Befreiung von der „Exerzierung" betraf: „Das sehe ich nicht für nötig an, denn Laufen ist gesund." Während der Herr Doktor diese erhebenden Worte verkündete, rief ihn ein Pfleger zu einem wichtigen Telefonanruf. Er entschuldigte sich und ging zum Telefon. Ich verließ das Zimmer nicht und hatte vor, bei dem im Hintergrund sitzenden SS-Offizier meine Zweifel über diese Diagnosestellung vorzubringen. Der Offizier schaute mich an und fragte, woher ich komme. Ich sagte, dass ich aus Posen stammte. „Aha, aus Posen, der Beamtenstadt!" Er stamme auch von dort. Er sprach eine Weile mit mir und gab mir eine Bescheinigung, dass ich von der „Exerzierung" befreit sei. Er riet mir, dieses Dokument ja nicht Mikolaj in die Hand zu geben. Der würde es vernichten. Ich solle es beim Appell nur von Weitem zeigen.

Die Ausgabe der zweiten Mahlzeit, einer Suppe, war zeitlich nicht festgelegt. Es gab Tage, an denen wir die Suppe um 14 Uhr erhielten, an einem anderen Tag um 16 Uhr und wieder an einem anderem noch später. Was der Grund für diese Verzögerungen war, das erfuhr niemand, zumal wir mit Laufen beschäftigt waren oder die anderen gymnastischen Übungen machten. Ähnlich wie die Ausgabe des Frühstücks erfolgte auch die Ausgabe der Suppe. Je fünf Häftlinge in einer Reihe, eine Waschschüssel, eine Reihe von Metallschüsseln für die Suppe. Löffel gab es gar keine. Wenn einer der Häftlinge einen Löffel besaß, dann durfte es nur einer aus Holz sein. Die Mehrheit der Häftlinge trank die Suppe aus der Schüssel und bediente sich dabei häufig der Finger. Man aß die Suppe im Gehen, indem man sich innerhalb der Gruppe bewegte, die einen schützte. Nach dem Verzehr kam die Schüssel zurück in die Waschbottiche, und dann benutzte sie ein anderer Häftling. Die Suppe, etwa einen Liter, gab der russische Funktionshäftling mit den grünen Augen aus. Der Ablauf der Suppenausgabe verlief in brutaler, gewalttätiger Art. Schwächere Häftlinge wurden dabei mit ordinären Schimpfworten empfangen. Die Schüsseln waren aus Aluminium. Es war also eine Kunst, die heiße Suppe in den Händen zu halten. Oft verschüttete ein Häftling, ehe er zur Gruppe der schon versorgten Häftlinge kam, einen Teil des Schüsselinhalts, was erneut unterschiedlich kommentiert und von der Mehrheit schlecht aufgenommen wurde. Die Suppe bestand immer aus Kohl oder Rüben. Man warf einfach ganze Rüben oder Kohlköpfe in die Kessel hinein, sodass ein Teil der Häftlinge nur wenige Kohlblätter oder sogar nur Wasser erhielt oder aber eben eine große Rübe.

Der Hunger führte bei den meisten Gefangenen zu einem unkontrollierten, negativen Verhalten, welches durch das vielsprachige Durcheinander noch verstärkt wurde. Oft brachen Kämpfe aus, nicht nur zwischen zwei Häftlingen. Es bildeten sich aggressive Häftlingsgruppen, z.B. aus Italienern oder Franzosen, welche ihre Landsleute verteidigten, auch wenn diese nicht immer recht hatten. Mehrfach beobachtete ich ein solches Verhalten bei diesen hungrigen, unterernährten Häftlingen – was wir ja alle waren – die unter solchen Bedingungen nur noch durch den Überlebenstrieb aufrecht erhalten wurden. Ich weiß nicht, ob es dieser Instinkt, um jeden Preis zu überleben war, der sie zu zueinander feindlich gesonnenen Menschen machte. Sie wurden durchtrieben und zynisch, sie handelten nicht als Individuen, sondern immer als Gruppe. Sie wurden gleichgültig gegenüber der Notwendigkeit, den schwächeren Häftlingen zu helfen, die physisch oder psychisch am Ende waren. Egoismus war die Devise des Lagers in Langenzenn, natürlich mit voller Billigung von Mikolaj. Nur selten griff die deutsche Verwaltung einmal ein oder übernahm die Kontrolle über das Leben der Häftlinge. Sicher gab es viele Gründe dafür. Ein gewichtiger war die Furcht vor Typhus. Der einzige Kontakt der Deutschen mit den Häftlingen war der Moment der Anhörung und des Protokollierens im Büro der Gestapo. Die Häftlinge lebten ihr eigenes Leben und halfen sich entsprechend ihrer Situation mit ihren eigenen Regeln. Unter ihnen wurden keine ethischen Normen beachtet. In ihren Handlungen zeigte sich vor allem eine wachsende unmenschliche Haltung gegenüber den anderen Mithäftlingen, um selber materielle Vorteile zu erringen.

Das Abendessen, das heißt eigentlich ein Kräutertee und manchmal ein Becher Suppe und Brot, beendete den für uns alle anstrengenden und mörderischen Tag. Es gab Tage, an denen Mikolaj gleich nach dem Abendappell erneut auf dem Appellplatz erschien, um mit uns „zehn mal aus der Baracke und zehn mal in die Baracke" zu üben, eine neue Variante des Lagersports. Mikolaj stand zusammen mit einem anderen Funktionshäftling an der Tür und schlug die Häftlinge, die aus der Baracke herausliefen. Die Peitsche fiel, um das Tempo der Übung zu beschleunigen. Wir mussten auch durch die Fenster springen. Sobald alle Häftlinge den Raum verlassen hatten, ging es im Lauf vom Appellplatz zurück in die andere Richtung. Wie eine rennende Herde wilder Pferde. Diese Aktionen wurden mathematisch genau gezählt und erreichten immer die Zehn, er war ein guter Mensch und hielt Maß. Es gab Häftlinge unter uns, die waren mit den Gewohnheiten und Stimmungen des wahnsinnigen Mikolaj besser vertraut und versteckten sich unverzüglich in der Latrine, die wie gewöhnlich von Exkrementen überflutet war. Sie standen dort auf Ziegelsteinen und warteten auf das Ende dieser mittelalterlichen Methode der Teufelsaustreibung. Wir bedauerten manchmal, dass Mikolaj nicht anordnete, dass wir uns bekreuzigten.

Nach dieser wunderbaren Heilung und der Vorbereitung auf die Nachtruhe kämpfte jeder Überlebende um ein Nachtlager erster Klasse: Das war die Barackenwand, die einen dauerhaften und festen Schlafplatz während des Schlafs abgab. Wir schliefen dann hingekauert, einer neben dem andern. Viele Häftlinge husteten und spuckten aus. Sie hatten ihren Hals mit Fetzen umwickelt. Wahrscheinlich war dieser Zustand von hohem Fieber begleitet. Die Brennpunkte der Kämpfe waren die Plätze an der Wand. Wir Polen, Pfarrer Janiewski, Józef Karliński und ich sowie manchmal der befreundete Weißrusse hielten uns gegenseitig untergehakt und gaben dem Druck der Italiener oder Franzosen nicht nach. Es existierte ein ungeschriebenes Gesetz der Priorität für diejenigen Häftlinge, welche schon länger in Langenzenn waren. Das musste man in jedem Fall beachten. Die Häftlingsgruppe, die jeweils in der Überzahl war, entschied über die Regeln im Lager. Das stand in gewissem Sinn über den Lagergesetzen. Während meines Aufenthalts im Gestapolager war die Mehrheit der Häftlinge Russen; deshalb wurden die Funktionsstellen von Russen besetzt. Die Bevorzugung dieser Nationalität wurde dadurch weiter verstärkt, weil die Leitung des Lagers die Aufgabe von Wlassow-Leuten war, die ihre Landsleute bevorzugten.

Eine für uns Polen besonders demütigende Anordnung Mikolajs war, dass wir aufstehen sollten, sobald ein Russe in die Baracke hereinkam. Wir mussten solange strammstehen, bis der russische Häftling diesen Zwang beendete. Diese Form von Schikanierung mussten nur die Polen erdulden, andere Nationalitäten waren nicht zu diesem drakonischen Zwang des Strammstehens verpflichtet. Dieses Prinzip wurde hauptsächlich von dem Funktionshäftling mit den grünen Augen durchgesetzt. Wenn man dem Befehl nicht folgte, erhielt man sofort eine körperliche Züchtigung: vor allem Schläge ins Gesicht, Fußtritte und man wurde gleichzeitig mit einer Flut scheußlicher Wörter in russischer Sprache überschüttet, Ausdrücke, die ich hier nicht wiederholen kann. Wir waren darüber entrüstet und beschlossen, ohne Rücksicht auf die Konsequenzen, uns der Anordnung der Russen nicht zu unterwerfen. Und so ignorierten wir den Befehl und standen nicht auf, als der Funktionshäftling zusammen mit einem anderen Russen eintrat. Der Funktionshäftling ging auf Pfarrer Janiewski zu und befahl ihm aufzustehen und strammzustehen. Das Gleiche tat er bei Józef Karliński und bei mir. Wir reagierten weder auf seine Anwesenheit noch auf seinen in ordinärer Weise ausgesprochenen Befehl. Darauf schlug der Funktionshäftling Pfarrer Janiewski. Unsere Reaktion war so schnell und erfolgreich, dass der Funktionshäftling unter den Schlägen unserer schweren Holzschuhe zusammenbrach. Obwohl er blutete, schlugen wir wahllos auf ihn ein. Das bremste unsere Schläge nicht. Andere Häftlinge umringten uns und trugen auch zu den Schlägen bei, um den verhassten russischen Funktionshäftling zu bestrafen. Das Ganze lief unter Geschrei ab. Viele Häftlinge aber hatten Angst davor, zur Verantwortung gezogen zu werden und riefen um Hilfe. Der andere Russe drohte nämlich mit Vergeltung. Sie liefen aus der Baracke auf den Appellplatz. Zwei Deutsche und natürlich Mikolaj rannten zum Platz des Geschehens. Ein Teil der Häftlinge hatte bereits den Raum verlassen. Die übrigen berichteten über den Ablauf der Auseinandersetzung. Der höhergestellte Deutsche war erstaunt darüber, dass die polnischen Häftlinge vor den russischen Häftlingen strammstehen mussten und verbot ab sofort diese Praxis. Mikolaj nahm diese Anordnung mit großer Aufmerksamkeit zur Kenntnis. Er stand die ganze Zeit über stramm und sagte kein Wort. Dieser russische Dummkopf verstand kein Wort, das man zu ihm sagte.

Der Deutsche ordnete an, dass der zusammengeschlagene Russe ins Lagerspital gebracht würde. Nie sahen wir ihn wieder und nie mehr hörten wir etwas über das weitere Schicksal des Funktionshäftlings mit den grünen Augen.

Das Leben im Lager verlief ohne irgendwelche besonderen Vorkommnisse: Appelle, „Exerzierung", Essensausgabe usw. Eines Abends befahl Mikolaj: „Zehnmal raus aus der Baracke und zehnmal rein in die Baracke!", und danach ließ er uns erneut auf dem Appellplatz antreten und verkündete, dass einige Häftlinge aus dem für uns unzugänglichen Teil des Lagers geflohen seien. Wegen der Flucht der Häftlinge wurde angeordnet, dass wir uns bis auf Widerruf während der Nacht nackt auszuziehen hätten und unsere persönlichen Sachen auf dem Appellplatz ablegen müssten. Es gab keinen Ausweg! Wir mussten uns ausziehen und unsere Kleider und Schuhe auf den Platz legen. Vor Kälte zitternd gingen wir schlafen. Wir bildeten eine eng zusammengekauerte Gruppe. Wir bemühten uns dabei, so zu sitzen, dass jeder einen anderen wärmen konnte. Es gab viele Streitereien. Aber all unser Protest half nichts. Es war bitterkalt. Morgens, als das Wecksignal ertönte, liefen die Häftlinge aus den Barackenräumen, um ihre Sachen zu suchen. Aber es erwies sich als unmöglich, die eigenen Kleidungsstücke zu finden: Alles lag auf einem kalten, feuchten Haufen zusammen. So nahm man vorlieb mit dem, was man fand, um so mehr, als zweihundert Leute in einem schrecklichen Tumult unter Flüchen umherliefen, um ihre Kleider zu suchen. Das geschah bei schwacher Beleuchtung, denn es war noch dunkel, und das Wetter war kalt. In diesem heillosen Durcheinander zog jeder das an, was er gerade in die Hände bekam. Wer irgendeine Hose hatte, irgendein Hemd sowie eine leichte oder dickere Jacke und Holzschuhe, ging in die Baracke zurück, um dort die klamme Kleidung zu wärmen.

Am Morgen bei Tageslicht ereigneten sich schreckliche Szenen: Die Häftlinge fingen an, ihre Sachen bei den anderen zu suchen. Es hatte sich nämlich herausgestellt, dass manche, die ursprünglich eine schlechte Kleidung gehabt hatten, nunmehr warme Sachen anhatten. Sofort entstand Streit, und es begannen wüste Rangeleien, weil einige ihr Eigentum zurückhaben wollten.

Es gab die verrückte Situation, dass ein Häftling einen Teil seiner Garderobe weggab und an den anderen Häftlingen nichts fand und also nackt blieb. Erst nach dem Appell, als sich alle erneut ausziehen mussten, wurde klar, dass es ganz besonders Schlaue gegeben hatte, die zwei Hemden oder Unterhosen oder sogar zwei Hosen anhatten. Andere wiederum hatten keine zusammenpassenden Schuhe; der eine war klein und eng, der andere groß von einer anderen Art und Farbe. Es dauerte bis Mittag, bis jeder seine Garderobe wiedergefunden hatte. Am Abend mussten wir uns erneut ausziehen, aber diesmal band jeder Häftling seine Kleidungsstücke zu einem Bündel zusammen und ließ sie an der Barackenwand in einer bestimmten Reihenfolge liegen. Nach drei nackt verbrachten Nächten wurde von uns nicht mehr verlangt, uns auszuziehen. Offiziell wurde die Anordnung allerdings nie widerrufen. So verbrachten wir die vierte Nacht wieder in unseren Tag- und Nachtkleidern. Viele Häftlinge waren nach den drei Nächten, die sie nackt in einem Raum mit offenen Fenstern und auf dem Betonboden liegend hatten verbringen müssen, schwer krank geworden.

Die Franzosen und Italiener erhielten vom Internationalen Roten Kreuz Pakete, in denen sich unter anderem Aspirin befand. Das war überhaupt die einzige Medizin, die es im Lager gegen Krankheiten gab. Ich bemerkte, dass die Empfänger das Aspirin nur ungern mit den anderen Häftlingen teilten. Den übrigen Paketinhalt übergingen sie beim Teilen vollständig. Im Übrigen erhielten nicht alle von ihnen diese humanitäre Hilfe zur gleichen Zeit. Also teilten sie den Inhalt dieser Pakete natürlich nur mit ihren Landsleuten. Wir Polen, Russen und in geringerem Maße die Tschechen und Jugoslawen stellten eine besondere, eine niedrigere Kaste als die „Weißen" dar. Wir bildeten eine besondere soziale Gruppe, die man mied.

Eines Tages, nach dem Frühstück, fand zum ersten Mal keine „Exerzierung", sondern eine Entlausung statt. Es war sonnig und kalt. Wir saßen alle in Reihen im Türkensitz auf dem kalten Boden. Halb ausgezogen durchsuchten wir unsere Kleider im Licht der Sonne. Mikolaj unterbrach die ganze Aktion immer wieder, indem er uns fachliche Hinweise gab, wie man die

Parasiten vernichten müsse, die ja nicht nur in den Kleidern, sondern auch an unserem Körper waren. Wir betrachteten diese Hygienemaßnahme mit einem gewissen Humor. Wir waren sogar ganz zufrieden damit, denn an diesem Tag blieb uns der mörderische Lauf erspart. Jeder von uns bemühte sich, die Insekten so genau und effektiv wie möglich loszuwerden. Es half aber nicht sonderlich viel, weil sie sich in der Folgezeit wieder in ungeahnter Schnelligkeit vermehrten. Wir saßen und bekämpften die Läuse fast bis zum Sonnenuntergang, mit Ausnahme der Mittagspause. Nach dem Abendappell und dem Kaffee kauerten wir uns wieder wie gewöhnlich für den ersehnten Schlaf hin. So vergingen die Tage. Düster und traurig. Mit Gesprächen über alle möglichen Dinge versuchten wir, unseren Geist wachzuhalten. Wenn wir in Gedanken versunken waren oder schliefen, dann hatten wir Halluzinationen und Träume, in denen wir uns reichhaltige Gerichte aus ganz ausgefallenen Zutaten ausmalten. Wir sogen ihren Geruch ein und waren in der Lage, sie zu kosten. Wir sahen Kellner, die uns in exklusiven Restaurants bedienten. Wir sprachen mit unseren Kollegen über die Befriedigung, welche uns diese wundervollen Erlebnisse verschafften. Wir erinnerten uns an Zeiten des Wohlstandes, als wir genug zu essen hatten.

Wir waren körperlich und seelisch völlig erschöpft. Manche Häftlinge erlitten Tobsuchtsanfälle, sprangen auf, schrien und weinten. Manche versuchten, sich aus dem Kreis der umstehenden Häftlinge loszureißen, um gegen den Zaun zu rennen. Manche gefasstere Kollegen bemühten sich, die verzweifelten Leidensgenossen zu beruhigen oder, wenn das nicht half, sie zumindest festzuhalten. Uns allen ging es schlecht. Wir hofften auf irgendeine Veränderung, vor allem auf das Ende des Krieges, die Befreiung und die Rückkehr in die Heimat. Viele von uns Häftlingen glaubten nicht mehr so richtig daran, dass sich diese frommen Wünsche verwirklichen würden. Der Flecktyphus, die Quälereien der Lagerleitung, die hoffnungslose Situation, was die Grundlagen unserer Existenz betraf: All das verschlechterte unseren physischen Zustand und damit unsere Überlebenschancen. Eines Tages kam während der „Exerzierung" und der Übungen einer der Deutschen auf das Lagergelände. Er sagte, dass er Mechaniker brauche, die Benzinmotoren und Pumpen wieder in Betrieb setzen können, mit denen das Wasser weggepumpt wird, welches das Lager zum Teil überflutete. Mikolaj, der den Deutschen begleitete, kündigte an, dass nur Russen für diese Arbeit infrage kämen. Es meldeten sich dann einige Russen, unter denen drei angebliche Spezialisten ausgewählt wurden. Die Übrigen kehrten zur „Exerzierung" zurück. Nach einiger Zeit brachten die Wachleute die angeblichen Mechaniker zurück. Anstatt die Pumpen in Betrieb zu setzen, waren sie auf der Suche nach Lebensmitteln durch das Lagergelände gestreift. In der Nähe der Pumpstation befand sich nämlich ein Lebensmittelmagazin. Zur Strafe wurden sie in den Karzer gesteckt. Jetzt gab man allen Häftlingen, nicht nur den Russen, die Chance, einen ganzen Tag in einer Werkstatt außerhalb des Lagers beschäftigt zu werden. Damit gab es für diese Glücklichen die Möglichkeit, irgendwie Essbares zu ergattern. Außerdem bot die andere Umgebung eine bessere Möglichkeit, neue Informationen zu erhalten, vor allem natürlich über den Stand des Krieges. Es ging dabei ja nicht nur um irgendwelche interessanten Neuigkeiten, sondern ganz zentral um unsere Hoffnung auf Überlebenschancen. Jetzt meldeten sich beim Aufruf zu dieser Arbeit vier Häftlinge, außer mir ein Italiener und zwei Franzosen. Der Deutsche wählte mich, weil er sich mit mir verständigen konnte sowie einen Franzosen und den Italiener. Er führte uns gleich an den Ort des Schadens. Dort ließ er uns nicht allein, sondern half beim Reparieren des Motors und der Pumpe. In Wahrheit kannten sich der Franzose und der Italiener nicht sehr gut mit dem Verbrennungsmotor aus. Aber wir setzten die Pumpen wieder in Gang, worüber der Deutsche sehr zufrieden war. Am Abend führte er uns ins Lager zurück. Er äußerte sich in keiner Weise darüber, ob er am nächsten Tag eine weitere Beschäftigung für uns haben würde. Für mich stellte allein schon der Erfolg bei der Arbeit eine große Befriedigung dar. Ich glaubte nicht, dass ich Gelegenheit bekommen würde, weiter dieser Beschäftigung nachzugehen. Am nächsten Morgen sahen wir noch vor der „Exerzierung", wie der Deutsche wieder auf das Lagergelände kam. Es gab daraufhin eine interessante Reaktion einiger Kollegen, die aus der Reihe heraustraten, in der Überzeugung, dass sie für die Arbeitsgruppe mit einer Tätigkeit außerhalb des Lagers infrage kämen. Der Deutsche aber wies die italienische und französische Hilfe zurück und rief laut nach dem Polen, der gestern den Schaden repariert hätte. Es ging offensichtlich um mich. Pfarrer Janiewski und Józef Karliński drängten mich mit Gewalt aus der Reihe, damit ich mich von Neuem zur Arbeit melde. Der Deutsche erkannte mich sofort. Ohne die Zustimmung von Mikolaj abzuwarten, wanderte er zufrieden mit mir zu dem unbekannten Arbeitsplatz. Der Deutsche war, wie sich später herausstellte, Leiter einer Reparaturwerkstatt mit Schneidern, Schuhmachern und einer kleinen Schlosserei. Er führte mich in den Arbeitsraum. Zwei Schuhmacher und zwei Schneider arbeiteten dort. Die Schneider befanden sich in einem danebenliegenden kleinen Raum, in dem zwei Nähmaschinen standen. Die Flickarbeit und das Bügeln der Kleidung verrichteten sie im Hauptraum. Die Arbeitsplätze der Schuhmacher befanden sich direkt an den Fenstern, die zum nicht zugänglichen Lagerteil führten. Die Schlosserwerkstatt befand sich auf der anderen Seite des Raumes am Fenster, von wo aus man die exerzierenden Mithäftlinge auf dem Appellplatz sehen konnte. Inmitten dieser multifunktionalen Werkstatt stand ein runder Eisenofen mit einem nach oben führenden Ofenrohr. Durch die undichten Stellen des Ofens war ein angenehmes, für uns doch so erwünschtes Feuer zu sehen. Es gab dem ganzen Raum soviel Wärme, dass die Handwerker hier innen in Hemdsärmeln arbeiteten. Der Leiter der Werkstatt stellte mich den Beschäftigten vor und zeigte mir dann meinen Arbeitsplatz und die Werkzeuge. Dann beschrieb er mir fürs Erste nur mein Aufgabenfeld.

Für den Anfang hatte ich an diesem Tag keine bestimmte Arbeit und ich wartete auf seine Wünsche und Befehle. Ich reinigte die Werkzeuge und putzte den Boden der Werkstatt. Inzwischen konnte ich mich mit den Häftlingskollegen genauer bekannt machen. Ich erfuhr, dass es Ukrainer waren, die in einem ganz anderen Lagerteil wohnten. Sie waren freundlich und soweit ich verstand, fühlten sie sich wohl und ihre Arbeit wurde von ihren Auftraggebern, welche sich aus der Lagermannschaft rekrutierten, sehr geschätzt. Wie sich dann zeigte, gehörte es zu meinem Aufgabenbereich nicht nur, falls erforderlich, die Pumpen in Gang zu setzen, sondern auch verschiedene Schlosserarbeiten, z.B. die Reparatur von Fahrrädern der SS-Männer, die das Lager bewachten, sowie

Wartungsarbeiten am Motorrad des Gestapochefs und andere Arbeiten wie Löten, Nieten, die Reparatur von Elektroöfen usw. Die Hauptarbeit bestand in der Reparatur von Fahrrädern: Speichen nachziehen, Einrichten der Pedale, Flicken von Schläuchen, Aufpumpen der Reifen und eine Reihe anderer Dinge, um die Räder funktionsfähig zu machen. Diese Arbeiten wurden mir von oben befohlen oder ich bekam sie nebenbei von verschiedenen Wachleuten aufgetragen. Ich lehnte nie ab, umso mehr, wenn der Auftraggeber besser gekleidet war, ein besonderes Rangabzeichen an der Uniform hatte oder gar einen goldenen Siegelring am Finger trug, was auf eine besondere Position in der Hierarchie der Lagerleitung schließen ließ.

Während der ersten paar Tage in der Schlosserwerkstatt änderte sich nichts in meinem Lagerleben, außer dass ich tagsüber nicht bei meinen Kollegen war. Die Nächte verbrachte ich jedoch weiterhin, so wie alle anderen, hingekauert und hungrig. Ich konnte nicht herausbringen, woher meine Arbeitskameraden in der Werkstatt Brot, Schmelzkäse, Margarine, manchmal sogar Fleischkonserven und Zigaretten bekamen. Und zwar alles in solcher Menge, dass sie keinen Hunger litten. Ihr Frühstück war reichlich und auf die mittägliche Rüben- oder Krautsuppe verzichteten sie sogar. Sie kochten sich selber eine Suppe mit eigenen Zutaten. Ich beriet das Problem mit dem Pfarrer und Józef, welche mir klarmachten, dass sie wohl für ihre Arbeit besondere Lebensmittelzuteilungen erhielten und dass mir das nach einiger Zeit auch zukommen würde. Es zeigte sich jedoch, dass sie keine zusätzlichen Lebensmittelrationen erhielten. Im Lager galt die Regel, dass kein Häftling eine Zulage erhielt. Die zusätzlichen Lebensmittelrationen waren aus freiwilligen Spenden der Auftraggeber dafür, dass ihre Kleidung geflickt, für sie neue Anzüge genäht und ihre Schuhe repariert wurden. Diese ungeschriebenen und eigentlich verbotenen Entschädigungen in Form von Lebensmitteln entsprachen natürlich nicht dem tatsächlichen Wert der Arbeit, aber sie stillten völlig den Hunger. Die Funktionshäftlinge hüteten ihre Arbeit wie ihre Augäpfel.

Nach ein paar Tagen stieg die Zahl der zu reparierenden Fahrräder merklich an und ich hatte viel Arbeit, sie zu reparieren und zu reinigen. Manche Wachmänner wünschten, dass ich ihnen ihr fertiges Rad direkt in ihre Baracke bringe. Diese Gelegenheit nutzte ich gerne. Zuerst hatte ich nicht die Zivilcourage, die Wachleute um den Rest ihrer Mahlzeit zu bitten, vor allem um Brot. Das rührte auch von ihrem Verhalten her. Sie waren verschlossen, sehr vulgär und argwöhnisch wie Polizisten. Häufig, fast jeden Tag, war ich in ihrer Baracke und suchte sie in ihren Stuben auf, entweder mit ihrem Fahrrad oder mit ihrem Becher, dessen Henkel ich frisch genietet hatte, ihrer Pfanne mit dem neuen Stiel oder anderen reparierten Kleinigkeiten. Im relativ breiten Flur der Baracke standen Eisenkäfige, in welchen sich die Hunde der Wachleute befanden. Es waren vor allem Schäferhunde. Anfangs warfen sich die Hunde bei meinem Anblick bellend an ihr Käfiggitter. Ich bemühte mich, sie nicht zu reizen. Je nach ihrem Verhalten und dem Grad ihrer Aggressivität ging ich langsam oder sehr schnell an ihren Käfigen vorbei. Da ich mich häufig bei den jungen Schäferhunden sehen ließ, freundeten wir uns miteinander an. Nicht alle gaben sich freundlich und ließen sich streicheln, aber sie gaben zumindest Ruhe, während ich an ihren Käfigen vorbeiging. Die Käfige waren ziemlich hoch angebracht und unter ihnen befanden sich verschiedene Schränkchen, die den einzelnen Wachleuten gehörten. Wieviele es genau waren, weiß ich nicht mehr, aber nicht mehr als acht. Meine täglichen Besuche in der Wachbaracke, immer gegen zwei Uhr nachmittags, d.h. gleich nach dem Mittagessen, waren für mich eine günstige Gelegenheit, um übrig gebliebene Brotstücke oder Brotrinden zu erwischen, die von den Wachleuten in den Abfalleimer geworfen worden waren. Ich nahm sie nach draußen mit, wo ein Abfallplatz angelegt war. Das war eine Fundgrube von Lebensmitteln: große Brotstücke, abgeschnittene Rindenstücke, Reste von Schmelzkäse in der Silberpapierverpackung. Manches etwas verschimmelt, aber aus unserer Sicht durchaus genießbar: In Fleischdosen fanden sich Reste von Fett und sogar von Fleischstücken. Manchmal hatten diese Dosen den Wachleuten auch als Aschenbecher gedient, und dann fand ich die eine oder die andere Kippe sowie Asche darin. Das hinderte mich überhaupt nicht daran, die Inhaltsreste sorgfältig aus der Dose herauszukratzen. Was ich aus dem Abfall herausgeholt hatte, wurde zum Fonds, aus dem ich in der Werkstatt eine Brotsuppe mit einer Zulage aus Fett und Fleisch kochte. Salz in geringer Menge erhielt ich von den ukrainischen Kollegen.

So brachte ich jeden Tag etwa zwei Liter selbst gekochte Suppe ins Lager. Pfarrer Janiewski und Józef Karliński kritisierten nie den Geschmack dieser braunen Brühe mit den Rinden vom Kommissbrot. Vielmehr waren sie vom Geschmack und natürlich von der Menge hingerissen. Für das Ausleihen eines hölzernen Löffels mussten wir einen Teil der Suppe abgeben. Man muss das Gesicht und das Verhalten eines Mithäftlings gesehen haben, der die Zahl der vollen Löffel zählte. Seine Augen fixierten einmal die Schüssel mit der Suppe, folgten dann dem Löffel und waren dann am Mund von Józef und dem Pfarrer. Er zählte so lange, bis die vorher vereinbarte Zahl der Löffel erreicht war. Ich war glücklich, meinen Freunden im Rahmen meiner Möglichkeiten helfen zu können.

Während der späteren Phase meiner Arbeit in der Werkstatt erwischte ich auch Zigaretten und Tabak in geringer Menge. Ich richtete meine Reparatur- und Reinigungsarbeiten der Fahrräder zeitlich immer so ein, dass ich täglich an die Abfalleimer herankam, die sich in den Räumen der Wachleute befanden.

Meine Anwesenheit in den Wachbaracken brachte mir mancherlei Nutzen. Unter anderem freundete ich mich mit einem der Hunde an. Dieser Hund gehorchte mir nicht nur, sondern ließ mich ihm sogar seinen Fressnapf mit der Suppe wegnehmen, welchen ich in seiner Gegenwart vollständig leerte. Ich tat das schnell, während der Hund in der Ecke seines Käfigs auf seinen Hinterpfoten saß und zuschaute, wie da ein zweibeiniges, menschliches Tier sein Fressen aß und dass es ihm auch schmeckte. Es war ein lieber, sympathischer Hund, und wenn ich den Fressnapf in den Käfig zurückstellte, ließ er sich streicheln, leckte meine Hand und nach einer Weile beroch er den leeren Napf. Ein paar Mal nahm ich diese zusätzlichen Essensportionen wahr, selbstverständlich mit seiner Erlaubnis. Aber ich fürchtete, dass dieses Wegnehmen der Hundeportion möglicherweise für mich sehr nachteilige Folgen haben könnte, nämlich wenn ich dabei erwischt werden würde. Also hörte ich damit auf und gab mich mit meiner selbst produzierten Brotsuppe zufrieden.

Manche Schlosserarbeiten mussten schon ziemlich genau sein, z.B. das Gewindeschneiden, das Schneiden von Löchern mit einem bestimmten Durchmesser, das Schleifen und Polieren von Kleinteilen und eine Reihe anderer Tätigkeiten. Es war unmöglich,

Wasenmühle Langenzenn, in der Kostrzeński arbeitete (privat)

so etwas mit den Einrichtungen und Werkzeugen durchzuführen, über welche die Werkstatt des Lagers verfügte. Da der Leiter der Werkstatt anerkannte, dass solche Einrichtungen fehlten, arrangierte er, dass man die entsprechende Ausstattung einer benachbarten Mühle benutzen konnte. So wurde ich in den Morgenstunden oft durch einen SS-Mann in die mechanische Werkstatt geführt, die sich in der nicht weit entfernt gelegenen Wassermühle befand. Die Arbeit in der mechanischen Werkstatt der Mühle dauerte gewöhnlich etwa drei Stunden, von zehn Uhr morgens bis ein Uhr mittags. Die SS-Leute aßen ungefähr um zwei Uhr zu Mittag, deshalb konnte ich jeden Tag, wenn es nötig war, die Werkstatteinrichtungen bis ein Uhr benutzen. Der SS-Mann, der mich bewachte, sollte während meines Aufenthaltes in der Mühle ständig anwesend sein. Aber stattdessen verließ er oft die Mühle, ging wegen mir unbekannter Angelegenheiten ins Städtchen und ließ mich allein zurück. Er befahl mir, nicht aus dem Mühlengebäude herauszugehen, bis er zurückkäme. Die Abwesenheit des SS-Manns bedeutete für mich, dass ich nun an Zigarettenkippen herankam. Sie waren der Rohstoff für losen Tabak. Zigarettenpapier erhielt ich von der

Besitzerin der Mühle oder von den ukrainischen Schneidern, welche immer über ein Heft mit Löschpapier verfügten, das sie gegen Tabak eintauschten.

Die mechanische Werkstatt befand sich in einer großen Halle auf der Ebene des Mühlrades. Für den Abstieg ins Innere der Halle gab es Metalltreppen, die von einer Galerie hinabführten, welche um die ganze Halle herumlief. Die Besitzerin der Mühle war immer dabei, wenn mich der SS-Mann zur Werkstatt brachte. In seiner Anwesenheit fragte sie nie nach dem Langenzenner Lager. Aber es interessierte sie doch! Sobald er weg war, wollte sie Einzelheiten wissen: über die Lebensbedingungen der Häftlinge, über den Grund ihrer Inhaftierung, über die Nationalität der Gefangenen. Die Frau war nicht mehr jung, nicht groß, sah gut aus und war sehr sympathisch. Mehr als einmal brachte sie zum Ausdruck, dass wir ihr leid täten. Ihr Mann und ihre Söhne seien in der Wehrmacht. Sie seien an der Front und befänden sich vielleicht in ähnlich schlimmer Lage wie wir.

Ich ging sehr gerne in diese Mühle. Heute weiß ich nicht mehr, wie weit man gehen musste, um dorthin zu gelangen. Die Mühle stand in einer malerischen Umgebung. Sie war von großen alten Bäumen umgeben. Die Abwesenheit des Wachmanns gab mir jeweils Gelegenheit für einen Imbiss, den mir die Mühlenbesitzerin reichte. Jedes Mal erinnerte sie mich daran, dass ein solches Vesper geheim bleiben müsse, dass ich zu niemandem etwas sagen solle, sonst hätte sie schwerwiegende Konsequenzen zu befürchten. Der SS-Mann verdächtigte die Frau sicher, dass sie mir etwas zu essen gab. Auf dem Rückweg fragte er oft danach. Doch die Situation war günstig für mich, denn der Wachmann hielt die Vorschriften selbst nicht ein, indem er mich mir selbst überließ. Jeder von uns hatte sein Geheimnis. Was uns verband, war, dass wir beide die Vorschriften verletzten. Daraus erwuchs ein gegenseitiges Verständnis. Aber zum Schein taten wir nach außen, als ob wir die Lagerregeln streng einhielten.

Im Lager herrschte die Sitte, dass man einen Häftling belohnte, der etwas getan hatte, was nicht von oben befohlen worden war. Es betraf die Schneider, Schuster, Schlosser, unter anderem auch mich. Die Belohnung bestand aus Streichhölzern, Zigaretten, einer

Ecke Streichkäse, einem Stück Margarine oder einem Stück belegten Brots. Es gab aber auch Wachmänner, die meinten, wir würden genügend verpflegt und sie wären deshalb nicht verpflichtet, uns noch zusätzlich Lebensmittel zu geben. Das waren meist einfache, ältere Leute, die ihr Missfallen am Krieg auf diese Weise zum Ausdruck brachten. Sie sahen in uns Gefangenen eine Gefahr für das Reich und hielten es deshalb für notwendig, uns zu isolieren oder sogar zu liquidieren. Bei der Ausübung ihrer Pflicht halfen ihnen die dressierten Schäferhunde, die sie selbst pflegten und fütterten. Diese Männer waren wortkarg, manchmal brutal und befolgten die Anweisungen ihrer Vorgesetzten übergenau. Unter ihnen gab es aber auch andere, die offensichtlich nicht dieser Meinung waren. Zu solchen nüchtern denkenden Leuten gehörte auch der Leiter der Reparaturwerkstatt. In Anwesenheit des Gestapo-Chefs war er ein scharfer SS-Mann. Nach der Inspektion entschuldigte er sich diskret für seinen Ton und bot uns Zigaretten an. Ich traf auch auf einen Wachmann, der mir anbot, mir bei meiner Flucht zu helfen und der mir sagte, wann die Wachen in der Nacht auf dem Turm wären. Zuerst sah ich eine Falle darin, aber dann erkannte ich, dass er es ernst meinte und mich retten wollte. Er kam oft in die Werkstatt und schimpfte über die Lagerbedingungen und über unsere unmenschliche Behandlung. Es gab auch jüngere Wachleute. Die wollten aber keinen Kontakt mit den Häftlingen haben. Sie erfüllten einfach nur ihre Pflicht.

Die Entlausungsaktion, die man vor einiger Zeit bei den Häftlingen draußen an der frischen Luft durchgeführt hatte, hatte nicht das erwünschte Ergebnis erbracht. Also gab man uns eines Abends bekannt, dass in der Nacht alle Gefangenen, in Gruppen aufgeteilt, in das Lagerbad gebracht würden, um sie dort gründlich zu desinfizieren. Das Bad befand sich zwar auf dem Lagergelände, aber ziemlich weit von unseren Baracken entfernt. Wir gingen nur dieses eine Mal dorthin. Die Entlausungsaktion verlief vorschriftsmäßig: Wir mussten uns erst nackt ausziehen. Die Kleidung kam auf einen nummerierten Drahtbügel in einen Behälter. Bevor wir unter die Duschen gingen, bekamen wir einen Löffel voll Waschpulver. Zusätzlich behandelte man uns mit einem verdünnten Desinfektionsmittel. Das wäre nicht erwähnenswert, wenn es dabei nicht Fälle gegeben hätte, wo man das ätzende Mittel unverdünnt angewandt hat. Wie immer führte Mikolaj die ganze Aktion mit Hilfe russischer Gefangener durch. Diese Leute hatten wohl keine Ahnung davon, dass diese Flüssigkeit in unverdünntem Zustand schwere Verbrennungen auf der Haut hervorruft. Wenn das Präparat ordnungsgemäß angewendet wurde, war es unschädlich. Es wurde in einem Eimer geliefert. Der russische Funktionshäftling nahm für die Desinfektion einen großen Pinsel, mit dem man normalerweise Wände anstreicht. Der Eimer mit dem Präparat reichte jeweils nur für ein paar Gefangene. Daher musste ständig nachgefüllt werden. Es war ganz normal, dass die Gefangenengruppe, die zum Duschen geführt wurde, jeweils aus nur einer Nationalität bestand. Im Dunkel der Nacht fand man nicht heraus, warum man bei den französischen Häftlingen das Desinfektionsmittel unverdünnt angewandt hatte. Einige von ihnen hatten sich verbrannt. Sofort entstand bei den verletzten Männern ein großes Geschrei und jeder versuchte, so schnell wie möglich unter das fließende Wasser zu kommen. Die anderen Gefangenen, die nicht mitbekommen hatten, welche Tragödie sich da abgespielt hatte, wollten unter den Duschen zuerst keinen Platz machen, als die Verletzten von ihren Kameraden dorthin geführt wurden. Es gab Krach und es kam zu Handgreiflichkeiten. Die französischen und italienischen Gefangenen, die noch auf ihre Desinfektion warteten, verließen ihre Plätze und griffen gemeinsam die Russen an, vor allem diejenigen, welche das Desinfektionsmittel angewendet hatten. Während des ganzen Durcheinanders stellte es sich heraus, dass auch russische Gefangene Verbrennungen erlitten hatten.

Die Deutschen, die sofort zum Bad kamen, setzten dem Aufruhr ein Ende. Sie unterbrachen die Entlausungsaktion solange, bis die Ordnung wieder hergestellt war. Die verletzten Häftlinge wurden in die Krankenabteilung gebracht. Die Hygieneprozedur dauerte noch die ganze Nacht bis in den frühen Morgen. Unsere persönlichen Kleidungsstücke erhielten wir nach der Desinfektion wieder. Sie waren noch warm und ziemlich feucht. Wir waren eben recht viele Gefangene und die bescheidene Ausstattung des Bades ermöglichte keine gründliche und schnelle Aktion. Wir verloren eine ganze Nacht und standen nackt herum, während wir auf die nächsten Behandlungen warteten. Die Läuse blieben. Vielleicht waren sie weniger, aber sie bissen uns umso mehr. Nach ein paar Tagen hatte ihre Zahl wieder den Zustand von vor der Entlausung erreicht. Aber niemanden von der höheren Lagerverwaltung interessierte das.

In der ersten Märzhälfte wurde ich mit anderen Gefangenen, darunter Pfarrer Janiewski und Józef Karliński, zu einem höheren Gestapo-Offizier gerufen. Das Gestapobüro war in einer Baracke untergebracht, rechts vor dem Eingang unseres Lagers. Dort wurden auch einige junge weibliche Angestellte als Typistinnen beschäftigt. Eine Barriere grenzte die eigentliche Büroabteilung ab, wodurch es unmöglich war, weiter hineinzugehen. In diesem Bereich wurden alle Verwaltungsarbeiten erledigt, welche die Gefangenen betrafen. Wahrscheinlich war im hinteren Teil des Raumes ein Archiv mit den Gefangenenakten untergebracht, was man daraus entnehmen konnte, dass dort viele Metallschränke standen.

Wir wurden einzeln hineingeführt, ohne dass eine bestimmte Reihenfolge erkennbar war. Ich war der dritte Kandidat, die beiden ersten waren Russen. Beim Verlassen des Büros blickten sie bedrückt drein, einer weinte sogar. Wir konnten nicht herausbekommen, warum die beiden seelisch so geknickt waren. Jedes Mal war ein SS-Mann dabei gewesen, in dessen Gegenwart jegliche Unterhaltung verboten war. Diejenigen Häftlinge, die das Gestapobüro schon verlassen hatten, wurden auf den Appellplatz geführt und warteten dort vor dem Karzer auf die übrigen Gefährten, deren Schicksal sie teilten. Es gab auch Fälle, dass einer nach Erledigung der Formalitäten wieder in die Baracke zurückgebracht wurde.

Ich fühlte mich von einem düsteren Schicksal bedroht, obwohl der Vernehmungsbeamte ja von meinem früheren Aufenthalt im Lager Dachau und später in Sandhofen, das ein Außenlager des Todeslagers Natzweiler war, nichts wusste. Mein Aufenthalt in Bayreuth, nach meiner Verhaftung dort in der Nähe, war richtig dokumentiert und stellte eine logische Einheit im Vernehmungsprotokoll dar. Meine stets unverändert wiederholte Version der Ereignisse konnte eigentlich keine schlimmen Folgen haben. Trotz alledem las mir der Beamte sehr höflich und ohne jeden Kommentar das Urteil eines Berliner Gerichts vor, dass ich auf Grund irgendeines Paragraphen zum Tod durch Erhängen verurteilt sei. Die Urteilsbegründung war kurz. Eigentlich hätte ich eine Gelegenheit zum Einspruch bekommen müssen. Aber zuerst musste ich die Entgegennahme und Kenntnisnahme des Urteils eigenhändig unterschreiben. Viele Papiere, einschließlich der Kopien waren zu unterzeichnen. Ich war wie vor den Kopf gestoßen, verstand nichts. Die Zeit schien sich in die Länge zu ziehen, während ich versuchte, meine Gedanken zu sortieren. Alles drehte sich in meinem Kopf. Die Zeit stand still. Die Urteilsbegründung erreichte mein Bewusstsein nicht. Ich konnte nicht protestieren. Die Zeit stand still. Als Mensch galt ich nichts mehr. Ich war ein willenloses Instrument in den Händen meiner Häscher, die ohne mich zu sehen oder mit mir zu reden, ein Urteil gefällt hatten.

Nachdem ich die Dokumente unterschrieben hatte, glaubte ich noch immer nicht, dass sie wirklich existierten, obwohl ich doch den Text schwarz auf weiß vor mir hatte. Eine Weile stand ich da wie der dumme August, der nicht begreifen kann, was man zu ihm sagt. Erst nach einer Weile, als der Beamte in schwarzer Uniform sagte: „Das ist alles!", kam die Ernüchterung. Ich begriff die Unwiderruflichkeit des rechtskräftigen Urteils. Ein Wachmann führte mich hinaus und den nächsten Gefangenen hinein. Pfarrer Janiewski und Józef Karliński warteten schon gespannt bis die Reihe an sie kam und fragten mich: „Was ist los?" Ich konnte nicht antworten. Die Tränen liefen mir aus den Augen. Kein Wort konnte ich hervorbringen. Ich war stumm. Ich wollte mich mit ihnen verständigen und bewegte doch nur tonlos meine Lippen.

Als ich an einer Tür vorbeikam, die zu den Räumen der SS-Männer führte, kamen von dort ein paar Wachmänner heraus. Als einer von ihnen mich erblickte, entschuldigte er sich bei seinen Begleitern und sagte zu mir, dass er eine belegte Semmel für mich habe, als Dank für das gut reparierte Fahrrad. Gesagt, getan – er ging in die Baracke zurück und brachte mir die versprochene Semmel: Ich bedankte mich dafür, wusste aber nicht, was ich damit anfangen sollte. Sie war inzwischen für mich völlig wertlos. Ich schenkte sie einem anderen Häftling, den ich am Tor vor dem Appellplatz traf.

Es war üblich, dass alle Häftlinge, die zum Tod durch Erhängen verurteilt waren, im Karzer eingesperrt wurden, bis die schreckliche, traurige Handlung begann. Der Karzer im Lager Langenzenn stellte eine weitere Art dar, wie man Gefangene durch raffinierte Methoden foltern kann. Er befand sich zwischen den beiden Aborten und hatte die Gestalt eines Backofens. Die Decke war niedrig, sodass die Gefangenen nicht stehen konnten. Er war so lang wie die Baracke breit war. Kein Fenster, kein Luftloch! Dieser Karzer hatte eine halbkreisförmige Tür und wurde mit einem Vorhängeschloss verriegelt. Alle Gefangenen bekamen die Hände auf dem Rücken gefesselt. Zum Essen band man sie nicht los. Auch ihre Notdurft mussten sie in diesem Zustand verrichten, obwohl sie dort oftmals eine längere Zeit verbringen mussten. Die Leichen der dort verstorbenen Häftlinge blieben zunächst erst einmal liegen. Der Gestank, der Luftmangel, die entsetzliche Enge, die man durch das Einnehmen verschiedener Positionen zu erleichtern versuchte, machten die Höllenqualen vollends perfekt. Die Gefangenen konnten sich nicht recht bewegen, weil sie gefesselt waren, und die Situation erlaubte niemandem, eine ganz andere Haltung einzunehmen. Die schwachen und körperlich erschöpften Gefangenen wurden ins Innere des Karzers gestoßen, wo sie starben. Wenn man auf dem Bauch zu liegen kam – dazu konnte man oft von den kräftigeren Mitgefangenen gezwungen werden – dann bedeutete dies den langsamen und sicheren Tod.

Das Essen bestand aus ein paar Litern Suppe, die einmal am Tag gebracht wurde und die an den Eingang des Karzers geschoben wurde. Die meisten Gefangenen bekamen keine Suppe, weil sie für sie einfach nicht zu erreichen war. Diejenigen, welche dazu noch die Kraft hatten, krochen zur Schüssel hin und schlürften wie die Tiere ein paar Schlucke davon. Mikolaj kümmerte sich überhaupt nicht um die Häftlinge im Karzer. Der Karzer war eine Mikrofabrik von Toten und Halbtoten und von solchen, die den Verstand verloren hatten und die völlig entkräftet waren, psychisch und physisch. Besonders hierfür ausgesuchte Gefangene zogen ihre Kollegen aus dem verpesteten Raum, wenn der Zeitpunkt der Hinrichtung gekommen war. Sie verfluchten die ihnen zugedachte Aufgabe. Kein einziger Gefangener konnte aus eigener Kraft den Karzer verlassen. Sie wurden von vier Mitgefangenen herausgeschleppt. So ein Mensch sah erbarmungswürdig aus.

Manche waren aufgedunsen und ihre Kleidung war vom Kopf bis Fuß mit Exkrementen bedeckt. Sie sahen aus wie noch lebende stinkende Leichname. Abends und in der Nacht hörte man diese Gefangenen in verschiedenen Sprachen nach Luft rufen. Ich weiß es nicht mehr genau: Vielleicht hat man den Karzer auch wegen des Geschreis der Gefangenen ein paar Mal gelüftet. Bei dieser Gelegenheit entfernte man die Toten, und es kann sein, dass dann die Türe etwas länger offen stand. Alle, die man verurteilt hatte, mich eingeschlossen, mussten in den Kerker, und zwar gefesselt. Im Normalfall dürften zwischen dem Verlesen des Urteils und der Vollstreckung vier bis fünf Stunden vergangen sein. Deswegen bemühte sich jeder, gebückt vorn an der Türe stehen zu bleiben, um nicht in das Innere des stinkenden Loches hineinzugeraten. Wir führten keine Gespräche. Jeder durchlitt auf seine Weise diese größte Katastrophe seines Lebens. Unschuldig sollten wir sterben und das auf eine solch barbarische Art. Schon ein paar Tage vorher hatten wir abends den Widerhall von Detonationen gehört, von Geschossen oder Bomben. Wir hörten genau hin. Einige sagten, das wären Experimente mit neuen Waffen, andere vermuteten Bombenabwürfe und noch andere, es wären Detonationen von Artilleriefeuer, denn die Front nähere sich. In den frühen Nachmittagsstunden, nicht lange nach der Verkündigung meines Urteils, verstärkten sich diese Detonationen, die wir schon tagelang gehört hatten. Die Kameraden kommentierten das Ereignis auf verschiedene Weise. Es schien uns, als näherten sich die Kämpfe und als verstärkten sie sich jeden Augenblick. Natürlich konnten wir durch die Ritzen in der Tür nicht sehen, was draußen passierte, weder auf dem Appellplatz noch in der Ferne am Horizont. Im Lager entstand eine merkwürdige Betriebsamkeit unter den Deutschen. Mikolaj und seine Helfer verschwanden irgendwohin. Keine Spur blieb von ihnen zurück. Das Durcheinander unter den Häftlingen, die sich auf dem Appellplatz befanden und die Informationen, welche uns erreichten, zeigten, dass sich etwas Außergewöhnliches ereignet hatte, aber niemand war imstande, uns eine sichere Nachricht zu geben.

Das alles machte wohl meine Kollegen fröhlich, aber auf uns Verurteilte im Karzer wartete doch einzig das bekannte Schicksal.

Deshalb waren wir skeptisch gegenüber den Gerüchten über eine neu entstandene Situation. War ich gebrochen? Ja sicher. Die ganze Hoffnungslosigkeit meiner Situation im Lager, die unmenschlichen Existenzbedingungen, die Demütigungen durch die Russen, die Unsicherheit über das morgen, die Hungerrationen unterhalb des Existenzminimums, all das hatte dazu geführt, dass ich vor dem Tod keine Angst mehr hatte. Aber ich beklagte sehr, dass niemand von meinen Lieben, meine Frau, mein Kind, je erfahren würde, unter welch unmenschlichen Umständen, jeder menschlichen Würde beraubt, ich mein Leben gegeben hatte, vielleicht für die Freiheit der anderen. Ich hoffte, dass sich die Wartezeit bis zur Hinrichtung auf ein Minimum verkürzen würde, dass sie gleich stattfände und nicht erst dann, wenn der Henker und die deutsche Begleitmannschaft zu Abend gegessen hätten.

Um 14 Uhr kam der Leiter der Werkstatt und rief nach mir mit lauter Stimme. Die Häftlinge sagten, dass ich nicht eigenmächtig meinen Arbeitsplatz verlassen hätte, wovon der Deutsche ausging, sondern dass ich auf Befehl der Lagerleitung im Bunker säße. Der Deutsche ging schnell weg und kam noch schneller mit Schlüsseln für das Vorhängeschloss und die Handschellen zurück. Er öffnete es und befreite mich aus meinem Zwangsaufenthalt im Karzer. Als er auch noch die Handschellen aufgeschlossen hatte, sagte er, dass ich doch in der Werkstatt gebraucht würde. Es zeigte sich, dass ich unverzüglich das Motorrad des Gestapochefs in Gang bringen und für seine Abfahrt vorbereiten musste. Alle anderen Dinge, die meine Person betrafen, waren angesichts dieses Befehls unwichtig. Ich ging an die Arbeit, die für mich Routine war und gab mein Bestes, um die Fahrt vorzubereiten. Ich führte die schwere Maschine vor das Eingangstor und zeigte, dass sie technisch völlig in Ordnung war. Der Deutsche ging, um die Ausführung der Arbeit zu melden, und ich wartete mit meinen schmutzigen Händen auf mögliche weitere Befehle. Die ganze Zeit dachte ich an die Hinrichtung, die auf mich wartete. Dieser Gedanke verließ mich keinen Augenblick, auch nicht, als ich am Motorrad arbeitete. Unter größter Anspannung wartete ich auf die Befehle der Deutschen, die mein weiteres Schicksal betrafen.

Als der Werkstattleiter nach einiger Zeit wieder erschien, begann überraschend ein Luftangriff einiger einmotoriger englischer Flugzeuge, welche aus dem Himmel fast bis auf den Boden herunterstürzten. Nachdem sie kleine Bomben abgeworfen hatten, beschossen sie mit ihren Maschinengewehren und Geschützen aus geringer Höhe alle Gebäude, auch diejenigen, in denen wir uns untergestellt hatten. Die Flugzeuge flogen so niedrig, dass man deutlich die Piloten hinter ihren Steuerknüppeln sehen konnte. Das Maschinengewehrfeuer aus den Flugzeugen dauerte ununterbrochen an. Flugzeug auf Flugzeug erschien ohne Pause über dem Lager.

Sobald der Deutsche den Luftangriff wahrgenommen hatte, befahl er uns, uns in der Werkstatt zu verstecken. Er selber tat das auch. Im Werkstattraum lagen meine Kollegen, die Schneider und Schuhmacher, platt auf dem Fußboden, unfähig, auch nur ein Wort zu sagen. Ich warf mich zunächst auch auf den Fußboden, aber das Geräusch der platzenden Fensterscheiben, das Pfeifen der Kugeln aus den Bordwaffen und das mächtige Krachen der Kanonen ängstigten mich so sehr, dass ich mich unter einem alten Eisenbett versteckte, welches als Regal für verschiedenes Gerümpel diente. Aber auch dort unten hielt ich es nicht lange aus. So wechselte ich mehrfach mein Versteck, dorthin, wo es mir von Mal zu Mal sicherer zu sein schien. Ich hatte die ganze Werkstatt zur Auswahl, ebenso den Nebenraum und den engen Gang, der zum Büro des Werkstattleiters führte. Der Luftangriff dauerte bis zur Dämmerung, mit vielleicht jeweils dreißig Minuten zwischen den einzelnen Anflügen. Es waren nicht mehr als fünf Flugzeuge, welche daran teilnahmen. Jedes von ihnen kreiste viele Male über der Umgebung und kehrte zum Lager zurück. Ihr Kurs war immer derselbe: Sie erschienen von der Straße her und flogen über das Lagertor und den Appellplatz. Sie schossen auf die leere Straße, trafen aber auch verschiedene Baracken. Aber zum Glück gab es keine Opfer unter den Häftlingen.

In den Pausen zwischen den Angriffen zeigte sich niemand von der Lagermannschaft und niemand interessierte sich für das Schicksal der Häftlinge. Die Wachtürme standen ebenfalls leer. Das bot einigen wagemutigen Häftlingen die Gelegenheit, durch das Gelände des unvollendeten Lagerteils zu fliehen. Sie flohen zum nahe gelegenen Wald, der nicht weit von der erwähnten Mühle entfernt lag.

Als die Dämmerung hereinbrach und der Luftangriff aufhörte, kamen fast alle Häftlinge aus den Baracken auf das Lagergelände heraus. Darunter befanden sich auch die Frauen aus den benachbarten Baracken. Keine Spur von den Deutschen! Die Lagertore wurden gewaltsam geöffnet. Einer ziemlich großen Häftlingsgruppe war es in der Zwischenzeit gelungen, das Lebensmittelmagazin sowie andere Räume aufzubrechen. Jeder von ihnen trug einige Laibe Brot und andere Lebensmittel bei sich. Wir fühlten uns als völlig freie Menschen, wenn auch hungrig und elend. Am Horizont zur Straße hin konnte man sehen, wie Raketen in die Luft geschossen wurden und die Nacht erleuchteten. Die Explosionen der Geschütze wurden seltener, obwohl sich immer wieder das Licht eines mächtigen Feuerscheins abzeichnete. Pfarrer Janiewski und Józef Karliński versuchten, mich zur Flucht zu überreden. Aber ich tat es nicht. Die Gründe hierfür erschienen mir inzwischen hinfällig zu sein. Ich vermutete, dass die Front schon nahe sei. Da die Deutschen das Lager panikartig verlassen hatten, war ich überzeugt, dass mir von ihnen keine Gefahr mehr drohte.

Die Tatsache, dass sich die Lagerbräuche so schnell geändert hatten, die Furcht vergessen war und uns die Vision der Freiheit vor Augen stand, ließ alle Gefangenen diese Stunde des Wandels feiern, jeden auf seine Weise. Niemand schlief, wir unterhielten uns innerhalb der jeweiligen Volksgruppen. Alle aßen trockenes Brot. Wenn jemand auch noch eine Decke erwischt hatte, dann fühlte er sich richtig glücklich.

Plötzlich, gegen 24 Uhr, umstellten die Deutschen, von uns unbemerkt, auf fast allen Seiten das Lager mit einer Postenkette. Nur wenige von ihnen stammten aus unserer früheren Wachmannschaft. Die übrigen gehörten zu einer Spezialeinheit; sogar ihre Uniformen hatten eine andere Farbe. Uns alle packte der Schrecken. Wir liefen alle durcheinander. Die Frauen flohen in ihre Baracken. In unserem Lagerteil herrschte völlige Stille. Alle waren von Furcht gepackt. Besonders ängstliche Häftlinge warfen die Decken weg, die sie ergattert hatten. Einige versteckten ihr Brot in einem Winkel. Die uns bekannten Deutschen kamen auf den Appellplatz. Sie sagten, dass sich die Front nähere und sie nicht mehr imstande seien, uns alle zu schützen. Deshalb müsse sich ein Teil der Häftlinge auf eigene Faust in Sicherheit bringen. Sie begannen nun, den Befehl ihrer Vorgesetzten auszuführen. Häftlinge trugen Tische, Körbe voller Brote sowie Decken ins Freie. Alle weiblichen Häftlinge erhielten einen Laib Brot und eine Decke. Daraufhin wurden sie aus dem Lager hinausgeführt und freigelassen. Mit dieser Wendung der Dinge waren natürlich alle zufrieden. Ein Deutscher stand am Tisch, ein Häftling beleuchtete mit einer Öllampe die Dokumente der Häftlinge. Wessen Name vorgelesen wurde, der erhielt ein Brot und eine Decke. Das Tor wurde geöffnet und er wurde aufgefordert, das Lager zu verlassen.

Uns jedoch war es nicht bestimmt, zur Gruppe der Häftlinge zu gehören, über deren Taten die Ermittlung ergeben hatte, dass sie während der Zwangsarbeit wahrscheinlich nur unbedeutenden Schaden angerichtet hatten und deshalb freigelassen werden konnten. Wir übrigen Häftlinge wurden weiterhin festgehalten. Man schenkte uns jedoch ein Brot und eine Decke. Wir konnten nicht in Erfahrung bringen, wohin man uns transportieren wollte. Unter den nicht freigelassenen Häftlingen – zusammen etwa 200 – befanden sich auch Gefangene aus anderen Baracken. Den Rest der Nacht verbrachten wir wie immer an unseren Plätzen. Den Brotlaib, den ich bekommen hatte, behielt ich als Reserve für die Reise. Ich legte ihn unter meinen Kopf und wickelte mich sorgfältig in meine Decke. Nun war ja genügend Platz in der Baracke, weil ein ziemlich großer Teil der Häftlinge freigelassen worden war. Ich streckte mich aus und schlief beinahe sofort ein. Am nächsten Morgen beim Aufwachen bemerkte ich, dass mein Brot fehlte. Irgendjemand hatte es gestohlen. Es zurückzubekommen war völlig unmöglich.

Kapitel 4

Von Langenzenn
ins KZ Flossenbürg

Evakuierungsmarsch von Langenzenn nach Hersbruck

Die Deutschen versammelten die Häftlinge auf dem Appellplatz und teilten uns in vier Gruppen zu je etwa fünfzig Mann auf. Die Gruppen verließen das Lager im Abstand von jeweils 30 Minuten. Wir, Pfarrer Janiewski, Józef Karliński und ich, beschlossen, in der letzten, der vierten Gruppe, zu marschieren. Wir verließen das Lager und gingen den Hügel bei den Wachbaracken hinauf. Dort wartete bereits ein großer Pferdewagen auf uns, der mit allen möglichen Bündeln, der Habe des Lagers, voll beladen war. Im Wechsel übernahm immer ein Teil der Häftlinge die Rolle von Pferden als Zugtiere. Einige führten die Deichsel des Wagens, andere schoben die schwere Fuhre hinten und an den beiden Seiten. Die Übrigen bildeten die Reserve und warteten, bis sie mit dem Schieben an die Reihe kamen. Ich marschierte am Ende der Kolonne und trug den schweren Rucksack eines Wachmanns. Für diese Anstrengung versprach er mir, seine Lebensmittelration mit mir zu teilen.

Unser Marsch ging sehr langsam vonstatten. Wir mussten den Wagen durch Haufen schmelzenden Schnees ziehen, der die Landstraße bedeckte. Stellenweise war es rutschig und nicht einmal ein großer Kraftaufwand seitens der Häftlinge konnte den Marsch so beschleunigen, wie man es von uns erwartete. Oft rutschte der Wagen von der Straßenmitte auf den Randstreifen, was uns darüber hinaus zu unerwarteten und mühseligen Manövern zwang. Wir hatten nicht die nötige Kraft, um selbst mit vereinter Kraft die Vorderräder in die richtige Richtung zu bringen, obwohl der Wagen eine lange Deichsel hatte. Die deutschen Bewacher zwangen uns mit Geschrei und nicht selten mit ihren Karabinerkolben zu einem noch effektiveren Einsatz unserer Kräfte. Als sie die Hoffnungslosigkeit unseres Vorhabens sahen, bemühten sie sich einige Male sogar selbst mit anzupacken.

Die allergrößten Probleme hatten wir mit dem Wagen, wenn die Landstraße abfiel. Dann versuchten alle, den Wagen mit aller Macht zu bremsen. Die Häftlinge auf beiden Seiten der Deichsel hatten die schwierige Aufgabe, den Wagen bei diesem Tempo in die richtige Richtung zu lenken. Wir waren ständig von einer Ket-

Todesmarsch. Zeichnung des ehemaligen Sandhofer Häftlings M. Wiśniewski (Gedenkstätte Sandhofen)

te von Wachleuten umgeben, die uns mit allen möglichen Mitteln anzutreiben versuchten.

Anfangs fiel uns der Marsch noch etwas leichter, weil wir ja darauf hofften, dass sich nun unser trauriges Schicksal zum Besseren wenden würde. Aber mit der Zeit versagten bei vielen meiner Kollegen die körperlichen Kräfte. Sie waren immer weniger in der Lage, den Marsch fortzusetzen, geschweige denn den Wagen zu schieben. Wir halfen dem Schwächeren, indem wir uns auf beiden Seiten unterhakten, damit er sich nach seinem Schwächeanfall wieder ein wenig erholen und weitergehen konnte. Unsere Stimmung verwandelte sich in Depression und verschlechterte sich noch weiter, als ein Wachmann einen italienischen Häftlingskollegen, er war Uhrmacher, erschoss. Dieser Gefangene hatte einen plötzlichen Schwächeanfall erlitten. Seine beiden Mithäftlinge konnten mit ihrem schwankenden Kollegen nicht klarkommen, sodass sie schließlich auf der Straße anhielten und hinter das Ende der Kolonne zurückfielen. Sie erklärten dem Deutschen, dass es sich nur um einen vorübergehenden Schwächeanfall handle und sie bald wieder zur Kolonne aufschließen würden. Der Deutsche wollte nichts von den Erklärungen wissen. Er jagte die

Mithäftlinge von dem halbtoten Gefangenen weg und tötete ihn mit einem Pistolenschuss in den Hinterkopf.

Dieser Schuss auf einen unbewaffneten Menschen war für uns der Beweis, dass solche Häftlinge und letztlich wir alle gnadenlos ausgelöscht werden würden, falls uns die Armee der Alliierten einholen würde. So breitete sich unter uns allen neue Angst aus.

Der Führer der Wachmannschaft wählte vier der Gefangenen aus, darunter auch mich, und befahl uns, die Leiche im Straßengraben zu verscharren. Wir hatten dazu keinerlei Werkzeug, nur die bloßen Hände. Der Deutsche, dem ich den Rucksack trug, bewachte uns aus einiger Entfernung und schaute zu, wie wir ein Grab herrichteten. Unsere Hände erwiesen sich als zu schwach, um den noch gefrorenen Boden im Straßengraben aufzugraben. Aber Schnee lag in großer Menge herum, also schoben wir soviel Schnee und Blätter zusammen, dass wir den Körper des ermordeten Leidensgefährten bedecken konnten. Wir warfen Schnee und Blätter auf das Grab und jeder sprach auf seine Weise ein Gebet.

Durchgefroren holten wir den traurigen Zug der schattenhaften Gestalten wieder ein. Wir kamen nur sehr langsam voran. Der Marsch dauerte bis in die späten Abendstunden. Wir hielten im Außenbezirk eines Städtchens an. Eine kleine Weide, von einem provisorischen Zaun umgeben, diente uns als Lagerplatz. Die deutschen Wachsoldaten bewachten uns. Einige von ihnen waren allerdings in die Stadt weggegangen. Es war uns verboten, uns einem in der Nähe befindlichen Teich zu nähern, um Wasser zu schöpfen. Dabei quälte uns der Durst so fürchterlich. Trotz des Verbotes schlichen sich einige Kollegen zum Wasser, um ihren Durst zu löschen. Die etwas toleranteren Deutschen wandten sich absichtlich weg, als sie diese zum Weiher schleichen sahen. Die Nacht war kalt und feucht. Der holprige Boden der Weide machte eine wirklich tiefgehende Erholung unmöglich. Außerdem hatten wir keinerlei Verpflegung bekommen. Es gab Häftlinge, die zwei Decken hatten, was sie einigermaßen vor der Kälte schützte. Dennoch konnte unter diesen schlimmen Umständen keiner von uns ein Auge zumachen. Wir waren unerträglich müde und verausgabt. Unser Pferdewagen stand auf dem Straßenbankett. Einige Kollegen unternahmen schließlich einen Fluchtversuch. Doch das war von vornherein unmöglich, denn auf der einen Seite befand sich der Weiher und die andere Seite wurde von den Wachleuten gesichert. Diejenigen, welche den Fluchtversuch unternommen hatten, wurden von den Wachleuten bemerkt und zurückgeholt. Die Flüchtenden erklärten den Wachen, sie hätten unbedingt austreten müssen. Deshalb legten die Wachen eine Stelle in einer gewissen Entfernung unseres provisorischen Lagers für diesen Zweck fest.

Am Morgen wurden wir gezählt. Erneut wurde eine Marschkolonne gebildet und wir machten uns wieder auf den Weg. Diesmal ließen wir den Wagen zurück; ein Lkw sollte die Ladung nachbringen. Wir drei, der Pfarrer, Józef und ich nahmen wieder unseren Platz in der letzten Fünferreihe ein. Der Wunsch, in dieser Position zu marschieren, war weit verbreitet. Jeder wollte als Letzter gehen. Aber wir verteidigten unseren Platz gegen die Franzosen und Italiener, denn wir hatten im Sinn, einen passenden Fluchtzeitpunkt auszunützen. Wohl hatten wir die Absicht zur Flucht, aber uns fehlten ganz einfach die Kräfte. Zudem war unsere Moral völlig zusammengebrochen. Den Rucksack des Deutschen trugen wir abwechselnd. Wie ein Privileg!

Im KZ Hersbruck

Ich erinnere mich nicht, wie lange unser Marsch dauerte, aber einige Zeit, bevor es Abend wurde, erreichten wir ein unbekanntes kleines Konzentrationslager am Rand eines Sumpfes. Es befand sich ungefähr zwei Kilometer außerhalb einer kleinen, auf einem Hügel gelegenen Stadt. Sie war alt, ihre Straßen eng, die Häuser malerisch. Das Lager war an Stegen gebaut. Sie waren schmal und reichten für höchstens fünf Gefangene in einer Reihe. Es gab keinerlei Geländer, die einen davor geschützt hätten, in den Sumpf zu fallen. Die Baracken selbst waren etwas vom Ufer des Sumpfes entfernt errichtet worden. Jeweils ein paar Baracken standen in einer Reihe. An ihrer Vorderseite befand sich der gleiche schmale Steg, wie er auch sonst vorhanden war. Ein Teil der Stege führte zum Sumpf hin, die anderen zweigten rechtwinklig ab. Die Baracken an den Stegen waren auf dicken Holzpfählen errichtet worden. Das Lager wurde von erfahrenen und gut ausgebildeten SS-Männern geführt.

Unsere Gruppe, die aus ungefähr 50 Gefangenen bestand, fand leicht Platz in einer Baracke, die nur von einigen Funktionshäftlingen bewohnt und ansonsten leer war. An deren Nationalität erinnere ich mich nicht. Sie waren freundlich und halfen uns in zurückhaltender Weise dabei, einen Platz für die Nacht zu finden. Hier bekamen wir zum ersten Mal seit unserem Abmarsch in Langenzenn etwas zu essen. Am Abend verteilten die SS-Männer etwas Brot. Aber sie gaben es nicht den Leuten selbst, sondern warfen verschiedene Stücke auf einmal einfach in die Luft. Wer so glücklich war, ein Stück zu fangen, der konnte es essen. Andere Stücke fielen in den Sumpf. Niemand war mutig genug, dieses Brot zu holen, denn die Oberfläche des Sumpfes lag fast zwei Meter unter dem Steg. Die örtlichen Funktionshäftlinge hatten uns beiseite genommen und uns heimlich gewarnt, dass die SS-Männer jeden, der es versuchen würde, nach dem Brot im Sumpf zu greifen, mit Sicherheit über den Steg in den Sumpf hinunterstoßen würden, damit er ertränke.

Die Baracken waren warm und es war eine Menge Platz zum Schlafen da. So fand fast jeder von uns seine eigene Pritsche. Das war ein Luxus, verglichen mit unseren früheren Langenzenner Lebensbedingungen.

Hier blieben wir zwei Nächte und einen Tag. Wir ruhten aus und taten nichts. Es war ein sehr merkwürdiges Lager mit dieser besonderen Lage an einem Sumpf. Es muss wohl einem ganz besonderen Zweck gedient haben. An diesem Ort, wo die Natur selbst Wache hielt, gab es sicher keine Gelegenheit für eine erfolgreiche Flucht. Der Sumpf hätte schon verschiedentlich seine Opfer bei unbedachten Fluchtversuchen verschluckt. Die Erzählungen der Funktionshäftlinge vermittelten uns einen drastischen Eindruck der Lagerdisziplin. Wegen der schrecklichen Einstellung der SS uns gegenüber war unser sehr kurzer Aufenthalt in diesem Lager am Sumpf alles andere als angenehm.

Als die Gestapo-Autoritätspersonen uns sagten, dass sie wegen der sich nähernden Front für unsere Sicherheit sorgen müssten, war das sicher eine geschickte Täuschung. Wir erlebten Augenblicke der Verzweiflung, in denen wir dachten, dass wir nie in die Lage kommen würden, dieses KZ wieder offiziell zu verlassen. Weder die Suppe, noch das Brot, nicht einmal die Erholung und die ziemlich bequemen Lebensverhältnisse konnten uns hoffen lassen, dieses geheimnisvolle Sumpflager lebend zu verlassen. Während der Appelle verhielten sich die SS-Leute brutal. Wie gesagt, konnte ein schmaler Steg fünf Gefangenen in einer Reihe Platz bieten. Aber es war gefährlich da zu stehen, wenn ein Funktionshäftling oder ein Gestapooffizier vorbeigehen wollte. Um eine Reihe zu bilden, mussten wir uns aneinanderdrücken, was gefährlich war, weil die Plattform ja kein Geländer als Schutz gegen den Sumpf hatte.

Vom Außenlager Hersbruck ins KZ Flossenbürg

Nachdem wir am übernächsten Morgen nach dem Appell Kaffee und ein Stück Brot erhalten hatten, erschienen unsere alten Wachleute wieder im Lager. Sie zählten uns, ließen uns eine Kolonne bilden, dieses Mal in Dreierreihen, und brachten uns dann wieder auf festes Land. Wir waren glücklich, diesen makabren Hafen verlassen zu können. Wir drei Freunde begaben uns wie gewohnt an das Ende der Kolonne. Unser alter Wachsoldat war so rücksichtsvoll zu uns, dass er uns sofort wieder seinen schweren Rucksack zum Tragen gab. Wir marschierten den ganzen Tag. Von Zeit zu Zeit ruhten wir uns am Weg aus. Wir wurden nicht mehr sonderlich angetrieben. Vielleicht waren auch unsere Wachleute auf diesem Marsch ins Nirgendwo müde geworden. An die Namen der Orte, die wir passierten, erinnere ich mich nicht mehr.

Unser Ziel an diesem Tag war der Bahnhof einer kleinen Stadt. Er befand sich gleich hinter dem Städtchen, auf der linken Seite der Straße. Das Bahnhofsgebäude war groß und stattlich. Aus der großen Bahnhofshalle führten zwei Ausgänge auf den Bahnsteig hinaus. Einer davon war verschlossen. Wir waren gezwungen, die Nacht im Bahnhofsgebäude auf den Boden hingekauert zu verbringen. Die Wachleute bewachten den Bahnhofseingang und den einen Ausgang zu den Bahnsteigen. In dieser Nacht entwichen sechs bis acht Häftlinge. Ihre Gestalten waren im Schein des Mondes zu sehen, wie sie über die Eisenbahnschienen zu den nahe gelegenen felsigen Hügeln flohen, die mit Bäumen und Büschen bewachsen waren. Ich denke, dass die Wachleute die Flucht der Häftlinge duldeten.

Als wir am nächsten Morgen auf den Zug warteten, mit dem wir unsere Weiterreise fortsetzen mussten, waren sie nämlich über diese Tatsache durchaus nicht erstaunt, und sie verhielten sich uns Übriggebliebenen gegenüber in keiner Weise feindlich. Morgens, ungefähr um acht Uhr, fuhr ein Zug heran. Für uns waren drei Kohlenwagen reserviert. Einer der Waggons, gleich hinter der Lokomotive, war das Quartier für die Wachleute; für uns waren die beiden anderen vorgesehen. Wir mussten in die Waggons hineinklettern. Die Türen waren nämlich verschlossen. Die Wände der Waggons waren ziemlich hoch. Wenn man aus dem Wagen hinauswollte, musste man also hochspringen, um den Rand der Wagenwand zu erreichen. Das war nicht einfach. Der Metallrand war nämlich ziemlich dick. Es war eine Kunst, sich beim Hochspringen festzuhalten, da die Hände nicht die ganze Dicke der Wand umgreifen konnten. Wenn wir in einer normalen Position standen, waren wir im Waggon nicht zu sehen. Außer unseren drei Waggons setzte sich der Zug noch aus einigen alten Personenwagen zusammen. Die Reisenden bestanden vor allem aus Frauen, Kindern und außerdem einer ziemlich großen Anzahl von Soldaten verschiedener Dienstgrade und Waffengattungen.

Der Zug setzte sich in Bewegung. Wir fuhren langsam, vielleicht 40 bis 50 Stundenkilometer. Unterwegs hielten wir auf freiem Feld und warteten auf die Freigabe der Strecke. Was die Gründe für diese langsame Fahrt waren, das erfuhr ich nicht. Gegen Mittag überwand der Zug langsam eine bergige Anhöhe, die teilweise mit Wald bestanden war. Wir fuhren in eine Schlucht hinein; dann führten die Bahngleise zur rechten Seite direkt an einer hohen Felswand entlang, während sich zur linken Seite ein Tal erstreckte, das ungefähr einen halben Kilometer breit war. Auf der anderen Seite des Tales, ebenfalls an felsigen Anhöhen entlang, verlief eine Straße. An einem bestimmten Streckenabschnitt wandten sich die Gleise in scharfem Bogen nach rechts und waren wie an die Felsen angeheftet. Hier begann ein Mischwald, überwiegend aus Laubbäumen.

Als der Zug in einem Wald eine gerade Strecke erreicht hatte, kam unerwartet ein Luftangriff. Zu dieser Zeit hatte ich gerade vor mich hin gedöst. Es war ja warmes und angenehmes Wetter. Plötzlich wurde ich durch einen gewaltigen Stoß und eine mächtige Explosion geweckt. Alle Kollegen im Wagen, gleichgültig ob sie saßen oder standen, wurden durch den plötzlichen Halt des Zuges umgestoßen. Eines der Flugzeuge warf vor dem Zug Bomben auf die Gleise und brach dadurch ein großes Loch in den Gleiskörper. Auch die Lokomotive hatte einen Schaden erlitten. Sie stand zur Seite geneigt und verlor Wasser, Öl und Schmiermittel. Längere Zeit stieß sie eine gewaltige Menge Dampf aus.

Sofort nach der Explosion versuchten wir alle, so schnell wie möglich aus den Wagen zu fliehen, da diese von den Flugzeugen mit Bordwaffen beschossen wurden. Die Flugzeuge kamen vom Ende des Zuges her und schossen zuerst auf die Dächer der Waggons und dann auch in den Wald. Alle Passagiere suchten dort Schutz. In unserem Waggon entstand zunächst ein großes Durcheinander. Einige Häftlinge versuchten nämlich dadurch schneller den Waggon verlassen zu können, indem sie auf die liegenden Kollegen stiegen oder auf die schwächeren Kollegen hinaufsprangen, um umso schneller das obere Ende der Waggonwand zu erreichen. Ich selbst sprang viele Male hoch, um den Rand des Waggons zu erreichen, hatte aber keinen Erfolg damit. Erst die Hilfe von anderen Kollegen ermöglichte es mir, dieses Hindernis zu überwinden. Aber wenn man sich auf dem Rand des Kohlenwaggons befand, dann war nur die erste Etappe dieser Flucht geschafft. Von der oberen Wagenkante musste man ungefähr drei oder vielleicht sogar vier Meter in einen tiefen Graben hinunterspringen, der an den Schienen entlanglief. Die meisten von uns verletzten sich an den Schwellen oder am Gesträuch oder an den Steinen. Da wir nach dem Sprung hinfielen und auf dem Boden aufprallten, war es uns unmöglich, sofort die Flucht in den Wald zu schaffen. Schmerzen an den Beinen, den Händen, den Rippen und am Kopf machten es uns unmöglich, sofort den Graben zu verlassen und zum Wald zu rennen.

Überall hörte man schreckliches Geschrei, Flüche und Hilferufe zu Gott. Die einen bemühten sich, allein in den Wald zu kriechen, die anderen wurden mit Hilfe ihrer Kollegen soweit wie möglich vom Zug weg in den Wald geschleppt. Es gab aber auch solche, die in stoischer Ruhe ganz am Schluss vom Waggon heruntersprangen.

Die deutschen Wachsoldaten, die sich im ersten Waggon hinter der Lokomotive befanden, hatten es insofern leichter, das Hindernis zu überwinden, als ihre Tornister und Bündel es ihnen möglich machten, auf ihnen stehend den Waggonrand zu erreichen. Keiner von uns Häftlingen war von den Bordwaffen der Flugzeuge verletzt worden. Viele der Wachsoldaten jedoch waren leicht oder mehr oder weniger schwer verletzt. Der Anführer der Wachmannschaft, welcher vor Tagen den italienischen Häftling erschossen hatte, war in den Bauch getroffen worden und starb, noch ehe der Sanitätszug aus Regensburg ankam. Das war erst gegen Abend. Viele Stunden wurden wir von den Flugzeugen terrorisiert, die in regelmäßigen Zeitabständen den Zug und den Wald beschossen. Die Deutschen verboten uns mit brutaler Gewalt, uns den Personenwaggons zu nähern oder gar hineinzugehen. Sie würden die Waffen benutzen, falls wir uns nicht an das Verbot hielten. Während der Luftattacken versteckten wir uns hinter dicken Bäumen, die uns gut vor den Geschossen schützen konnten.

In den Pausen zwischen den Luftangriffen liefen wir im Wald umher und suchten nach Möglichkeiten, von den zivilen Reisenden des Zuges etwas Essbares zu ergattern. Das war eine quälende Angelegenheit. Józef Karliński entdeckte in einer Bodenmulde im Wald eine ältere Frau, die für zwei Kinder Brot schnitt. Sie saß dort mit ihrer Tochter und ihren beiden Enkeln auf dem Waldboden. Sie schnitt Scheiben von einem großen, runden Brotlaib ab. Er mag etwa vier bis fünf Kilo gewogen haben. Ich ging hin und sagte, dass wir nichts zu essen hätten und bat sie um ein Stück Brot. Sie reagierte mit einer schroffen Ablehnung und meinte, dass wir Banditen an Hunger krepieren sollten. Sie schenkte uns keine weitere Beachtung und beschäftigte sich weiter mit dem Brotschneiden. Nach einer Weile erfolgte ein weiterer Luftangriff. Eines der Geschosse traf diese unselige Frau direkt in den Kopf. Sie war sofort tot. Dieses Ereignis blieb mir für immer im Gedächtnis: ihre Weigerung, den Bedürftigen Brot zu geben. Kurz darauf war der ganze Brotlaib von Blut bedeckt und nützte nun niemandem mehr. Die getroffene Frau hielt noch das Messer in der Hand. Ihr Kopf war an diesen großen Brotlaib gelehnt. Der Anführer der Wachmannschaft, ein noch verhältnismäßig junger Mann, der kaltblütig einen Häftling erschossen hatte, rief jetzt um Hilfe, weil er selbst tödlich verwundet war. Er betete, hielt ein Gebetbuch in der Hand und flehte um Hilfe.

Da wir alle hungrig waren, schlug ein russischer Mithäftling, ein großer junger Mann, uns vor, die Personenwaggons nach Lebensmitteln zu durchsuchen. Wir rieten ihm ab und erinnerten ihn an das Verbot der Wachleute und an die brutalen Strafen, die auf Plünderung standen. Unsere Argumente überzeugten den Russen nicht. Er sprang schnell in einen Wagen und blieb dort einige Zeit drinnen. Genau in dem Moment, als er heraussprang, traf den Unglücklichen die Kugel eines Flugzeugs. Er fiel wie ein Stein in den Graben und war auf der Stelle tot. In seiner verkrampften Hand hielt er eine Zuckerdose aus Blech. Sie enthielt nur ein Rasierzeug. Ein anderer Häftling, ebenfalls ein Russe, der in Langenzenn Sanitäter gewesen war, sprang aus einem Waggon, der gerade an der scharfen Kurve stand, unmittelbar bevor der Wald begann. Er floh ins Tal hinunter. Die Schüsse der Wachleute verfehlten ihr Ziel. Der fliehende Häftling erreichte die Straße, nahm einer dort gerade vorbeifahrenden Frau das Fahrrad weg, setzte sich selber auf das Fahrzeug und entfernte sich, so schnell er nur konnte.

Als es gerade zu dämmen begann, kam ein Sanitätszug aus Regensburg herangefahren: Ein vielfaches Pfeifen der Lokomotive rief die im Wald versteckten Reisenden herbei, damit sie ihre Fahrt fortsetzen konnten. Zunächst mussten sie noch ihr Gepäck aus dem bombardierten Zug herausholen. Die verletzten Reisenden, welche die Erste-Hilfe-Station mit eigener Kraft erreichen konnten, wurden an Ort und Stelle versorgt. Um die anderen kümmerten sich die Sanitäter mit Tragen und brachten sie zu den Wagen, wo sie ärztliche Hilfe erhielten. Auch die Toten lud man auf. Unter ihnen auch den Kommandoführer unserer Wachmannschaft. Wir Häftlinge wurden in sicherer Entfernung vom Zug zusammengetrieben. Was uns betraf, so interessierte sich niemand, ob einer von uns verletzt war und ärztliche Hilfe brauchte. Wir Häftlinge wurden erneut von den Wachleuten umstellt.

Im Rückblick ist es merkwürdig, dass außer dem russischen Sanitäter, der geflohen war, keiner von uns versucht hatte, während dieser ungeheuren Panik und ständigen Schießerei zu fliehen oder sich in den Felshöhlen oder auf der anderen Seite der Schienen zu verstecken. Ich hatte mich gleichfalls nicht dafür entschieden, obwohl dies während der chaotischen Situation, als die Wachleute weit in den Wald hineingerannt waren, ein Leichtes gewesen wäre. Józef und der Priester hatten eine solche Möglichkeit nicht einmal erwogen. Aus der Perspektive der späteren Jahre und im Wissen um die Ereignisse, die noch folgen sollten, glaube ich, dass dies an unserer körperlichen Erschöpfung lag. Vielleicht auch an meiner sicher schon zu diesem Zeitpunkt erhöhten Temperatur, welche mich zusätzlich geschwächt hatte. Schließlich dachten wir unter diesen Umständen auch gar nicht mehr an morgen. Das vordringliche Problem bestand darin, etwas zu essen zu erwischen. Die „Freiheit" war für uns nur mehr eine Frage der Zeit. Sie würde von allein kommen. Nachdem das Sanitätspersonal des Zuges den Wald abgesucht hatte, damit sie sicher sein konnten, alle Überlebenden, Verletzten und Toten eingesammelt zu haben, fuhr der Zug in Richtung Regensburg ab. Dort kamen wir spät in der Nacht an.

Im KZ Flossenbürg

Gegen Morgen fuhren wir mit dem Zug wieder ab, zum letzten Etappenziel unserer Reise: Flossenbürg. Bei schönem, aber kaltem Wetter erreichten wir in den Morgenstunden die Steinbrüche. Der Bahnhof war ungefähr zwei bis drei Kilometer vom Städtchen entfernt. Die Stadt lag auf einem Hügel, unterhalb des Konzentrationslagers Flossenbürg, zu dem wir noch weiter bergauf gehen mussten.

Es erwies sich, dass unsere Gruppe von 35 bis 40 Mann nicht die einzige war, die nach Flossenbürg geführt wurde. Mit dem gleichen Transport waren noch andere Häftlinge angekommen, sodass wir zusammen ungefähr 200 Gefangene waren. Wir wurden von einer ziemlich dichten Postenreihe von Wachsoldaten umringt. Langsam gingen wir ständig bergauf. Die Deutschen trieben uns nicht an, jedoch die Einwohner des Städtchens, Kinder, Jugendliche, Erwachsene, auch Leute höheren Alters bereiteten uns einen förmlichen, anscheinend üblichen Empfang. Sie bewarfen uns mit

Steinen, bespuckten uns und ließen es sich nicht entgehen, uns für den Verlauf des Krieges verantwortlich zu machen. Sie verlangten, dass wir im Lager hart bestraft werden sollten. Wir bedauerten, dass die Behörden die Einwohner der Stadt nicht mit schwarzen Totenkopf-Flaggen versorgt hatte. Das wäre ein Spaß für sie gewesen. Die Wachleute griffen nicht ein.

Unter diesen Umständen erreichten wir das Lager. Wir kamen durch das Haupttor herein, wurden sofort gezählt und auf den großen Appellplatz geführt. Hier folgte eine Zwangspause, bis die Lagerverwaltung das reguläre Empfangsritual organisiert hatte, das uns in die Reihe der Häftlinge aufnahm. Die erste Etappe war ein Bad mit einem Teelöffel voll Waschpulver. Danach folgte die Trennung der Häftlinge entsprechend ihrer Nationalität. Wir mussten uns zur Quarantäne in zwei oder drei Baracken begeben. Ich, Józef und der Priester, wir befanden uns in der Baracke Nr. 23 oder Nr. 24. Genau kann ich das nicht mehr sagen.

Unsere Baracke lag in der Nähe eines Haufens menschlicher Leichen, die zum Verbrennen vorgesehen waren. Das Krematorium hatte es nicht geschafft, alle Beweise der Verbrechen der Deutschen zu beseitigen; daher der große Leichenhaufen. Im Lager spielten die Tschechen die erste Geige. Sie besetzten die leitenden Funktionen, von den Stubenältesten aufwärts. Sie waren unzugänglich und zynisch. Manche waren sadistisch. Ich sah, dass „Macht betrunken macht". Von daher rührte der grenzenlose Glaube der Funktionshäftlinge an ihre Berufung und ihre Ergebenheit gegenüber den Häftlingen, die einen höheren Rang inne hatten als sie selbst. Ich sollte das am eigenen Leib erfahren. Zudem haben die Funktionshäftlinge an keiner Anordnung gerüttelt, so idiotisch sie auch war. An eine Abänderung ihrer Entscheidung war nicht zu denken. Jeder Appell an Vernunft oder Mitgefühl verfehlte sein Ziel. Jeder von ihnen hielt sich an die Anweisungen, weil er den Grundsatz im Kopf hatte: „Der Zweck heiligt die Mittel." Wenn man die Vorschriften nicht einhielt, die im Block galten, wurde man sofort bestraft. Aber es ging noch viel weiter. Ein Häftling, welcher als Individuum vom allgemeinen Standard abwich, konnte Ziel der Verfolgung werden, ja ihm konnten sogar grundlos Strafen auferlegt werden. Er mochte vielleicht einem Stubenältesten, einem Kapo oder einem Suppenverteiler missfallen. Es gab viele Möglichkeiten, mit denen man Häftlinge um die ihnen zustehenden Essensportionen bringen konnte. Ein Häftling mit einem schmutzigen Kopf oder schmutzigen Händen konnte statt einer Schüssel Suppe einen starken Schlag mit dem Schöpflöffel auf den Kopf erhalten. Sie hatten, wie sie sagten, große Sorge um die Hygiene der Häftlinge. Während unserer Quarantänezeit geschah nichts weiter. Unser Tagesablauf bestand aus Appellen, Reinigungsarbeiten und dem Bewachen unserer spärlichen Habe vor Dieben. Ich klagte meinen Freunden, dass ich an Kräften verlor. Alles tat mir weh. Außerdem konnte ich mich bei den Appellen kaum noch aufrecht halten. Ich wurde apathisch und gleichgültig gegenüber den guten Nachrichten über den Kriegsverlauf. Alle anderen freuten sich über diese Nachrichten, die sie auf das baldige Ende des Krieges hoffen ließen.

Eines Tages ereignete sich während der Essensausgabe folgender Vorfall: Anstatt mir Suppe zu geben, gab mir der tschechische Essensverteiler mit der Kelle einen starken Schlag auf den Kopf. Ich brach zusammen und verlor das Bewusstsein. Der Tscheche stellte trocken fest: „Er hatte einen schmutzigen Kopf!" Erst am folgenden Tag erfuhr ich aus dem Bericht meiner Freunde, was mit mir geschehen war. Zu diesem Zeitpunkt lag ich in Baracke 13 und wartete auf die Visite des Arztes. Józef und der Priester beklagten, dass sie mir nicht hatten helfen können. Sie befürchteten, der tschechische Essensausgeber würde auch ihren Kopf als „schmutzig" einstufen und ebenso reagieren. Sie beugten sich deshalb nicht zur Suppe herunter und streckten nur die Hand mit der Schüssel aus, um den Kopf so hoch wie möglich halten zu können. Nach meinem Sturz hatten mich zwei Funktionshäftlinge zum Waschraum der Baracke getragen und mich in der Meinung, dass ich im Sterben lag oder schon tot war, in der Latrine auf einen Haufen Leichen gelegt. Der Waschraum und die Toiletten befanden sich in derselben Baracke. Im mittleren Teil dieser Baracke waren auf beiden Seiten Tröge mit zahlreichen Wasserhähnen und die Klosetts. Über den Gruben hatte man eine Plattform errichtet, auf welche man die Körper der Verstorbenen legte. Eine Leiter führte auf diese Plattform hinauf. Józef und der Priester suchten jemanden unter den polnischen Häftlingen, der mir helfen konnte. Aber alle lehnten ihre Bitte gleichgültig ab. Sie sagten, dass man einem Sterbenden nicht helfen könne. Es fand sich dann doch noch ein polnischer Häftling, der von Beruf Eisenbahner war. Trotz des Verbotes der tschechischen Funktionshäftlinge stieg er über die Leiter auf die Plattform hinauf und trug mich von dort weg. Es waren einige neugierige Zuschauer dabei, welche Zeugen dieses mutigen Schrittes waren. Dann erschien ein Blockältester in Begleitung tschechischer Funktionshäftlinge. Er befahl, mich zu waschen und stellte dazu Waschpulver und Seife zur Verfügung. Meine Kollegen zogen mich aus und wuschen mich. Sie benutzten dazu den Wasserstrahl aus einem Gummischlauch. Nackt trugen sie mich in den Block. Dort erhielt ich saubere Unterwäsche und lag dort bis in die Vormittagsstunden des folgenden Tages und wartete auf die ärztliche Visite. Wann ich wieder zu Bewusstsein kam, weiß ich nicht mehr.

Gegen 13 Uhr gingen einige kranke Häftlinge, darunter auch ich, zum Block Nr. 13. Dort mussten wir uns vor dem Eingang zum Revier nackt ausziehen und natürlich unsere persönlichen Sachen zurücklassen. Bei ziemlich kaltem Wetter warteten wir bis 15 Uhr auf den tschechischen Arzt. Die Wartezeit war eine Schinderei. Wir schwankten hin und her. Es war uns nicht erlaubt, uns hinzusetzen. Pünktlich um 15 Uhr erschien der elegant gekleidete tschechische Arzt in Begleitung eines Pflegers. Nachdem er unsere Temperatur gemessen hatte, befahl der Doktor, dass mit Karbolfuchsin auf die Brust jedes Häftlings seine Nummer und die Buchstaben FT geschrieben werden sollten, was „Flecktyphus" bedeutete. Die Untersuchung fand natürlich unter freiem Himmel, außerhalb des Krankenhaus-Blocks Nr. 13 statt, in dem sich nur die Flecktyphus- und Bauchtyphus-Kranken befanden. Nach meiner Erinnerung waren wir fünf Kranke.

Nach dieser komplizierten ärztlichen Formalität führte uns der Sanitäter in den Korridor des Krankenreviers und von dort einzeln in den Waschraum, der zwei Duschen hatte. Dieser Raum war sehr klein und wurde hauptsächlich als Magazin für schmutzige Wäsche verwendet. Man sammelte sie in der Kabine der einen Dusche, während die zweite Kabine ihrer eigentlichen Bestimmung diente. Der

Raum war außerdem mit einem Waschtisch ausgestattet, unter den die Körper der verstorbenen Häftlinge gelegt wurden. Vom Fußboden bis zur Höhe des Waschbeckenabflusses lagen fünf Leichen. Sie waren so flach, dass sie den Eindruck von Theaterdekorationen machten, welche die unheimliche Tragödie symbolisch darstellten. Ich sah drei Schädel auf der rechten Seite und ebenso zwei auf der linken Seite des Waschbeckens. In der Mitte reichten die Leichen nicht bis zum Waschbecken hinauf. In der deutschen Sprache bedeutet „Leiche" ein Leichnam. Diese Bezeichnung gibt auf treffende Weise die Vorstellung von etwas Leerem, Ausgezehrtem wieder, einem von einer Krankheit oder einem Henker getöteten Wesen.

Nachdem ich mehr schlecht als recht gewaschen worden war und die Krankenrevier-Kleidung erhalten hatte, wurde ich in die große Krankenstube geführt. Sie war verhältnismäßig niedrig und mit vielen dreistöckigen Pritschen vollgestellt. Diese standen entweder allein oder aber es waren jeweils zwei oder drei Pritschengestelle verbunden. Die Zahl der unglücklichen Kranken, zum Teil bei Bewusstsein, teilweise bewusstlos oder schon in Agonie befindlich, lag über einhundert.

Besser waren diejenigen Häftlinge dran, welche sich auf den Pritschen befanden, die längs der Wände auf einzeln aufgestellten Pritschengestellen lagen. Auch Häftlinge, die sich zu zweit eine einzelne Pritsche teilten, waren noch recht gut dran. Eine grauenhafte Zeit auf der Krankenstation durchlebten diejenigen Häftlinge, die auf den Gestellen mit drei Pritschen nebeneinander lagen. Auf einer Ebene waren bis zu acht, manchmal sogar bis zu neun Kranke untergebracht. Für die halbtoten Körper, für die bewusstlosen Flecktyphuskranken, eine furchtbare Enge. Bei manchen kam noch Bauchtyphus oder eine andere Darmkrankheit dazu. Das war nicht nur für den Kranken selbst eine Tragödie; es war auch für die übrigen Häftlinge um ihn herum unerträglich.

Ein Häftling, der seinen Platz mitten in der Pritsche hatte und an Durchfall litt, beschmutzte nicht nur die neben ihm, sondern auch die unter ihm, auf den niedrigeren Stockwerken der Pritschen Liegenden. Der schreckliche Gestank nach Fäkalien, die Flüche und das Geschrei der Kranken führte dazu, dass alle dort befindlichen Kranken gewaschen werden mussten. Das geschah in der Art, dass alle Kranken mit kaltem Wasser aus einem Gummischlauch einfach abgespritzt wurden. Das Personal organisierte dieses Hygieneverfahren wiederholt als Spaß für sich selbst und scheute nicht vor derben Kommentaren an die Adresse derjenigen zurück, die man „Hosenscheißer" nannte. Nach solchen Maßnahmen verlangten nur die Kranken, die bei Bewusstsein waren, nach trockener Bettwäsche. Wer bewusstlos war oder schneller sterben wollte, der bat um nichts mehr. In der Sprache des Lagerhumanismus bezeichnete man dies als „Hilfe im Leiden".

Ich selber wurde auf einer Einzelpritsche im mittleren Teil der Krankenstube untergebracht. Ich teilte die Pritsche mit einem Russen, der Flecktyphus hatte. Er hatte ein amputiertes Bein. Es war ihm zerquetscht worden, als mit Dynamit Felsen gesprengt wurden. Er war ein großer Mann. Wegen seiner Verletzung konnte er nur auf dem Rücken liegen. Ich dagegen musste immer eine Seitenlage einnehmen. Wenn ich meine Position wechselte, musste ich aufpassen, nicht aus der engen Pritsche hinaus auf den Boden zu fallen. Wenn ich auf der linken Seite lag, hielt ich mich unwillkürlich mit der Hand am Seitenholm der Pritsche fest. Wenn ich auf der rechten Seite lag, hielt ich mich aus dem gleichen Grund an meinem russischen Leidensgefährten fest. Es gab zwischen uns keinerlei Missverständnisse, auch dann nicht, wenn er zu viel Platz belegt hatte, weil er sich nicht frei bewegen konnte. Da schob ich ihn einfach weg und er bemühte sich, so wenig Platz wie möglich einzunehmen, damit es auch für mich reichte. Eigentlich war er immer bei Bewusstsein, obwohl er in der Nacht phantasierte und sich hin- und herwarf. Weder ihn noch mich verließ die hohe Temperatur.

So vergingen einige Tage. Es schien mir zuerst, als verliefe meine Krankheit eher gutartig. Aber es kam der Augenblick, wo ich mein Bewusstsein verlor, für etliche Tage denke ich. Nur manchmal, und dann auch nur für kurze Zeit, kam ich wieder zu mir. Ich erinnere mich an Kräutertee, an Suppe, an ein Stück Brot; später nur noch an harte Getreidekörner, welche das einzige Essen darstellten. Irgendwie erinnere ich mich auch an die nächtlichen Selektionen, welche SS-Männer in Begleitung der Lagerärzte und Sanitäter durchführten, um Häftlinge für einen Transport auszusortieren.

Nachdem wir ins Krankenrevier gekommen waren, wurden wir in keiner Weise behandelt. Weder zu Anfang noch später bekamen wir irgendwelche Medikamente. Nur Häftlinge mit Durchfall bekamen eine Arznei. Jeden Tag stieg die Zahl der Häftlinge mit Flecktyphus an. Jeden Morgen, selten während der Nacht, wurden die Verstorbenen eingesammelt.

Dieses Verfahren des Leichentransports spielte sich unter sehr brutalen und menschenunwürdigen Umständen ab. Die Leichen wurden einfach von den Pritschen heruntergeworfen. Manchmal blieben sie, in makabren Positionen erstarrt, in der Pritschenkonstruktion hängen. Manchmal wurden die Leichen in Handkarren weggefahren, in selteneren Fällen mit Tragen entfernt. Die übliche Methode war, die Toten über den Boden zu schleifen, indem man sie an den Beinen zog. Manchmal wickelte man die Leichen in Leintücher ein, aber nur dann, wenn sie mit Exkrementen beschmutzt waren und deshalb den Fußboden im Krankensaal beschmutzt hätten. Am Anfang meines Aufenthalts im Lagerspital unterhielt ich mich mit meinem Leidensgenossen über die schrecklichen Verhältnisse, welche uns die „höherstehende Herrenrasse" bereitet hatte und über den nahenden Tod, die einzige Erlösung aus unserem Leiden. Mein Russe hatte eine etwas andere Auffassung, denn er war an die Lager gewöhnt und vielleicht an noch abscheulichere Existenzbedingungen. Soweit ich verstand, war er nicht der Meinung, dass es im Leben außerhalb des irdischen Bereiches etwas gebe; dass nur das vergängliche Leben zähle. Ausschließlich das, was wir hier wahrnehmen, sei unser wirkliches Dasein. Das Übrige sei Phantasie.

Wir hatten einen Häftling unter uns, krank wie wir, ein Tscheche. Sie versuchten, ihn um jeden Preis zu retten. Tag und Nacht kamen tschechische Ärzte, welche ihm verschiedene Medikamente, sowohl als Injektionen als auch in Pillenform verabreichten. Die intensive medizinische Behandlung hatte jedoch keinen Erfolg. Er starb trotzdem, wenn auch mit sehr viel größerem Komfort als die anderen.

Wie lange ich im Lagerspital lag, weiß ich nicht. Gelegentlich erlangte ich für kurze Zeit wieder das Bewusstsein, in der Regel während des Tages, gelegentlich auch bei Nacht. Eines

Nachts wurde ich, ähnlich wie die anderen kranken Häftlinge, durch Schreie von SS-Männern geweckt, vielleicht waren es auch Ärzte, welche eine allgemeine Selektion der Kranken durchführten. Sie wurden von den diensthabenden Ärzten und Sanitätern der Isolierabteilung begleitet. Die Selektion hatte zum Ziel, alle Häftlinge, welche marschfähig oder transportfähig waren, schleunigst aus der Abteilung zu entfernen. Wir übrig gebliebenen Schwerkranken waren für transportuntauglich befunden worden. Man überließ uns an Ort und Stelle einfach unserem Schicksal. Die Zahl der Diensthabenden unserer Abteilung wurde verringert. Es blieben nur zwei Krankenpfleger übrig, welche ebenfalls, wie es schien, bereits Symptome von Flecktyphus hatten. Was weiter geschah, weiß ich nicht. Mein Wissen ist fragmentarisch. Es bezieht sich nur auf die Augenblicke, in denen ich jeweils zu Bewusstsein kam. Wir waren, wie es schien, nur noch wenige Kranke. Einige waren wieder etwas zu Kräften gekommen, sodass sie den anderen die nötige Hilfe geben konnten.

Meine Ansichten zum Thema über das Leben nach dem Tode waren anders als diejenigen, die mein russischer Kollege vertrat. Es war vielleicht das Ergebnis des erlebten körperlichen und seelischen Leidens, dass ich ein Gut suchte, das nicht vergänglich ist, sondern das in der Sphäre des Geistes ruht. Ein Gut, das mein in diesem Leben erfahrenes Leid würde kompensieren können. Auch als ich so schwer krank war, verließ mich nie der Gedanke, dass sicher irgendwo das Gute existiert. Irgendwo an einem höheren Ort, außerhalb von uns.

Und so wache ich an einem Tag im April auf. Wie jeder normale Sterbliche liege ich im Bett, jedoch in einem anderen, einem weißen, eisernen Bett, auf einer weichen Matratze und in weißer Bettwäsche. Die Luft im Krankensaal, demselben wie vorher, ist frisch und angenehm. Schränkchen an den Betten, Blumen auf jedem Schränkchen, schöne Vorhänge an den Fenstern, die ebenfalls weiß sind. An den Betten liegen Büchsen und Schachteln. Hübsche, junge, lächelnde Pflegerinnen gehen den langen Krankensaal entlang. Sie bieten ihre Hilfe an, wo immer es die Kranken wünschen. Eines fällt mir auf: Sie sprechen in einer anderen, offensichtlich himmlischen Sprache, leise und lächelnd. Ich blicke mich um und komme zum Schluss, dass ich wohl zusammen mit den anderen Kollegen, die ich erkenne, im Himmel bin. Ich teile diese Erkenntnis meinem russischen Kollegen mit, welcher zu meiner linken Seite liegt, und sage: „Schau Bruder, so sieht es im Himmel aus. Gott hat uns nicht vergessen! Er kümmert sich um uns."

Darauf sagte der Russe zu mir: „Du Dummkopf, das sind doch die Amerikaner!" Mit einem Schlag brachte mich dieser grobe russische Philosoph damit wieder geistig in die Realität zurück. Jetzt glaubte ich, jetzt wusste ich, dass ich noch auf Erden und noch am Leben war.

Während der Zeit meiner Rekonvaleszenz erfuhr ich auch, dass die Amerikaner anscheinend schon früher gekommen waren. Aber ihre Panzerabteilung hatte sich wieder zurückgezogen und ein paar Tage lang herrschten wieder die Deutschen im Lager. Mit einem Wort: Das Lager hatte mehrmals die Seite gewechselt. Ich erfuhr auch, dass Block 13, in dem ich mich befand, schon mit Sprengladungen zur Sprengung vorbereitet war. Es scheint, dass das Auftauchen der amerikanischen Panzer die deutsche Absicht zunichte gemacht hatte. Die Häftlinge entfernten die Zündschnüre und Sprengladungen wieder: Das rettete uns das Leben!

Von all dem hatte ich erst nach der Befreiung des Lagers durch die amerikanische Armee erfahren. Anschließend musste ich noch eine geraume Zeit in der Krankenabteilung, in Block 13, bleiben.

Nachbemerkungen

Jan Pielak war in Würzburg auf dem Bahnhof festgenommen worden. Man hielt ihn etwa zwölf Tage in einem Übergangslager fest. Dort überprüfte man seine Aussage, er sei bei einem Bauern jenseits des Rheins beschäftigt gewesen. Dann ließ man ihn frei. Bis zum Ende des Krieges war er als freier Landarbeiter bei einem Bauern in einem Dorf in der Nähe von Würzburg beschäftigt. Er ist später in die Heimat zurückgekehrt und wir haben unsere Erlebnisse ausgetauscht. Ob er heute noch lebt, weiß ich nicht.

Józef Karliński kam zusammen mit mir in die Heimat zurück. Lange Zeit hatte er psychische Probleme. Ich sah ihn nie mehr, obwohl ich mit seinem Bruder, der in Posen wohnte, Kontakt aufgenommen hatte. Aber offenbar gestatteten andere Gründe Józef Karliński nicht, den Kontakt mit mir aufrecht zu halten.

Priester Janiewski wurde wahrscheinlich durch einen Evakuierungsmarsch von Flossenbürg weggebracht. Von ihm hat sich jede Spur verloren.

Andere Kollegen aus den Konzentrationslagern Dachau und Sandhofen sind tot oder sie kamen zumindest nie nach Polen zurück. Auch zu denen, die noch leben, sind meine Kontakte äußerst spärlich. Eigentlich verbindet uns nichts mehr. Nicht einmal mehr gemeinsame Erinnerungen aus den Lagern. Wir waren ja schließlich so viele.

Anmerkung: Nach der Niederschrift seiner Erinnerungen hat Władysław Kostrzeński eine Tochter von Jan Pielak ausfindig gemacht. Sie hat ihm mitgeteilt, dass ihr Vater schon vor längerer Zeit an den Folgen eines Unfalls gestorben ist.

Jan Pielak und Frau, wohl 1970er Jahre in Pruszków bei Warschau (privat)

Teil II

Dokumentation und Erläuterungen

Die Vorgeschichte meiner Flucht

aus Interviews und Briefen

Władysław Kostrzeńskis Erinnerungen an die Konzentrationslager Dachau und Mannheim-Sandhofen

Bearbeitung: Peter Koppenhöfer

Dieses Kapitel beruht auf einem Interview mit Herrn Kostrzeński vom Mai 1990 sowie auf einer Reihe von Briefen aus den Jahren 1988 bis 1994. Dieses autobiografische Material wird durch zusätzliche historische Informationen eingeleitet und erläutert, vor allem über die Lagergeschichte des KZ-Außenlagers Sandhofen.

Über den Warschauer Aufstand

Nach der militärischen Niederlage von 1939 hatte sich in Polen eine Untergrundarmee (Armia Krajowa) gebildet, die sich mit Waffen ausstattete, welche nicht an die Deutschen ausgeliefert worden waren. Im Sommer 1944 sah sich diese Widerstandsbewegung, die einen demokratischen Staat anstrebte, in einer schwierigen Situation: Der herannahende „Befreier" Sowjetunion war ein gefährlicher, freiheitsbedrohender Feind. Das befreundete England war weit entfernt. Die USA wollten die guten Beziehungen zu Moskau nicht gefährden. Die UdSSR strebte einen stalinistischen Satelliten-Staat an und hatte zu diesem Zweck bereits eine gefügige polnische Regierung eingesetzt, die mit der seit 1939 in London bestehenden Exilregierung in Konkurrenz trat.

Der am 1. August 1944 beginnende Aufstand gegen die deutsche Besatzung sollte versuchen, die Hauptstadt selbst zu befreien. Dabei beteiligten sich etwa 20 000 Untergrundsoldaten, von denen aber nur ein Viertel ausreichend bewaffnet war.

Hitler befahl sofort, alle in deutsche Hände fallende Polen zu töten. Dieser Befehl wurde in der ersten Aufstandswoche auch befolgt. Schätzungen zufolge töteten die deutschen Einheiten in sechs Tagen zwischen 20 000 und 50 000 polnische Zivilisten, vor allem in der westlichen Vorstadt Wola. Der für die Massenmorde verant-

wortliche Offizier Heinz Reinefarth, ein Ritterkreuzträger, wurde nach dem Krieg für diese Kriegsverbrechen nie belangt. Im Gegenteil, er wurde zum Bürgermeister von Westerland gewählt und saß für den BHE (Bund der Heimatvertriebenen und Entrechteten) im Kieler Landtag.

Nach etwa sechs Tagen wurden die Erschießungen allmählich verringert, weil sie die gesamte Bevölkerung auf die Seite des Aufstandes trieben. Außerdem drohte die Untergrundarmee damit, ihre deutschen Gefangenen, die sie schon gemacht hatte, ebenfalls zu erschießen.

Die polnischen Untergrundkämpfer lieferten sich nun einen harten zweimonatigen Häuserkampf mit den dort eingesetzten deutschen Polizei-, SS- und Militär-Verbänden, die waffentechnisch hoch überlegen waren. Die deutsche Seite konnte zum Beispiel die Stadt ohne Gegenwehr bombardieren und Panzer einsetzen. An das Kriegsrecht hielt man sich von deutscher Seite nicht. Die eingesetzten Truppen zeichneten sich durch besondere Brutalität aus: Sie richteten ein unermessliches Blutbad unter den Aufständischen und der Zivilbevölkerung an. Immer wieder wurden Frauen und Kinder vor den deutschen Panzern hergetrieben, wenn sie auf polnische Barrikaden zufuhren. Die Hilfstruppen der Deutschen, aber nicht nur sie, begingen Massenvergewaltigungen an gefangenen polnischen Frauen, auch in Krankenhäusern an den Schwestern.

Am 2. Oktober 1944 kapitulierte die Untergrundarmee. Die Rote Armee hatte sich während des Aufstands in Warschau bis an die Weichsel herangekämpft, unterstützte die Aufständischen jedoch nur minimal. Unter ihren Augen führten die deutschen Besatzer dann von Oktober bis Januar 1945 den Zerstörungsbefehl Hitlers in der nun menschenleeren Millionenstadt vollends aus und machten Warschau zu einem riesigen Trümmerfeld.

Durch das eigens errichtete Durchgangslager Pruszków in einem Eisenbahn-Ausbesserungswerk wurden vom 1. August bis 14. Oktober 1944 mehr als 550 000 Menschen geschleust, fast die gesamte in deutsche Gefangenschaft geratene Einwohnerschaft Warschaus, Männer, Frauen und Kinder.

Die Aufständischen beklagten ca. 16 000 Gefallene. Nach vorsichtigen Schätzungen wurden 200 000 Zivilisten Opfer der Besat-

zer, also ein knappes Viertel der Einwohner. Wohl 115 000 Polen wurden in Massentransporten zur Zwangsarbeit ins Deutsche Reich verschickt, davon kamen über 50 000 in Konzentrationslager.

Der Aufstand stellte die größte bewaffnete Erhebung im besetzten Europa während des Zweiten Weltkrieges dar. Mit der versuchten Auslöschung der Hauptstadt und aller dortigen Kulturgüter bedeutete die Niederlage den Tiefpunkt der polnischen Nationalgeschichte. Warschau, nicht Hiroshima, war die am meisten zerstörte Großstadt des Zweiten Weltkriegs.

Meine Gefangennahme beim Warschauer Aufstand am 8. September 1944

Am Anfang des Krieges 1939 hatte ich Verbindung mit dem polnischen Widerstand gehabt. Aber wegen des großen Risikos kühlte meine Bereitschaft zu einer aktiven Teilnahme in der Organisation ab. Nur bei einigen Gelegenheiten war ich bei der Abteilung Organisation engagiert, was schließlich in einer zeitweiligen Verhaftung durch die Gestapo endete. Danach habe ich mich aus Rücksicht auf meine Familie aus der aktiven Untergrundbewegung zurückgezogen. Ich hatte im März 1942 geheiratet, mein Sohn Krzystof wurde im Juli 1943 geboren, war also während des Aufstandes ein kleines Kind.

Während des Warschauer Aufstandes griff die deutsche Armee an und eroberte allmählich die Teile der Stadt. Die Einwohner der besetzten Stadtteile, vor allem die Männer, wurden zuerst auf der Stelle erschossen oder an bestimmte Exekutionsplätze gebracht. Nach der zweiten Aufstandswoche wurden die Frauen und Kinder sowie ältere oder kranke Personen evakuiert und zum Durchgangslager Pruszków gebracht. Später wurden auch die Männer dorthin gebracht. Nach der Trennung von den Frauen und Familien transportierte man sie ins Reichsgebiet. Die Frauen mit Kindern blieben im Gebiet des damaligen polnischen Generalgouvernements.

Gegen Ende des Aufstandes beendeten die Deutschen die Massenexekutionen, jedoch teilten sie [im Durchgangslager] weiter die Familien auf – wie in meinem Fall.

Durchgangslager Pruszków bei Warschau. Die von ihren Familien getrennten Männer steigen in den Zug nach Dachau. Zeichnung M.Wiśniewski (Gedenkstätte Sandhofen)

Ich selbst wurde mit meiner Frau und unserem kleinen Sohn mit allen überlebenden Bewohnern aus der Ulica Śliska (der Glatten Straße) fortgetrieben, nachdem das Stadtzentrum von den Deutschen erobert worden war. Wir kamen, wie die meisten Warschauer, ins Durchgangslager Pruszków.

Von Pruszków wurde meine Frau mit dem Kind in ein Dorf in der Gegend von Kielce gebracht. Mich jedoch transportierte man nach Dachau. Natürlich durfte bei der Gefangennahme keinerlei Zugehörigkeit zur Widerstandsbewegung bei den Deutschen bekannt werden. Wer als Mitglied der Widerstandsbewegung identifiziert wurde, dem drohte der sofortige Tod.

Transport ins KZ Dachau
9. bis 12. September 1944

Im etwa 20 km westlich von Warschau gelegenen Durchgangslager Pruszków, in den großen Hallen eines Eisenbahn-Ausbesserungswerkes, wurde die Warschauer Bevölkerung sortiert: Die arbeitsfähigen Männer und Frauen kamen in unterschiedliche Hallen, die übrigen nicht als verwertbar eingestuften Einwohner – die Kranken, Alten und Frauen mit Kindern – in andere Hallen. Mit Zügen wurden die Arbeitsfähigen ins Reich abtransportiert. Teilweise gelangten sie in die Hände der SS: dann kamen sie in Konzentrationslager. Wer mehr Glück hatte, geriet unter die Kontrolle der deutschen Arbeitsverwaltung: Dann wurden die Frauen und Männer zu ziviler Zwangsarbeit nach Deutschland gebracht.

Kostrzeński hatte das Pech, zu einem Transport ins KZ Dachau selektiert zu werden. Er geriet in einen sehr großen Eisenbahnzug mit 3039 Männern. In jeden Güterwaggon kamen 60 bis 100 Leute, also waren es zusammen vielleicht über 40 Wagen. In manchen Wagen war ein Karbolfass als Toilette aufgestellt, in anderen gab es gar nichts dergleichen. In den Wagen waren zumindest zum Teil in der Mitte jeweils zwei SS-Leute postiert. Teilweise waren außen Aufschriften angebracht wie: „Warschauer Banditen".

Der Zug fuhr am 9. September gegen 13 Uhr ab. Seine Route ging über Łódź, Glogau, Sagan, Dresden, Cottbus nach Dachau.

Mein erster Fluchtversuch

Wir Häftlinge aus Warschau, die wir uns in Dachau und darauf in Sandhofen wiederfanden, bildeten eine gemischte Belegschaft aus den verschiedenen Stadtteilen Warschaus. Wir stammten aus der Weichselvorstadt, der Innenstadt, der Altstadt, dem Stadtzentrum usw. Das kam daher, dass alle zukünftigen Häftlinge zuerst im Durchgangslager in Pruszków zusammengetrieben wurden. So kamen mit uns aus der Ulica Śliska, einer kürzeren Straße, gleichzeitig die Menschen der großen Straßen des Zentrums an: Twarda,

Pańska, Złota, Żelazna, Sienna. Vorher waren schon die Bewohner anderer Straßen und Stadtteile dort eingetroffen.

Die Gewandtheit des einen, das Glück eines anderen, auch der jeweilige Gesundheitszustand – das alles brachte es mit sich, dass manche – wie ich – sich nur einen Tag in Pruszków aufgehalten haben. Andere jedoch waren sogar über mehrere Tage dort, weil sie sich vor den fast täglich anstehenden Transporten ins Reich im Werksgelände versteckten.

Von daher kam eine Zahl von Häftlingen aus verschiedenen Stadtteilen Warschaus in Sandhofen zusammen. Wie ich mich erinnere, gab es in Mannheim-Sandhofen sogar Häftlingskollegen, welche in Czerniaków gewohnt hatten, einem weit außerhalb gelegenen Stadtteil Warschaus.

Der Zug, der uns in Viehwaggons transportierte, nahm einen Aufenthalt vor dem Bahnhof in Łódź. Wir Häftlinge baten die SS-Wachleute darum, dass sie uns hinausließen, um unsere natürlichen Bedürfnisse erledigen zu können. Anfangs wurden nur zwei bis drei Gefangene pro Waggon hinausgelassen. Aber das dauerte zu lange, also wurden aus jedem Waggon mehrere gleichzeitig hinausgelassen. Dadurch entstand ein großes Durcheinander, so war es ihnen nicht mehr möglich, alle zu bewachen.

Wer sehr mutig war und sein Leben riskierte, dem konnte die Flucht gelingen. So war es auch bei mir. Ich kroch unter dem Wagen durch auf die andere Seite der Gleise und rannte zu einem langsam vorüberfahrenden Güterzug. Ich versteckte mich in einem Gepäckwagen. Plötzlich hielt der Zug an, er rangierte, wie ich dachte. Zu der Stelle, wo ich mich versteckt hatte, kam ein Eisenbahner, er entdeckte mich und machte dann einen Lärm und ein Geschrei. Ich konnte das nicht verhindern und als ich ihn bat, mich zu verstecken, reagierte er nicht darauf. Ich verließ den Waggon und musste zum Gleis zurücklaufen, wo die SS-Leute unseren Zug bewachten. Ein SS-Mann trieb mich in den Waggon zurück, wo ich vorher gewesen war.

Ich füge hinzu, dass meine Mitgefangenen mir bei der Flucht nicht folgen wollten, weil sie glaubten, dass die Deutschen dann andere Häftlinge erschießen würden. Das war natürlich albern, denn in den einzelnen Waggons war jeweils eine verschiedene Anzahl von Personen, und niemand hatte uns gezählt.

Quarantäne und Selektion im KZ Dachau
12. September bis 24. September 1944

Am frühen Morgen des 12. September 1944 zwischen zwei und drei Uhr morgens kam der große Transport mit den Warschauer Männern in Dachau an. Nachdem die Polen lange auf dem Appellplatz hatten bleiben müssen, wurden sie dem „normalen" Aufnahmeritual unterworfen: Kleider ausziehen, alles Gepäck und alle privaten Gegenstände abgeben, Ausgabe von Häftlingskleidung und von Schuhen mit Holzsohlen.

Die Schreibarbeit bei der Aufnahme machten damals in Dachau gefangene polnische Priester. Kostrzeński erinnert sich an einige Besonderheiten bei der Aufnahme, die dann im Mannheimer KZ und für seine Flucht bedeutsam wurden: Dass man durchaus Sachen an der Kontrolle vorbeibringen und durchschmuggeln konnte. Die Warschauer hatten nach den Erfahrungen der ersten Aufstandswochen gewusst, dass sie verschleppt und dass ihre Wohnungen geplündert und verbrannt würden. So war es nur vernünftig, die wertvollsten Dinge, die man besaß, einzustecken: Das waren vor allem Goldmünzen, Ringe und anderer Schmuck. Diese geretteten Wertgegenstände spielten in Mannheim eine wichtige Rolle.

Am ersten Tag sind wir dort dann auf dem Appellplatz gestanden. Es hat geregnet und wir sind immer noch stehen geblieben. Auf der einen Seite war die Krankenstation, auf der anderen Seite unser späterer Block.

Als wir dann ins KZ Dachau aufgenommen wurden, mussten wir uns ganz ausziehen und sind in Duschkabinen gebracht worden. Da durften wir eigentlich nichts behalten, wir sind ja nicht auf denselben Platz zurückgekommen. Wir sind in eine andere Richtung gegangen, dann haben wir die Lagerkleidung bekommen. Manche haben aber in Dachau ihre Schuhe behalten, nicht jeder hat solche Holzschuhe (d.h. Stoffschuhe mit Holzsohlen) bekommen. Soweit ich mich erinnern kann, habe ich die Lagerkleidung bekommen und in einer Hand habe ich meine eigenen Schuhe, Handtuch, Zahnbürste und ein Stück Seife behalten können. Daran kann ich mich erinnern, das konnte man behalten. Manche haben sogar Goldgegenstände geschmuggelt.

Als wir in Dachau angekommen waren, haben wir fast 12 Stunden auf diesem Platz gesessen, denn wir sind nach 12 Uhr nachts angekommen und mussten bis Mittag des nächsten Tages auf dem Platz bleiben. Oft sind Dachauer Häftlinge vorbeigekommen und haben gefragt: „Hast du Gold?"

In Dachau haben damals die Polen regiert, polnische Pfarrer. Ich habe Grüße an einen polnischen Pfarrer dort ausrichten lassen, den Pater Drygas. Er hatte uns vor 1939 im Posener Gymnasium Religion unterrichtet. Außer ihm kannte ich die Priester Dombrowski, Rakowski, an die anderen Namen erinnere ich mich nicht mehr. Drygas hat die Lager nicht überlebt.

Die sind dann gekommen, haben mich gesehen und haben sich sehr gefreut und gesagt: „Ach, der Władio!" Und dann haben wir uns unterhalten und sie haben uns gewarnt: „Wenn jemand zu dir kommt und sagt: ‚Du sollst dein Gold vergraben' oder wenn er sagt: ‚Vergrabt es an so einem kleinen Zaun dort!' – dann sagen die das nur deshalb, damit sie danach diese Leute bestehlen können."

Dennoch wurden auf die eine oder andere Weise Ringe und Goldmünzen durch die Kontrollen geschmuggelt. Ich kann mich noch an einen Gefangenen erinnern, der hat einen Koffer mit Lebensmitteln durchgeschleust. Der hat viel Rauchfleisch gehabt und hat davon immer gegessen. Er wollte nie die andere Verpflegung vom KZ essen. Wenn man Lebensmittel dabei gehabt hatte, konnte man das also mit ins Lager nehmen. Der wollte an niemanden etwas abgeben. Er war besonders dick. Ich habe zu ihm gesagt: „Lieber Herr, Sie sind ein sehr primitiver Mensch. Wie haben Sie dieses Rauchfleisch gegessen! Das war nicht essen, das war fressen!" Es war schrecklich, jeder konnte das sehen. Er hat ein Stück abgeschnitten und dann gegessen. Keinem hat er ein Stück abgegeben, sondern alle zuschauen lassen. Dieser Mann hat dann in Sandhofen Suppe gestohlen, natürlich hat er dort diesen Koffer nicht mehr bei sich gehabt.

Nach dem Tag auf dem Dachauer Appellplatz kamen wir in die Quarantäne. Ich war in Block 25 untergebracht. In der Nacht sind wir in solche Papiertüten reingeschlüpft. Am Anfang haben wir nur diese Papiersäcke bekommen. Wir mussten uns ganz ausziehen und zum Schlafen in die Papiersäcke kriechen. In solchen Säcken haben wir dann auf Holzbrettern geschlafen.

Während jener Zeit wurde von der Dachauer KZ-Führung Propaganda dafür gemacht, eine antikommunistische Gruppe zu bilden. Derjenige, welcher sich melden würde, der sollte freikommen. Da ist der polnische Pfarrer Drygas zu mir gekommen und hat gewarnt: Das würde gemacht, weil die Deutschen sehr viele Soldaten verloren haben. Dennoch haben sich sehr viele Leute gemeldet. Drei, vier Tage war danach Ruhe, dann ist deutsches Militär gekommen und hat gefragt: „Wer in diese antikommunistische Gruppe eintreten will, geht zum Militär!" Dann haben sich diese Leute wieder gemeldet und sind weggekommen.

Ich glaube, dass die in die Gaskammer gekommen sind.

Noch in Quarantänezeit, wie üblich vierzehn Tage, kamen am 19. September zwei Beauftragte der Mannheimer Daimler-Benz-Fabrik ins KZ Dachau. Das war der Arbeitseinsatzingenieur des Werks, Oberingenieur Franz Eschenlohr, sowie der Zuständige für die Arbeitsverteilung in den Fertigungsstraßen, Heinrich Kirchner. Sie haben sich dort bei einer eingehenden Selektion 1060 geeignete Leute aus dem Warschauer Transport ausgesucht, als erste Wahl natürlich Facharbeiter. Danach kamen noch Hilfsarbeiter, um die Zahl voll zu machen. Die Gefangenen nannten das „Sklavenmarkt". Der Transport mit den Selektierten fuhr am 25. September ab und kam am übernächsten Tag am Bahnhof Mannheim-Waldhof an.

Als Lager-Dolmetscher und Sanitäter im KZ Mannheim-Sandhofen
27. September bis 23. Dezember 1944

Zu Beginn waren 1060 Warschauer Männer aus Warschau in Mannheim angekommen. Dieses Lager haben anfangs Leute von der deutschen Luftwaffe kommandiert. Solange die den Ton angaben, war es eine milde Herrschaft. Der Lagerkommandant war ein Hauptmann der Luftwaffe, ein ehrlicher Mensch, der uns anfangs wenig unterdrückt hat.

In der Anfangsphase des Lagers Sandhofen spielte der Zufall eine große Rolle. Stellen Sie sich vor, dass man über 1000 Leute in das neue Lager brachte. Das Alter der Häftlinge betrug 15 bis 60 Jahre und vielleicht mehr. Die Mehrheit war eine nicht organisierte Menge von Menschen, die noch keine Ordnung einhielten. Wir haben uns auf einem großen Platz auf der Rückseite des Schulgebäudes befunden, dem Appellplatz. Es war sehr laut. Der damalige Führer des Lagers war dieser Offizier der Luftwaffe, Hauptmann oder Major, ein Mann mit Verständnis und Kultur. Er forderte dazu auf, dass aus dem Durcheinander der Häftlinge einer heraustreten sollte, der alles übersetzen konnte, was er sagen wollte. Da sich niemand unter den Mithäftlingen meldete, der das machen wollte, habe ich es übernommen, weil ich recht gut deutsch konnte.

Ich übersetzte also die Informationen, die mir durch einen Unteroffizier gegeben wurden, so gut ich konnte. Das betraf die Übernachtungsquartiere, das Essen und die Organisation, damit alles geordnet vor sich ginge. In dieser Situation stellte man einen Tisch oder einen Stuhl, daran kann ich mich nicht mehr erinnern, auf den Appellplatz, damit der Dolmetscher aus einer gewissen Höhe die Wünsche des Lagerführers mitteilen konnte.

Deutsche Soldaten haben gerufen: „Wo gibt es jemanden, der die Lagerregeln aus dem Deutschen ins Polnische übersetzen kann?" Da habe ich die Lagerordnung übersetzt, die Vorschriften über Essenzeiten, Lagerordnung, Schlafenszeit etc. Das waren die wichtigsten Sachen für die Deutschen damals. Mit diesen Vorschriften konnte man einverstanden sein.

Um die Schlafplätze haben wir uns allerdings gestritten, wie das ja immer vorkommt, der eine wollte oben, der andere unten hin.

Sehr kurze Zeit füllte ich also diese Funktion eines Dolmetschers und Lagerältesten aus, bis mein Kollege Wacław Schneider diese Funktion übernahm.

Das Lagergebäude

Friedrichschule Sandhofen, heute Gustav-Wiederkehr-Schule

Am 30. September 1944 teilt die Kripo-Außendienststelle Mannheim der Kripostelle Karlsruhe mit, dass sich seit dem 25.9. in der Friedrichschule Mannheim-Sandhofen ein „Konzentrationslager" mit 1060 polnischen politischen Häftlingen befindet. „Das Lager wurde von der Firma Daimler-Benz A.G. hergerichtet." Dazu kommen 60 Mann Bewachung unter Leitung des Kompanieführers Hauptmann Waldmann. Viel hergerichtet war allerdings nicht. Das Schulgebäude, bis 1943 die Sandhofer Volksschule für Knaben, ist ein großes Gebäude mit zwei Flügeln zum Schulhof hin, welches das damals noch selbstständige Fabrikdorf 1909 mitten im alten Ortskern erbauen ließ. Nach den großen Bombenangriffen auf Mannheim 1943 wurden fast alle Schulen in der Stadt geschlossen. Die älteren Schüler der höheren Schulen wurden in Klassenverbänden zusammen mit den Lehrern weggebracht, z.B. in beschlagnahmte Hotels des Schwarzwaldes. Die jüngeren Kinder schickte man teilweise zusammen mit den Müttern aufs Land. Die Sandhofer Kinder wurden wohl im Oktober 1943 zu einem großen Teil ins Elsass verschickt. Man nannte das Kinderlandverschickung.

Die leeren Schulen wurden fast alle zu Lagern von Kriegsgefangenen oder zivilen Zwangsarbeitern. In der Sandhofer Friedrichschule waren bis August 1944 zwei Kompanien französischer Kriegsgefangener einquartiert, etwa 500 Männer. Sie waren als Reparaturkommandos nach Luftangriffen eingesetzt.

Im August stellte der Mannheimer Oberbürgermeister Renninger die Schule der Firma Daimler-Benz zur Verfügung. Die noch vom französischen Kriegsgefangenenlager vorhandenen zweistöckigen Pritschen für etwa 500 Männer sind übernommen worden. Unbekannt ist, auf welche Art diese Schlafplätze für die KZ-Häftlinge verdoppelt wurden. Das Schulmobiliar war in die nebenan gelegene Turnhalle geschafft worden. In den meisten Stuben standen nur die Pritschen, in manchen war ein Tisch geblieben. Die Pritschen waren zweistöckig und mehrheitlich dreistöckig, sonst wären die 1060 Männer nicht in den Zimmern untergekommen.

Als Häftlingsquartiere genutzt wurden nur die jeweils acht Klassenzimmer des ersten und zweiten Stocks, also zusammen 16 „Stuben", wovon Kostrzeński eines zur Krankenstube machte. Im Schnitt kamen damit knapp 70 Männer in eine „Stube".

Im Lehrerzimmer des ersten Stocks war die Häftlingsschreibstube untergebracht. Im Dachgeschoss waren drei Räume durch Magazine oder Werkstätten belegt. Die Erdgeschosszimmer wurden von der SS als Unterkünfte und Büros genutzt sowie teilweise als Magazine. Auch im Keller wurden Räume benutzt, als Luftschutzräume und als Wäscherei für die SS.

Die Wachmannschaft

Wie in anderen zu jener Zeit gegründeten Außenlagern des KZs Natzweiler wurde eine Einheit von Luftwaffensoldaten in die Waffen-SS übernommen und zum KZ-Dienst befohlen. Angesichts der mehr oder weniger ausgelöschten Luftwaffe waren sie auf den Flugplätzen überflüssig geworden.

Der Chef dieser Kompanie in Sandhofen war der Luftwaffen-Hauptmann, jetzt Hauptsturmführer, Bernhard Waldmann, im Zivilberuf Schullehrer. Er war der nominelle Lagerführer, auch zuständig für die KZ-Außenlager in Heppenheim und Bensheim-Auerbach. Kostrzeński beurteilt ihn im Rückblick sehr günstig, was die anderen Häftlinge so nicht tun, soweit sie ihn überhaupt wahrgenommen haben. Waldmann hatte sein Büro schräg gegenüber in der alten Mädchenschule und ließ sich wohl selten im Lager blicken. Er hatte eine Geliebte in Sandhofen. Offenbar stand er sich gut mit dem evangelischen Pfarrer Bartholomä. Die Dreifaltigkeitskirche und das Pfarrhaus liegen schräg gegenüber dem Schulgebäude. Waldmann bekam den Kirchenschlüssel zum Or-

gelspielen. Dazu nahm er den siebzehnjährigen Häftling Juliusz Biszof mit, der den Blasebalg treten musste.

Noch vor Weihnachten 1944 wurde Waldmann Lagerführer des KZ-Außenlagers Kaltenkirchen, das zu Neuengamme gehörte. Dort muss er sich besonders brutal und menschenverachtend aufgeführt haben.

Bildung eines Häftlings-Lagerkommandos

In allen Konzentrationslagern ließ die SS den größten Teil der Verwaltung und Versorgung, aber auch die Strafen und das eigentliche Terrorregime von ausgesuchten Häftlingen selbst durchführen. Sie wurden dafür durch Vergünstigungen belohnt: bessere Verpflegung, bessere Kleider oder längere Haare. Solche Männer nannte man „Kapos", sie trugen eine Armbinde, auf der dieses Wort stand. In allen Konzentrationslagern wurden dabei ethnische oder „rassische" Unterschiede ausgenutzt. Oft bekamen solche Posten sogenannte „Kriminelle", d.h. Häftlinge mit grünem Abzeichen („Grüner Winkel", d.h. ein grünes Dreieck), das waren oft wirklich ehemalige Kriminelle, die moralisch leichter korrumpierbar waren. Dieses System wurde „Häftlings-Selbstverwaltung" genannt.

Die mächtigste Position hatte der Lagerälteste, der sich in vielen Konzentrationslagern zum fast absoluten Herrscher aufschwingen konnte, natürlich immer in Abhängigkeit von der SS-Lagerführung.

Das KZ Sandhofen bildete eine große Ausnahme, weil hier nur Polen festgehalten wurden. Sie trugen alle als sogenannte „Politische Häftlinge" einen „Roten Winkel"(ein rotes Dreieck). Als hier eine „Selbstverwaltung" gegründet wurde, waren Kollegialität und Zusammengehörigkeitsgefühl anfangs besonders ausgeprägt. Das führte zunächst zu einem milden KZ-Regime, an dem Kostrzeński mit seinen guten Deutschkenntnissen beteiligt war. Der Lagerälteste Wacław Schneider stammte aus Posen, hatte den Ersten Weltkrieg als deutscher Soldat mitgemacht und sprach fließend deutsch. Mit 50 Jahren war er einer der ältesten Häftlin-

ge des Lagers. Es gelang ihm, Kontakt zur sozialdemokratischen Sandhofer Familie Nagel aufzunehmen, die direkt am Schulhof wohnte. Er konnte über sie Briefe an seine Verwandten schreiben.

Am gleichen Tag abends oder vielleicht am nächsten Morgen nach der Ankunft sollte auf Befehl der militärischen Lagerleitung aus den Häftlingen eine Gruppe gebildet werden. Die sollte in der Küche arbeiten und für die Ordnung in den Schlafräumen verantwortlich sein. Es haben sich Häftlinge gemeldet, die diese Posten gerne einnehmen wollten. Das lief folgendermaßen ab: Alle Gefangenen waren auf dem Platz, auf dem Schulhof, angetreten. Ein deutscher Unteroffizier hat gefragt und ich habe übersetzt: „Wer will in der Küche arbeiten?" Wer eine Ahnung davon hatte, hat sich dafür gemeldet. So ist das gelaufen. Wer sich gemeldet hatte, wurde sofort von den Deutschen akzeptiert.

Natürlich mussten die Leute, die sich als Köche für die Küche gemeldet hatten, ausgebildet sein und Essen zubereiten können. Ebenso die Schneider, die Schuhmacher, alles Leute, welche die deutsche Lagermannschaft bedient haben. Schneider und Schuhmacher haben in einer Mansarde im dritten Stock, also im Dachgeschoss gearbeitet, haben Schuhe repariert, Uniformknöpfe angenäht, gebügelt und solche Sachen. Das war eine Arbeit nur für die deutsche Wachmannschaft. Im Dachgeschoss war also die Schuster- und Schneiderwerkstatt. Auch ein Lebensmittelmagazin blieb im Dachgeschoss, dafür war Ruciński zuständig.

Auf ähnliche Weise wurde die Funktion eines Magazinverwalters bestimmt. Er war verantwortlich für Kartoffeln, Rüben, Karotten, Kraut usw. Das Magazin für diese Produkte befand sich in den Räumen der Turnhalle hinter der Küche. Magazinverwalter war ein junger Häftling, Tadeusz Chmurzyński. Er starb dann durch eine Bombe beim Luftangriff am 15. Dezember 1944.

Für die Küche haben sich ein paar Köche gemeldet, die unter sich einen Oberkoch gewählt haben. Das war der Häftling [Józef] Baran, der von Beruf Metzger war. Beschäftigte in der Küche waren außerdem: Stanisław Ciechomski, von Beruf Metzger – er war ein bekannter Warschauer Wurstmacher und hatte eine Metzgerei – und Jerzy Chrostowski, von Beruf auch Metzger – ich habe keine Erinnerung, woher er kam und wo er vorher gearbeitet hatte – er war Koch in der Lagerküche. Und dann waren dort noch, wenn ich mich nicht irre, Roman Nasienniak und Jerzy Chilimoniuk, der ein richtiger Koch von Beruf war und vor dem Krieg in einem exklusiven Restaurant in Warschau in der Funktion eines Chefkochs gearbeitet hatte.

Dann wurde das Lagerkommando für die Häftlinge bestimmt, das im Lager bleiben sollte, um dort zu arbeiten: zehn Mann. Die Deutschen haben gesagt: „Wir brauchen zehn Leute, welche Brot, Margarine, Käse, Marmelade aufteilen sollen. Wer möchte das machen?" Ein paar Leute haben sich gemeldet. Akzeptiert wurde Dr. Ruciński, der von Beruf Zahnarzt war, ein sehr ehrlicher und freundlicher Mensch, welcher sich einen älteren Mann als Helfer ausgesucht hat, das war Herr Jaroszewski. Aber es war zu viel Arbeit für die beiden, sie haben das nicht alleine geschafft. Also haben sie die fünfzehn- und sechzehnjährigen Jungen, die unter uns waren, als Helfer dazugenommen.

Sie haben das alles auf einzelne Bretter gelegt: Marmelade, Margarine und alles andere. Die Beauftragten jeder Stube sind gekommen und haben diese Art von Tabletts mitgenommen. Die Anzahl der Portionen war abhängig von der Zahl der Leute, die im Zimmer waren.

Wir haben das zum sogenannten Kaffee bekommen. Das fand statt nach der Ankunft von der Fabrik im Lager. Der Kaffee wurde in die Schüssel eingeschenkt, die wir immer bei uns getragen haben, am Hosenbund. Und dann haben wir das andere auf den Bretter-Tabletts dazubekommen: ein Stück Brot, ein Stückchen Margarine. Viermal haben wir Schmalz bekommen und einige Male haben wir auch ganz dünn geschnittenen Schwartenmagen bekommen. Einmal gab es, da kann ich mich ganz genau erinnern, eine Auswahl: Was wollt ihr essen: Suppe oder einen zweiten Gang? Jeder hat gesagt: einen zweiten Gang. Das war noch zu der Zeit, als deutsches Militär das Lager führte, die Luftwaffen-Soldaten. Damals haben wir Kartoffeln mit Suppe bekommen und noch etwas dazu, ich kann mich nicht mehr erinnern.

Zum Mittagessen bekamen wir geschälte Kartoffeln mit Soße darüber, dazu gab es Sauerkraut oder Rüben, ich weiß das nicht mehr genau. Nur einmal haben wir zu Mittag keine Suppe gegessen, aber da hatten wir zugestimmt, aber das war nur ein einziges Mal.

Einen zweiten Gang zu bekommen, also dieses Hauptgericht, das war nicht sinnvoll, weil jeder ja eine genau gleiche Portion haben musste. Das war auch die Sache von den Leuten, welche die Kartoffeln geschält haben. Das war zuerst auch keine festgelegte Gruppe, nur der, der das tun wollte: Wer hat Zeit und möchte schälen?

Auf die gleiche Weise ging es mit dem Reinigen der Töpfe nach dem Essen. Wer wollte, konnte das machen. Zum Beispiel ist Zawadzki in diese Esskessel reingekrochen und hat mit dem Löffel das herausgeholt, was hängen geblieben ist. Mit dieser Methode haben noch zusätzlich Leute ein bisschen Suppe bekommen. Solche Tätigkeiten haben solche Leute gemacht, die nach der Arbeit dafür noch ein bisschen Kraft gehabt haben. Für diese Mühe haben diese Helfer nichts bekommen. Diejenigen, die fest in der Küche oder im Lager gearbeitet haben, waren von der Fabrikarbeit befreit. Aber dazu hat z.B. Zawadzki nicht gehört.

So lief das in den ersten Tagen.

Schneider wurde dann als Lagerältester ausgewählt und übernahm diese Rolle bis zu dem Zeitpunkt, als das „qualifizierte" Personal aus Auschwitz oder einem anderen KZ eingewechselt wurde. Aber in diesen ersten Tagen, nachdem wir Häftlinge angekommen waren, haben sich die Kapos nicht sadistisch verhalten. Anfangs waren sie uns gegenüber nicht so schlecht eingestellt.

Der eigentliche Beginn der SS-Herrschaft

Zum 20. Oktober 1944 wurden 19 SS-Leute mit KZ-Erfahrung neu zur Sandhofer Wachkompanie versetzt. Dazu kam ein KZ-geschulter „Schutzhaftlagerführer", der Hauptscharführer Christian Ahrens (geb. 1887 in Bremen). Er war zuvor Lagerführer des KZ-Außenlagers Geislingen, wo ungarische Jüdinnen bei WMF (Württembergische Metallwarenfabrik) Zwangsarbeit leisten mussten. Ahrens war seit 1932 in der SS und seit 1941 in Konzentrationslagern tätig, vor allem im KZ Natzweiler und im KZ Ravensbrück. Mit seiner Ankunft ist sein Chef, Hauptsturmführer Bernhard Waldmann, in den Hintergrund getreten und hat ihm die Lagerführung überlassen. Weil Ahrens immer eine Pfeife im

*Prügelnder Kapo Marian Andrejewski in Sandhofen.
Skizze M.Wiśniewski (Gedenkstätte Sandhofen)*

Mund hatte, bekam er den Spitznamen Faja (= Pfeife). Er konnte sehr brutal sein, mit seinen Schlägen und Tritten hat er einige Häftlinge für ihr Leben gezeichnet. Einem trat er so in die Hoden, dass er zeugungsunfähig wurde, einen anderen machte ein Schlag schwerhörig. In Sandhofen hatte er eine Freundin, bei der er wohl übernachtete. Er konnte sich am Kriegsende absetzen und wurde nie vor ein Gericht gestellt.

Ahrens ließ „geeignete" deutsch-polnischsprachige Häftlinge aus anderen Lagern überstellen, vor allem den zum Lagerältesten beförderten „Deutschen" Walter Kalus, der dann mit seinen Helfern ein brutales Terrorregime aufzog. Er hatte einen „grünen Winkel" und eine niedrige Häftlingsnummer, war also vielleicht schon lange im KZ (Spitzname „Bandit" oder wegen seiner Brille „Okularnik"). Kalus wurde mit den letzten Sandhofer Häftlingen nach Dachau gebracht und ist dort gestorben. Die anderen Kapos mit grünem Winkel waren die Polen Marian Andrzejewski, Stanisław Pilawski und Józef Nowak.

Leo Wachalski, der SS-Küchenchef, der die Köche und die Verpflegung kontrollieren sollte, hat offenbar bei den Unterschlagun-

gen mitgemischt. Nach den Erinnerungen von Häftlingen ist er deshalb am Ende der Lagerzeit sogar verhaftet worden.

Die große Brutalität hat im Sandhofer Lager erst begonnen, als deutsche SS-Leute kamen. Das waren ungefähr 20 bis 30 SS-Leute. Die haben die Wache außerhalb und innerhalb des Gebäudes übernommen und haben die Gefangenen kontrolliert, die zur Arbeit in die Fabrik gegangen sind. Diese deutschen SS-Leute haben Kontakte zu uns vermieden, sie wollten sich nicht unterhalten. Für sie waren wir polnischen Gefangenen „Banditen aus Warschau", die das Deutsche Reich zerstören wollten. Der Führer dieser Gruppe war ein älterer Mann, ich vermute aus Auschwitz. Dieser Kommandeur war der SS-Mann Faja, an den richtigen Namen kann ich mich nicht erinnern: ein großer, wortkarger Mann, kein junger Mann. Er sprach wenig und wurde „Faja" genannt, weil er immer ein Pfeifchen rauchte.

Der hat dann die Aufsicht über das ganze Lager gehabt. Ich glaube, dass er nicht im Lager gewohnt hat, sondern außerhalb im Stadtteil, er ist jeden Tag ins Lager gekommen. Seine Brutalität haben die Leute, die für die Ordnung im Lager verantwortlich waren, wohl zu spüren bekommen, d.h. die Kapos und andere. Als ich ihn später einmal fragte, ob er nicht irgendwoher Medikamente für die Krankenstube bekommen könnte, sagte er: „Ach wo! Die Leute müssen ja sowieso sterben, wenn nicht jetzt, dann in 20 oder 50 Jahren."

Der neue Lagerälteste Walter Kalus hatte vielleicht einen tschechischen Akzent, wie manche Mithäftlinge meinen, doch ich wusste, dass er aus Schlesien kam. Manchmal benutzte er die polnische Sprache und für mich war das mit schlesischer Färbung. Er trug eine Brille und er war, wie ich weiß, ein krimineller Häftling.

Als Kalus gekommen ist, mit dem waren da so zwei, drei Halunken dabei. Die haben alles weitererzählt, die haben die Information aus der Fabrik weitervermittelt. Ich denke, dass das Schlesier waren. Einmal habe ich so einen mit einer Kapobinde gefragt: „Wo kommst du her?" Der sagte: „Von Schlesien." Aber aus welchem KZ er kam, aus Auschwitz oder von Buchenwald, das weiß ich nicht. Aber das war so einer, der die Leute nicht geschlagen hat. Den Namen dieser Kapos habe ich nicht gekannt und ich hatte mit ihnen sonst keinen Kontakt. Fast alle, die bis dahin irgendwelche Aufgaben hatten, verloren sie, als dann diese neuen Kapos und Funktionshäftlinge ankamen.

Einmal ist ein Deutscher zu mir gekommen und hat gefragt: Wer war der größte Feind der Gefangenen? Da habe ich gesagt: der andere Gefangene. Es ist klar, dass da Kalus an der ersten Stelle steht.

Manchmal ist es vorgekommen, dass ältere Leute geweint haben, weil sie kein Essen bekommen hatten, denn es war gestohlen worden. Danach hat das Ruciński reklamiert. Ruciński ist zu Kalus gegangen und Kalus zu den SS-Leuten und die haben beschlossen: Die ohne Essen bekommen noch zusätzlich sogenannten Trockenproviant. Da haben wir vom Lager ein paar Laibe Brot bekommen und Margarine. Diejenigen, die kein Essen bekommen hatten, bekamen diesen trockenen Proviant. Und danach haben wir Schlangen gebildet bei der Suppenausgabe. Es wurden immer drei Suppenkessel gebraucht.

Ein SS-Mann, an den ich mich vom Aussehen her erinnere, war der Magazinier Leo Wachalski. Er war der SS-Küchenchef, ein SS-Mann, der aus Schlesien kam. Er sprach polnisch mit schlesischem Akzent. Er war nicht groß gewachsen und was ein charakteristisches Merkmal für ihn war: Er war krummbeinig, weshalb er eine typische Statur und natürlich einen pathologischen Gang hatte. Im Prinzip sprach er deutsch, aber manchmal bei der Brotverteilung hat er die Häftlinge gejagt, hat laut geschrien und dann benutzte er die polnische Sprache. Wenn sich der Fall eines Brotdiebstahls herausstellte, wenn er es nachgerechnet hatte, strafte er die Langfinger ziemlich grausam, indem er sogar 25 Schläge befahl. Es wurden aber auch Häftlinge gestraft, die nicht schuldig waren und die nichts gestohlen hatten. Das Lebensmittelmagazin war im Parterre neben dem Raum, wo sich die Munition, die Waffen und andere Militärausrüstung befanden. Dieser Funktions-Unteroffizier Wachalski, der Lebensmittel-Magazinier, kontrollierte alles in der Küche und das Kartoffelmagazin. Er gab Brot, Margarine und andere zusätzliche Nahrungsmittel für die Häftlinge aus.

Aber die Aufteilung in einzelne Portionen hat Dr. Ruciński mit seinen Helfern vorgenommen. Diese Brotportionen wurden in einem Raum unter dem Dach im dritten Stock vorbereitet und dort waren ebenfalls Räume für Näher und Schneider. Vom Dachboden konnte man auf das Dach des Gebäudes gehen, wo vorher eine aus Holz gebaute Plattform errichtet worden war, von uns Häftlingen „Turm" genannt, ein Platz, von wo man das Terrain beobachten konnte. Vielleicht waren auf der Plattform einmal Flugabwehrwaffen eingerichtet gewesen.

Meine Arbeit als Sanitäter

Der nach einiger Zeit nach Sandhofen gebrachte französische Häftlingsarzt hieß André (Andreas) Barhard, geboren 1914 in Mossul. Er kam schon am 6. Oktober aus dem KZ Neckarelz in Sandhofen an. Er hatte bei den anderen Gefangenen keinen besonders guten Ruf. Manche berichten, dass er sich bestechen ließ für eine Krankschreibung oder Gewährung von „Schonung". In der Schonung musste man nicht zur Arbeit in die Fabrik, sondern übernahm Lagerarbeiten.

Der prügelnde Wachmann Kuternoga oder Hulajnoga (Hinkebein) konnte bisher nicht eindeutig identifiziert werden. Er hatte wohl eine Kriegsverletzung am Bein. Unter den Häftlingen war eine kleine unbekannte Zahl jüdischer Warschauer, die schon einige Zeit unter einer nichtjüdischen Identität lebten. Wenn das bei der Gefangennahme und später im KZ herausgekommen wäre, so hätte das ihren Tod bedeuten können. Neben Szymański sind die zwei Brüder Ubfal bekannt, die unter den Namen Stefan Urbanski und Feliks Urbanek als deutsch sprechende Gefangene für das Lagerkommando ausgewählt wurden.

Das sogenannte „Revier", die Krankenstube, lag im ersten Stock und war das letzte Klassenzimmer im Ostflügel.

Ich habe meinen Dolmetscherposten aufgegeben, weil ich Sanitäter geworden bin. Im Oktober, vielleicht ein, zwei Wochen nach der Ankunft, habe ich vorgeschlagen, eine Krankenstube zu organisieren.

Da saßen und lagen die Kranken im Flur. Ich habe gesagt: „So etwas kann man nicht zulassen." Als ein SS-Unteroffizier kam, habe ich gesagt: „Für diese verwundeten und kranken Leute brauchen wir ein Zimmer." Da hat der gesagt: „Von uns bekommt ihr dieses Zimmer nicht." Ich bin in den ersten Stock in einen Saal gegangen und habe gesagt: „Der würde sich am besten eignen." Nach der Entscheidung des Lagerkommandanten habe ich die Organisation der Krankenstube übernommen. Das konnte ich, denn in Warschau war ich beim öffentlichen Dienst in der Tuberkulose-Vorsorge (Bakterienbekämpfung) beschäftigt gewesen.

Ich habe sehr viele Probleme dadurch gehabt. Es wurde von meinen Mithäftlingen eher ungünstig aufgenommen. Ich habe zu den Leuten gesagt: „Wir müssen enger zusammenrücken, weil es mehr Kranke gibt." Daraufhin gab es natürlich einen großen Streit. Diejenigen, die in dem Zimmer ihren Pritschenplatz hatten, wollten ihn nicht aufgeben. Sie sollten die neue Krankenstube räumen und dafür in andere Klassenzimmer umziehen. Sie haben über mich geschimpft. In Polen gibt es viele Schimpfwörter. Die Bereitstellung des Raums ist erst nach vielen Schwierigkeiten gelungen.

Auf diese Weise bekam man eine Unterkunft für die Kranken und Betten, zu einem späteren Zeitpunkt sogar Matratzen, die auf dem Boden ausgebreitet wurden. Sie bildeten die Ausstattung des „Spitals". Es war sauber, hell und ruhig. Dann leitete ich die Krankenstube so lange, bis ein Arzt ankam. Das war ein Klassenzimmer im ersten Stock.

Die Versorgung der Krankenstube mit Medikamenten und Verbandsmaterial war schlecht. Wir hatten nur wenig Bandagen zur Verfügung, etwas denaturierten Spiritus, Desinfektionsmittel, und das war wahrscheinlich alles. Soweit es um die Versorgung mit Arzneimitteln ging, so verbesserte sich die Situation etwas, sobald der französische Arzt auftauchte, der etwas mehr erreichte. Im Prinzip änderte sich nicht viel. Während der Bombardierung von Sandhofen hatte ich weder Binden noch Verbandsmittel. Man zerriss sein eigenes Hemd, um Verbandszeug zu haben.

Die Einrichtung der Krankenstube war eine Notwendigkeit, weil unter solchen Bedingungen eine primitive Hilfe an den kranken Häftlingen aus Mitmenschlichkeit geboten war. Es gab viele Häftlinge, die infolge akut ausgebrochener oder chronischer Krankheiten Schmerzen aller Art hatten, die nach einer humanen Hilfe verlangten, trotz des Mangels an Medikamenten und Verbandszeug usw. Dass sie glaubten und überzeugt davon waren, dass man etwas für sie tat, erleichterte schon allein psychisch ihre Leiden. Es gab Asthma, Bronchitis, Erschöpfung. Andere Krankheiten wie Angina, Furunkel, manchmal Verletzungen an den Füßen, die wegen des Gehens in Holzschuhen aufgerieben waren: Diese Leute konnten nicht mehr gehen. Es gab einen Alkoholabhängigen, er starb. Auch Tuberkulose, vermutlich offen und ansteckend. Es meldeten sich Kollegen mit Magenproblemen, vielleicht Magengeschwüren, auch mit Harnwegsinfekten.

Ich habe am Anfang dort gewohnt, ich habe da gearbeitet. Später habe ich dann wohl in einem Klassenzimmer geschlafen. Hier hat auch Szymański, mein Mitsanitäter, gearbeitet. Änderungen gab es erst, als dieser Franzose, der Arzt, gekommen ist. Das war aber erst nach einer Reihe von Tagen.

Schwierig war die Entscheidung, ob die Kollegen arbeitsfähig waren oder nicht. Zum Beispiel sind sie zu mir gekommen, haben gesagt, sie fühlen sich nicht wohl und haben Fieber. Man musste die Zunge zeigen lassen, das Fieber messen. Hatten sie 38,6 Grad Fieber, waren sie nicht für die Arbeit geeignet und die Deutschen haben das akzeptiert.

Doch wir haben keine Medikamente gehabt, um die Leute gesund zu pflegen. Wir hatten bis zu 40 Patienten am Tag, die sich gemeldet haben. Davon waren fünfzig Prozent zur Arbeit geeignet und fünfzig Prozent krank, also fünfzig Prozent waren eher Simulanten.

Wir haben fünfzehn, sechzehn Betten dicht nebeneinander stehen gehabt. Die Betten waren ringsherum entlang der Wände im Zimmer aufgereiht. Dort hat auch ein Medikamentenschrank mit Glastüren gestanden. Ich kann mich wie heute erinnern.

Die Kranken waren ja alles unglückliche Leute, keiner hat sich um sie gekümmert. Das waren oft Leute, die zum Tode verurteilt waren. Ein Teil von ihnen ist bestimmt gestorben, auch in anderen Lagern. Ich habe bei einigen Häftlingen eine psychische Erkrankung beobachtet. Einer der Brüder Sztrasburger, der Jüngere, war krank. Es ist möglich, dass sie auf dem Transport umkamen. Ich kann jedoch bestätigen, dass es sehr gebildete Leute von großer Intelligenz waren, besonders der Ältere. Psychische Krankheiten wurden nicht behandelt, denn es gab keinerlei Medikamente, geschweige denn Luminal. Einige Häftlinge litten an Epilepsie.

In der Zeit, als dieser französische Arzt da war, sind zwei Leute gestorben. Die Leichen haben sie irgendwohin weggebracht, ich weiß aber nicht wohin. Wir hatten diesen Menschen nicht helfen können. Warum? Wir haben nicht genügend zu essen gehabt, das war die Hauptsache. Medikamente fehlten auch, aber das Essen war die Hauptursache.

Die Kranken konnten nach der Besserung noch einige Tage im Lager bleiben, „Schonung" hieß das, bevor sie wieder in die Fabrik gingen. Sie stellten dann die Arbeitskräfte beim Ausladen des Brotes, der Säcke mit den Lebensmitteln. Sie räumten die Flure und Säle auf und verrichteten andere Arbeiten. Unter anderem haben sie auch Kartoffeln geschält. Es gab auch Schonungs-Leute, die zu Arbeiten bei Bauern ausgeliehen wurden. Das war wohl kein dauerndes Kommando, sondern eine wechselnde Gruppe.

Wenige Deutsche haben uns in der Krankenstube besucht, die hatten Angst vor Typhus. Einmal haben uns einige SS-Leute besucht. Das war schon, als der französische Arzt da war. Es war Faja, der rauchte, hat alles angeschaut, dann ist er wieder weggegangen. Kalus, der Lagerälteste, hat ein wenig Kontakt angeknüpft mit dem französischen Arzt, aber nur aus dem Grund, weil er ein paar Tabletten haben wollte. Für Kopfschmerzen oder anderes.

Es gab auch Verletzte durch die Schläge. Schlimm war der SS-Mann „Kuternoga" (Hinkebein). Seinen Namen weiß ich nicht mehr, nach dem Krieg hatte ich ihn noch gewusst. Ich weiß nur, dass er von Schlesien war, er hat ein wenig polnisch gesprochen, mit schlesischem Akzent. Er hat sehr viel geschrien und war überall. Er konnte einen auch ohne Grund zusammenschlagen. Zu uns sind oft solche Leute gekommen: Verprügelte. Sie haben geblutet, ein Zahn war herausgeschlagen. Wir haben sie versorgt, Umschläge gemacht und haben gefragt: „Wer hat dich so zugerichtet?" Da sagt der: „Ah, der Kuternoga." „Und warum?" „Das weiß ich nicht. Der ist an mir vorbeigegangen und hat mich zusammengeschlagen." So kann man sagen: Der Kuternoga war ein Sadist. Nicht nur er, auch der Lagerälteste Kalus war so.

Schneider versuchte einmal, mit dem Kuternoga Kontakt aufzunehmen und ihm zu sagen, er solle sich humaner verhalten. Danach war er anfangs ganz nett, hat auch eine Zigarre hergegeben, aber das hat nicht lange gehalten. Die Bemühungen von Herrn Schneider haben nicht viel gebracht.

Der Arzt ist dazugekommen, als wir schon vier Sanitäter waren. Dieser französische Arzt war sympathisch, hat sich viel um diese Leute gekümmert. Ich kann nur Positives über ihn sagen.

Dem französischen Arzt haben wir auch mehr gehorcht.

Mein Verhältnis zu den Mithäftlingen

Wie sich im Kontakt mit der Gruppe der überlebenden Sandhofer Häftlinge in Warschau herausstellte, bestand wohl unter den meisten von ihnen eine deutliche kritische Distanz zu den überlebenden Funktionshäftlingen. Das waren vor allem der Schreiber Andrzej Voellnagel, der SS-Diener Stanisław Brun sowie eben der Sanitäter Kostrzeński. Keiner von ihnen nahm an den regelmäßigen Treffen der Gruppe in Warschau teil. Auch Kostrzeński äußert sich zurückhaltend über seine Mithäftlinge und urteilt deutlich positiver über einige Funktionshäftlinge, als es andere Zeitzeugen tun.

Mein Verhältnis zu den Kollegen war differenziert. Ich schätzte diejenigen Menschen, die sich durch eine starke Moral auszeichneten, und davon gab es viele. Jedoch gab es durch das Lagerleben, verstärkt durch die SS-Lagerleitung, eine Minderheit von Häftlingen, die um jeden Preis überleben wollte, sogar auf Kosten anderer. Daher kamen manchmal Diebstähle, Uneinigkeit, Streitereien vor.

Ich selber kann nicht sagen, dass ich auf jeden Fall überleben wollte.

Wenn man die Bedingungen genau betrachtet, kann man sagen, dass jeder Häftling ein Recht hatte zu überleben unter der Voraussetzung, dass er seine Würde und ein Gefühl der Gleichheit bewahrte. Solche idealen Bedingungen waren jedoch nicht gegeben unter Leuten mit verschiedenen geistigen Mentalitäten, Alter, psychischen Belastungen, die daraus folgten, dass sie sich in ungünstigen Lebensbedingungen befanden. Außerdem hatten manche Todesangst, durch diese Angst wurden viele schlechte

Verhaltensweisen gegenüber den Kollegen hervorgebracht. Man kann nicht bestreiten, dass viele durch Egoismus gekennzeichnet waren, Mangel an Zivilcourage, die ihre Menschlichkeit hätte sichern können. Es gibt viele Beispiele: So wurde während der Bombardierung des Lagers den Verletzten nicht geholfen.

Ein Hauptziel in dieser Zeit war, alles zu bekommen, was das Überleben garantieren konnte. Die Behauptung ist richtig, dass der Häftling der größte Feind des Häftlings ist. Das habe ich selber erfahren.

Nachdem ich die Krankenstube organisiert hatte und die Leitungsfunktion dort ausübte, wurde meine Rolle als Dolmetscher, die ich auch nur unvollkommen ausfüllen konnte, nach ein paar Tagen vom Lagerältesten übernommen. Das war der Kollege Wacław Schneider, der aus Posen stammte und das bessere Deutsch konnte. Er wurde von den Häftlingen „Vater" genannt, denn er war tatsächlich ein ehrlicher Mensch. Er hat sich auch um die jüngeren Häftlinge gesorgt.

Es gab noch einen anderen Kollegen mit ähnlichen Charakterzügen wie er: den Kollegen Dr. Henryk Ruciński. Das hat man daran gesehen, dass er alles gerecht durchführte. Er war der Verwalter des Magazins für Brot, Margarine, Marmelade und andere Lebensmittel, die wir Häftlinge täglich erhielten. Natürlich gab es auch unter den Häftlingen, die in der Fabrik gearbeitet haben, Leute mit sehr hoher Moral und solche, die nicht nur einmal das Verhalten von anderen geprägt haben, die nicht so waren wie sie.

Allgemein gesprochen, sah die Sache ja so aus: Wenn man die Häftlinge betrachtet, die in der Fabrik Schichtarbeit gemacht haben, so waren sie zu einer großen physischen und psychischen Belastung verdammt. Sie arbeiteten schwer, bekamen nicht genug Essen und mussten jeden Tag in die Fabrik marschieren. Wahrscheinlich waren die Folgen des Hungers, der schweren Arbeit, die Unterschiede in sozialer Stellung, Bildung und Intelligenz die Hauptursachen dafür, dass keine Einigkeit unter uns herstellbar war. Natürlich sind mir die Motive für das eine oder andere negative Verhalten nicht bekannt. Möglich, dass nur der Egoismus, etwas mehr haben zu wollen, die Visitenkarte dieser doch nicht so großen Häftlingsgruppe war.

Ich machte interessante Beobachtungen, während ich Sanitäter in der Krankenstube war. Im Angesicht des Leidens selber zeigten die Kollegen keine egoistischen Triebe. Der einzige Unterschied, der die Kranken dort trennte war: die Art ihrer Krankheit, die Intensität und die Folgen von deren Verlauf. Wenn sie gesund würden, dann überleben sie, oder aber ihr Schicksal würde sie ereilen. In der kleinen Krankenstube waren alle gleich, weil sie litten. Niemand von dem Krankenstubenpersonal konnte ihnen etwas zuleide tun. Dort war es ruhig und still. Alle mussten sich den Regeln, die da herrschten, unterwerfen. Sie waren an die Betten gefesselt, und falls sie imstande waren zu gehen, dann gab es für sie auch die gleichen Rechte. Sie akzeptierten die dort herrschenden Sitten, weil sie niemand diskriminiert hatte; es gab keine erschöpfenden Appelle, keine Kälte und kein Mangel an Essen. Es waren arme Menschen, denen man helfen musste. Dr. A[ndreas] B[arhar], erfüllte seinen Samariter-Beruf auch – vielleicht weniger gefühlvoll als die anderen.

Wie mein Verhältnis zu den SS-Funktionären in Mannheim war? Auf diese Frage könnte man einen langen Aufsatz schreiben, in dem man die mörderische Tätigkeit der SS-Mitglieder verdammen würde. In der Zeit der Herrschaft und Erfolge der Deutschen unter Hitler habe ich nichts gesehen, was moralisches Handeln erfüllt. Als ich 1943 in Warschau durch die Gestapo in Haft genommen wurde, lernte ich schon in der U-Haft die praktizierten Methoden kennen, die man nicht zu den humanitären zählen kann. Alle SS-Männer übertrafen sich gegenseitig in der Ausführung ihrer so grausamen Aufgaben. In der Gruppe gab es einzelne Mutige, die Mehrheit waren ganz gewöhnliche Feiglinge, und angesichts des verlorenen Krieges haben sie sich dumm gestellt und haben für von ihnen angewandte Gewalt und Verbrechen Hitler und die Regierung verantwortlich gemacht. Ihren Einsatz rechtfertigten sie entweder durch den Befehl oder durch die Angst vor der Verantwortung dafür, dass ihr Verhalten zu den Häftlingen zu liberal sei. Unter ihnen gab es auch solche, die gar nichts verstanden haben, sie verhielten sich wie solche, die nicht wissen, dass das Gehirn ein Organ zum Denken ist.

Fluchtversuche von anderen

Einmal ist einer bei uns in der Krankenstube angekommen nach einem Fluchtversuch. Aber es waren zwei gewesen, die fliehen wollten. Beide sind gefangen worden, einer ist zu uns gekommen. Einer wollte durch den Fluss schwimmen, es war kalt und frostig, aber der hat überlebt, wurde nicht zusammengeschlagen. Der andere wurde auch gefasst, wurde aber sehr geschlagen. Wer das gemacht hat, weiß ich nicht, ob das Kalus war oder SS-Leute, ich weiß es nicht. Sie haben ihn am Rhein erwischt, dorthin waren es nur ein paar Kilometer. Den Fluss konnte man vom Luftraum-Beobachtungspunkt auf dem Dach des Schulgebäudes aus sehen. Man konnte von dort auch die chemischen Fabriken [BASF] sehen, die auf der anderen Flussseite waren.

Dieser eine Flüchtling also ist bei uns eingeliefert worden: Der hatte blaue Flecke von den Schlägen, aber er hatte nichts gebrochen. Er hat überall sehr viele blaue Flecken gehabt. Wir haben ihn versorgt, haben Umschläge gemacht. Ich glaube schon, dass der aus der Krankenstube wiederhergestellt herausgekommen ist.

Schwarzmarkt im Lager, Kriminalität

Kostrzeński gehörte zur Lagerelite. Deshalb wurden er und noch mehr der Lagerälteste Wacław Schneider nach dem Krieg von den überlebenden Häftlingen kritisiert. Viele distanzierten sich von ihm. So beurteilt der damals vierzehnjährige Mithäftling Andrzej Branecki den damaligen „Kapo Władek" (das war Władisław Kostrzeński) heute sehr zurückhaltend, weil der ihn damals bei einem Kartoffeldiebstahl erwischt und geohrfeigt hatte. Dagegen setzte er sich mit folgenden Worten zur Wehr.

Es wurde viel Brot gestohlen im Lager. Daraufhin haben wir versucht, den andern zu vermitteln: Sie sollen das nicht machen, weil dadurch unschuldige Leute bestraft werden.

Schneider hat auch über diejenigen, die von Warschau mitgenommen wurden, gesagt: „Das sind doch keine Verbrecher, das sind unschuldige Leute." Aber sie haben manchmal Kartoffeln oder ein Stück Brot gestohlen.

Die Leute sagen, wer höher steht, sei ein unehrlicher Mensch. Das braucht nicht immer zu stimmen. So, meine ich, war es mit dem ersten Lagerältesten Wacław Schneider. Schneider stand auf der Seite der jüngeren Leute. Ich sagte zu ihm: „Herr Włacek, aber der da, der stiehlt doch so viel!" Da sagte er: „Moment, den muss man erst gesund pflegen. Ihm muss man erst erklären, warum man das nicht machen darf." So hat der Schneider immer gehandelt. Und so ähnlich hat Ruciński gehandelt.

Für uns galt: Die Leute, welche etwas gestohlen hatten, goldene Ringe, Armbänder, und danach verkauft haben, die schon älter waren, 37, 38 Jahre, die musste man bestrafen. So haben die ihn dann auch bestraft: 25 Schläge auf den Hintern, weil er seinem besten Freund Gold gestohlen hatte und es verkauft und nachher erklärt hat: „Das haben mir die Deutschen weggenommen."

Der Sachverhalt des „Schwarzhandels" war allen Häftlingen im Lager bekannt. Durchtriebene, unternehmungslustige und vorausdenkende Häftlinge und in manchen Fällen auch Diebe benutzten die Naivität anderer Häftlinge und prellten sie oder stahlen einfach alles, was irgendeinen Handelswert darstellte.

Was den Küchenboss Baran betrifft, so wurde er in verschiedener Hinsicht verdächtigt. Vorteile schöpfte er hauptsächlich aus dem Verkauf von Suppe und anderer Produkte (Margarine, Kartoffeln usw.). Julian Zawadzki hat sich mit diesem korrupten Koch Baran angelegt, hat ihn einmal erwischt. Zawadzki gehörte zu den Häftlingen, welche die Kessel reinigten. Nach einer Information, die ich nach dem Krieg erhielt, wurden bei Baran ziemlich viele Goldgegenstände entdeckt. In der Küche waren in Töpfen Gold, Ringe, goldene Münzen, Rubel gesammelt, welche Baran durch Tausch von Suppe gegen Gold bekommen hatte. Wem dieser „Küchenschatz" übergeben wurde, das weiß ich nicht.

Auch die einfachen Gefangenen haben sich untereinander nicht immer gut verhalten. Es gab im Lager Verbrechergruppen, sozialer Abschaum.

Einer kam in die Krankenstube und hat geschrien: „Ich bin blind, ich kann nicht mehr sehen. Schaut mal, die haben mir die Augen ausgeschlagen!" „Wer? Zeig mal her!" Er konnte die Augen nicht öffnen. Was war passiert? Er hatte die Suppe bekommen und war die Treppe hoch in seine Stube gegangen, um die Suppe in Ruhe essen zu können. Da waren zwei Kerle gekommen und hatten ihm die Finger in die Augen gedrückt. Einer hat die Finger reingedrückt, der andere hat ihm die Suppe weggenommen. Das Opfer ist hingefallen und hat noch ein paar Tritte bekommen. Gegen so etwas konnte man so gut wie nicht ankämpfen. Manchmal haben wir so einen gefasst, aber wir konnten nichts gegen ihn machen: Er hat zehn Helfer gehabt, da konnten wir ihm nichts antun. Wir konnten nichts machen.

Dann gab es einen Lagerschwarzmarkt für Tabak. Eine Gruppe hat Tabakblätter gestohlen, ich habe die gekannt. Da war ein Loch unter dem Drahtzaun hinter der Schule, zwei haben aufgepasst und einer ist durchgekrochen. Da musste einer ganz flach kriechen. Die SS-Leute haben den Zaun zwar bewacht, aber nicht an dieser Stelle. Da wurde er untergraben, direkt neben dem Zaun war richtige Erde, kein Asphalt. Die haben das so gemacht: Den Draht haben sie durchgeschnitten und danach wieder eingehängt, sodass man das nicht sehen konnte. Erst danach hat die SS dann das genau bewacht. Sie wurden durch die Tabakbauern informiert. Dann haben sie genauer aufgepasst. Die Tabakbauern haben im Lager Anzeige gemacht, dass eine Menge Tabak verschwindet.

Das haben Leute gemacht, die starke Raucher waren. Die waren zigarettenabhängig. Ich kannte Leute, die haben dann die Tabakblätter mit dem Messer durchgeschnitten, diese Messer haben sie sich von der Fabrik besorgt. Da kann ich mich erinnern: Julian Zawadzki hat ganz tolle Messer gehabt. Er hat die Blätter damit sehr schön geschnitten, ganz dünn. Das war so eine Gruppe von 15 Personen. Die haben mit diesem Tabak gehandelt, sie konnten dann auch mit Gold handeln. Wer rauchen wollte, musste mit Gold bezahlen. Wer rauchen wollte, hat alles verkauft, z.B. Schuhe, eine Tasche, Gold. Und die Deutschen haben das ja auch gern gekauft.

Aber wie gesagt, das ging nur eine bestimmte Zeit. Nachher haben die Deutschen erfahren, wie das passiert ist und haben den Platz mehr bewacht, danach wollte das keiner mehr riskieren. Einer der Deutschen hat sich hinter der Toilette versteckt, wer das versucht hätte, der wäre dann geliefert gewesen.

Die Wachleute vermieden nach außen einen offenen näheren Kontakt mit den Häftlingen. Aber unter ihnen befanden sich auch solche, die gern gehandelt haben. Sie tauschten goldene Fingerringe, Uhren und andere wertvolle Gegenstände ein, die die Häftlinge irgendwie hatten in ihrem Besitz behalten können, obwohl sie mehrfach kontrolliert worden waren. Natürlich riskierten die Wachleute dabei einiges, wie die Häftlingskollegen auch. Die Bezahlung für diese Wertgegenstände war vor allem Brot, Margarine, Tabak und vielleicht noch andere Lebensmittel. Keiner gab damit an, dass er mit einem SS-Mann solchen Handel betrieb, weil es streng verboten war. Es war ein Geheimnis unter den miteinander vertrauten Häftlingen und das waren nicht viele.

Die Bombardierung der Schule vom 15.12.1944

Bei einem Luftangriff auf den Mannheimer Norden am 15. Dezember 1944 abends gegen 19 Uhr wurde auch das Sandhofer Schulgelände durch eine Luftmine getroffen. Die Mine fiel auf den Schulhof und bildete dort einen Krater. Die Explosion zerstörte Fenster und Türen auf der Gebäuderückseite und deckte das Dach ab. Der Luftangriff fiel ziemlich genau in die Zeit, als die Häftlinge aus der Fabrik heimkamen, und auf dem Schulhof schon die großen Kessel mit der Suppe standen. Es war Freitagabend, da gab es einen besonderen Zuschlag für die Schwerarbeiter. Zwar riefen SS-Leute die Häftlinge auf, dass alle schnell in den Keller gehen sollten. Doch war vielen das Essen wichtiger und sie hofften wohl auch, sich im Durcheinander etwas davon holen zu können. Deshalb hat die Luftmine viele verletzt. Auch im Schulgebäude selber sind diejenigen, die an den Türen und an den Fensternischen standen, durch Glassplitter und andere Teile getroffen worden.

Im dem folgenden Chaos haben Rot-Kreuz-Helfer aus Sandhofen Erste Hilfe geleistet. So ist es zu erklären, dass ein kleiner Teil der verletzten KZ-Häftlinge, nachweisbar sind fünf, wie „normale" Verletzte ins Krankenhaus eingeliefert worden sind. Das ist ganz ungewöhnlich, denn damit waren sie erst einmal dem Zugriff der SS entzogen. Fast alle wurden vom Krankenhauspersonal auch geschützt als SS-Leute kamen, um sie wieder abzuholen. Die Kranken wurden dann mit ihrer ganzen Abteilung in ein Notkrankenhaus in Weinheim evakuiert und erlebten dort die Befreiung.

Unter den auf dem Mannheimer Friedhof bestatteten Gefan-

Sandhofer Schule und KZ-Gebäude nach dem Luftangriff vom 15.12.1944. Zeichnung M. Wiśniewski (Gedenkstätte Sandhofen)

genen befindet sich auch der von Kostrzeński geborgene Tadeusz Chmurzyński, geb. 1922, gest. 15.12.1944. Sein Vater war der Besitzer des bekannten Warschauer Restaurants „Salus".

Als Fliegeralarm gegeben wurde, bin ich sofort auf das Dach gerannt und auf die Plattform, die von uns „Turm" genannt wurde. Ich wollte die vorbeiziehenden Flugzeuge zählen. Aber die Angst vor den Bomben zwang mich in den Schutzraum im Keller hinunter, der war außen durch eine Schutzmauer gesichert. Als ich noch auf dem „Turm" war, sah ich, dass einige SS-Leute in östlicher Richtung geflüchtet sind. Vielleicht befand sich dort ein unterirdischer Luftschutzraum.

Schon beim Alarm und während der Bombardierung hat man keinen SS-Mann mehr an der Schule und in der Umgebung gesehen. Die SS-Leute haben sich irgendwohin verkrümelt. Nur der Küchenchef Wachalski ist am Anfang des Alarms über das Lagergelände gelaufen und hat die Häftlinge aufgefordert, in den Schutzraum zu gehen. Als die ersten Bomben in der Nähe fielen, musste auch er sich unterstellen.

Die Luftmine verursachte starke Prellungen bei den Häftlingen, die sich dort aufhielten. Sie wurden durch die Druckwelle gegen die Wände des Gebäudes geschleudert oder gegen Bruchstücke und Gebäudetrümmer. Außerdem wurden auch die Häftlinge verletzt, die sich fast schon im Schutzbunker vor der Tür befunden hatten.

Bei der Bombardierung hatte der französische Arzt einen großen Schock erlitten und eine Gehirnerschütterung bekommen. Er konnte erst selber überhaupt nichts tun. Wir mussten ihn selber versorgen. Er konnte überhaupt nicht sprechen und hat nichts wahrgenommen. Ein Häftling hatte das Schulterblatt offen gehabt, der Arzt hat das nicht mitgekriegt. Nachdem wir ihn versorgt hatten, ist der erste Krankenwagen gekommen, der hat Schwerverwundete mitgenommen: Einer hatte eine offene Bauchwunde. Dieser Krankenwagen hat also ein paar Leute mitgenommen, auch den, dem später das Bein amputiert wurde.

Erst danach ist der Arzt zu sich gekommen und hat sich für andere interessiert. Danach ist ein Deutscher gekommen, ich weiß nicht, wer das war. Der hat bestimmt, wen man in die Stadt fahren soll und wer im Lager bleiben soll. Manche Leute, die pflegebedürftig waren, wurden auch zur Arbeit geschickt. Manche hätten Krankenhausversorgung gebraucht und nicht die Versorgung des Lagers, in dem es überhaupt nichts gab. Das waren oft schwere Wunden.

Wie viele Häftlinge an diesem Abend verletzt worden sind, kann man schwer schätzen, da viele, die nur leichter verletzt waren, sich selbst versorgt haben. Häftlinge, denen ich Hilfe leistete – das heißt, ich zog sie unter Trümmern hervor – das waren vielleicht zehn.

Einer von ihnen hatte einen offenen Bruch des Unterschenkels. Er wurde ins Krankenhaus gebracht. Wenn ich nicht irre, hieß er Feliks Makowski. Nach dem Krieg habe ich von ihm erfahren, dass die Verletzten sehr anständig behandelt wurden. Sie wurden wie normale Patienten behandelt, haben Spritzen bekommen. Die Leute waren freundlich zu ihnen. Aber diejenigen, die die Bauchverletzung hatten, was aus denen wurde, weiß ich nicht. Ich vermute, sie sind gestorben. Wir konnten sie nicht retten, wir hatten keine medizinische Hilfe, keine Verbände, keine Kompressen. Wir haben ja überhaupt nichts gehabt, wir konnten nicht viel tun. Wir

*Grabstein des getöteten Küchenhäftlings Chmurzyński,
Hauptfriedhof Mannheim (privat)*

haben sie zugedeckt, aber es war alles kalt, dann sind sie, wie ich glaube, gestorben.

In diesen zehn Tagen nach der Bombardierung bis zu meiner Flucht sind welche gestorben, aber was mit ihnen passiert ist, weiß ich nicht. Sie haben sie wegtransportiert und irgendwo hingebracht.

In der Nacht habe ich einen jungen Lagerarbeiter ausgegraben. Da waren ja sehr wenige Freiwillige, die die Verschütteten ausgegraben haben. Ich habe selber große Steine, Ziegel und was da lag, weggetragen, damit man ihn nach oben holen konnte. Dann sind SS-Leute und Wachen gekommen, haben Protokoll geschrieben und ihn abtransportiert, und das war's. Er war der Magazinverwalter des Kartoffelmagazins, er hieß Tadeusz Chmurzyński.

Nach dem Bombenangriff habe ich ja dort in Sandhofen noch etwa acht Tage gearbeitet, wir haben da weiter noch als Sanitäter gearbeitet. Es gab kein Licht mehr und keine Fensterscheiben, viele zerbrochene Fensterscheiben. Aber wir haben die Fenster mit allem Möglichen abgedichtet.

Auch ein Teil der Häftlinge ist dort geblieben. Ich entsinne mich nicht mehr, wer und wie viele. Die Deutschen mussten einschätzen, dass das Lagergebäude in diesem Zustand nur noch so und so viele Hunderte von Menschen fassen konnte. Und der Rest müsste entweder erschossen oder anderswohin verschickt werden, in ein anderes Lager.

Eine „Selbstverteidigungsgruppe"

Die genannten Gruppenmitglieder waren unterschiedlich alt: Schneider, geboren 1894, war der Älteste, Kostrzeński, geboren 1922, der Jüngste; die drei anderen hatten die Geburtsjahre 1912 (Dr. Henryk Ruciński), 1910 (Franczisek Śmielewski) und 1903 (Julian Zawadzki). Alle haben die Konzentrationslager überlebt.

Schon in der Zeit, als es noch die deutschen Militärs waren, die Soldaten der Luftwaffen-Bodentruppen, da verlangte Ruciński eine Namensliste mit allen Gefangenen, angeblich für die Brotzuteilung, die Verpflegung usw. Also stellten die Deutschen solche maschinengeschriebenen Listen zur Verfügung. Aber wir wollten das nicht dafür, denn es war uns gleich, ob der eine Krawczyk oder der andere Kowalczyk hieß oder ein anderer Nowacki. Für uns war das erforderlich, um nach dem Krieg festzuhalten, wer überlebte, wie viele es waren. Diese Liste hatte Ruciński und diese Liste sollte er mitnehmen auf die Flucht. Er hat sie dann aber verloren.

Einer der Wachleute hatte die Meinung geäußert, dass die Häftlinge möglicherweise liquidiert werden würden, falls sich die Front näherte. Als Bestätigung dafür galt für uns, dass die ganzen Wachleute, die von der Luftwaffe kamen, durch ein Wachpersonal „vom Fach" ausgewechselt wurden. Außerdem kam der neue Lagerchef „Faja", ein SS-Mitglied, sowie der Lagerälteste [Kalus], ein deutscher Sadist, und außerdem die Kapos und andere geschulte Gehilfen, die passend hinzukamen.

In dieser Zeit brachte man auch viele Kisten mit Waffen und Munition in das SS-Lagermagazin. Das konnte ein Hinweis darauf sein, dass jener Wachmann die richtige Information gegeben hatte.

Diese deprimierenden Neuigkeiten führten zum Entstehen einer

Art Initiativgruppe aus Mithäftlingen, allerdings war es nur eine kleine Gruppe. Wir hatten es uns zum Ziel gesetzt, die Gefangenen vor der geplanten Vernichtung zu schützen. Zu dieser Gruppe gehörten unter anderem die Kollegen Schneider, Dr. Ruciński, Śmielewski, Zawadzki und noch einige Kollegen, an deren Namen ich mich nicht mehr erinnere. Diese von uns gebildete Widerstandsgruppe verfügte allerdings über keine Waffen.

Waffendiebstahl im SS-Magazin

Einmal war ein Militärauto mit Munition für die SS gekommen. Jemand hat das dumme Gerücht in die Welt gesetzt: „Wir werden jetzt an die Wand gestellt. Die Amerikaner kommen langsam an den Rhein, das heißt, die Deutschen schaffen es nicht mehr, und uns werden sie an die Wand stellen." Das war für uns das Zentralthema: „Wie werden wir sterben? Nicht wie die Juden vor der Wand, sondern mehr mit Würde. Wir werden in die Offensive gehen, Widerstand leisten, nicht uns gleich umbringen lassen."

Als ich die Waffen beschaffen wollte, habe ich gedacht, dass ich etwas für die Häftlinge mache. Aber dann haben alle gesagt: „Nein, nicht für uns!"

Einen Nachschlüssel für dieses SS-Waffenmagazin hat mir Zawadzki gemacht. Zawadzki hat in der Fabrik Werkzeug gehabt, er war ein sehr guter Meister. Und der hat mir zwei Schlüssel gemacht. Und weil er so viel Werkzeug gehabt hat, hat er doch auch viele wunderschöne Messer gemacht. Jurek Zawadzki sagte zu mir: „Mach mir einen Abdruck von dem Schlüssel, dann mach ich dir den Schlüssel." Er hat lange an dem Schlüssel gearbeitet, zehn Tage, zwei Wochen. Er hat die Schlüssel abgefeilt und den mit so einer Farbe eingeschmiert.

Dann bin ich in dieses Waffenlager zwei- bis dreimal hineingegangen. In diesem Gebäude war auf der einen Seite das Waffenmagazin und auf der anderen Seite das Lebensmittelmagazin. Auf der linken Seite war das Lebensmittelmagazin und auf der rechten Seite das Waffenmagazin, da waren drin: Schuhe, Gürtel, Waffen. Auf dieser Gebäudeseite war auch das Revier, also die Krankenstube (im Stockwerk darüber).

Polnische Gefangene durften ins Erdgeschoss hineingehen, wenn sie ins Lebensmittelmagazin mussten, oder wenn man eine weiße Schürze anhatte. Die deutschen Wachen sind so auf und ab gegangen: außen hier am Zaun entlang, hier war aber auch eine Zauntür. Da haben Wachleute patrouilliert. Dann habe ich einen Zeitpunkt herausgesucht, wann man an dem Deutschen vorbeigehen konnte. Von der Treppe aus konnte man in den Flur hinuntersehen. Das heißt, einer saß dort und passte auf, stand Schmiere sozusagen. Und die Deutschen waren in Gruppen, redeten, rauchten Zigaretten. Die haben da ja auch im Erdgeschoss gewohnt. Einer musste im Flur auf und ab gehen. Er befand sich aber nicht die ganze Zeit in Bewegung. Er vernachlässigte einfach seine Dienstpflicht in der Annahme, dass dort doch niemand kam. Die haben gedacht: „Wer wird schon hier reingehen!" Die haben vier oder acht Stunden Wache gehalten am Stück. Und wir haben uns das zunutze gemacht. So war es später, wie ich geflohen bin: Wenn die Deutschen mit einem bestimmten Rhythmus vorbeigegangen sind, dann hat man das ausgeguckt. Und so konnte ich mich durchschleichen.

Das Lebensmittel-Magazin stand offen, denn zwei Gefangene stapelten dort das Brot. Der Kuternoga war da, passte auf. Er kontrollierte hier und da, ging herum. Das heißt, er kam raus, ließ die zwei allein stehen. Dann ging er hinein und schlug zu: „Schneller, schneller!" – damit dort nichts gestohlen werden konnte. So war er sicher, dass niemand etwas entwendet, denn wohin auch damit? In den Hosentaschen wird kein Brotlaib hinausgetragen. Dann zählte er die Brote.

Er stand also eher weiter weg, obwohl er manchmal auch in die andere Ecke kam. So machte ich in der Zwischenzeit den Abdruck oder passte in der Zwischenzeit den Schlüssel ein.

Als ich das erste Mal das untere Schloss aufgemacht habe, das war ziemlich einfach, habe ich so viel Angst gehabt, dass ich vergessen habe, wieder zuzuschließen. Dann haben wir gesagt: Einer von den Deutschen hat vergessen zuzuschließen.

Das war zwei bis drei Wochen vor der Bombardierung, so ungefähr im November. Danach haben wir nicht gewusst, wo wir diese Waffen verstecken sollen. Keiner wollte diese Gefahr auf sich nehmen. Ich habe die Waffen in der Toilette versteckt.

Ich hatte sie sofort im zweiten Stock auf der Toilette versteckt, weil es von der Mansarde in den zweiten Stock am nächsten war.

Und dann hat ein Gefangener mir geholfen. Er hat eine Leiter gebracht, denn das waren ganz hohe Wasserbehälter dort. Wir hatten uns so eine Leiter zusammengebastelt, die uns dazu gedient hat, die Fenster aufzumachen oder die Lampen sauberzumachen. Als Kalus nach Sandhofen gekommen ist, hat er gesagt, wir müssten die Lampen saubermachen. Da hatte irgendjemand eine Leiter zusammengenagelt aus solchen Brettern.

Einer hat die Leiter getragen, das hat keine große Aufmerksamkeit erregt. Ich habe dann die Waffen in diese Behälter gelegt. Die waren mit Brettern zugenagelt, es war kein Wasser drin. Ich war so voller Angst. Ich habe mich sehr gefürchtet, habe zu Ruciński gesagt: „Ich habe Angst." Aber er hat gesagt: „Nein, das brauchst du nicht, es ist ja schon alles in Ordnung."

Als sie am nächsten Tag plötzlich das Gebäude durchsuchten, bin ich fast vor Angst gestorben. Denn sie haben am nächsten Tag zufälligerweise eine Durchsuchung gemacht. Sie haben aber nicht gemerkt, dass diese Waffen verschwunden waren. Die Durchsuchung war Zufall. Wir haben das aber erst nicht gewusst und gedacht: Irgendjemand hat verraten, dass wir die Waffen gestohlen hatten. Aber in die Toilette sind sie gar nicht hineingegangen.

Ich habe das Waffenmagazin auch hinter mir abgeschlossen. Das erste Mal bin ich nur reingegangen, um zu sehen, was drin ist. Von dort hätte man ja sehr viel mehr heraustragen können, wenn sich mehr Leute gemeldet hätten – auch ein Maschinengewehr. Aber es hat sich ja keiner gemeldet. Wir waren nur drei Freiwillige: ich, Zawadzki und noch jemand, ich weiß nicht mehr, wie er hieß. Alle anderen haben das so akzeptiert.

Bildung einer Fluchtgruppe

Dies traf dann zusammen mit der Bombardierung des Lagers durch alliierte Bomber am 15. Dezember. Das hat dann wieder solche Spekulationen ausgelöst wie folgende: dass die Front so nahe sei und dass es die Lagermannschaft nicht schaffen würde, alle Häftlinge zu erschießen. Solche Überlegungen und andere Dinge brachten mich dazu, eine Gruppe von ungefähr 13 Kollegen zusammenzubringen, die sich freiwillig zu einer Flucht bereit erklärten.

Für die Fluchtplanung hatten wir uns Landkarten beschafft. Jemand hat die Landkarten besorgt, wir haben dafür bezahlt. Ich kann mich nicht erinnern, wer von den Kollegen sie besorgt hat. Erst als wir eine Karte hatten, konnte man den Fluchtweg planen. Danach haben wir uns versammelt, alles besprochen. Einer wollte eine Flucht nach Frankreich durchführen, nach Straßburg. Andere haben gesagt: vielleicht in die Schweiz. Wir haben die Rheinüberquerung besprochen. In der ersten Version wollten wir nach Frankreich und dann in die Schweiz fliehen. Die Meinungen in dieser Sache waren geteilt: Die einen meinten, dass Frankreich reichen würde, die anderen schlugen vor, von dort weiter in die Schweiz zu gehen. Schließlich haben wir beschlossen, dass wir die genaue Route später von den Umständen und Schwierigkeiten abhängig machen würden. Die Flucht aus dem Lager sollte auf jeden Fall in Richtung Westen führen.

Als dann später nur noch zwei fluchtwillige Leute übrig waren, hatten wir Angst, dass wir von den anderen verraten werden könnten, wenn wir die vorgesehene Route nehmen. Deshalb haben wir dann einen ganz anderen Fluchtweg gewählt: nach Osten.

Und diese Bombardierung und natürlich auch andere Überlegungen waren der Grund dafür, dass wir auf der Stelle ein Treffen einberufen und beschlossen haben, ohne weitere Rücksichten zu fliehen. Das war die Gruppe der 13 Mann. Aus den Leuten, die in der Fabrik gearbeitet haben, waren es neun, und vier von hier aus dem Lagerkommando: Ruciński, Śmielewski, Schneider und ich. Zu den Fabrikleuten gehörte Zawadzki. Das war ein Mensch, der überall an der Arbeit teilgenommen hat. Er war unheimlich geschickt, gerissen, ein sehr netter und sympathischer Mensch, klein, rund, hat sehr viel Kraft gehabt. Er hat sich mit dem korrupten Koch Baran angelegt. Denn in der Küche waren in Töpfen Gold, goldene Münzen, Rubel gesammelt, das hatte Baran durch Tausch von Suppe bekommen.

Szymański, mein Mitsanitäter, hat auch so was gemacht, das war nicht ehrlich. Dagegen sind auch Ruciński und Schneider vorgegangen. Aber sie haben schließlich gesagt: „Wir können dagegen nichts machen."

Wir hatten dann den 23. Dezember als Fluchttermin festgelegt, auch die Uhrzeit. Nach unserem Fluchtplan war alles geregelt, was passieren sollte und auf welche Weise, buchstäblich auf die Sekunde: ein sehr genauer Plan, wie die einzelnen Häftlinge aus dem Lager herauskommen sollten.

Realisierung der Flucht

Nach der Bombardierung der Schule am 15. Dezember 1944 waren die meisten Sandhofer Häftlinge in Notquartiere verlegt worden. Das waren zwei Bunker mehrere Kilometer entfernt: der heute noch stehende Fabrikbunker auf dem Benz-Gelände und der inzwischen abgerissene Immelmann-Bunker am Altrhein neben der Fabrik Zellstoff-Waldhof. Mit dieser Verlagerung wurde die Kommunikation unter den Fluchtwilligen extrem erschwert.

Der Häftling Stanisław Brun (geb. 1922, gest. 9.11.1999) war wohl eine Art persönlicher Diener für den Lagerführer Faja. Brun ist nach dem Krieg in Polen als erfolgreicher Motorradrennfahrer berühmt geworden.

Als es darauf ankam, war von der Fluchtgruppe niemand da außer mir und einem anderen aus der Fabrik. Vom Lagerkommando ging Śmielewski verloren. Er sollte die Verpflegung beschaffen und verkaufte auch einige Sachen dafür. Aber als es soweit war, war er verschwunden. Wir konnten ihn einfach nicht mehr ausfindig machen. Und dann kam es so: Die anderen Kollegen gaben auf. Sie sagten: „Es ist nicht so schlimm, kriegst was zu essen, was willst du? Und dass dich die Läuse beißen, na ja. Und so fangen sie dich und hängen dich! Und außerdem: Wenn wir fliehen und die hängen dafür zehn andere oder auch zwanzig! Sollen wir das riskieren?"

Zawadzki sagte mir nach dem Krieg Folgendes: „Władziu, ich wollte auch verduften, aber einer von uns (ich weiß den Namen nicht mehr, er lebt noch, hat in Warschau in der Pańska-Straße eine Werkstatt für die Herstellung von irgendwelchen Abzeichen, ein sehr netter Kerl übrigens) – also der sagte zu mir: ‚Was willst du fliehen, die werden dich hängen. Der Krieg geht zu Ende, was willst du noch riskieren?' Ich gab mich damit zufrieden."

Zawadzki kam dann noch ins Salzbergwerk Kochendorf (und auf den Kochendorfer Todesmarsch).

Für meine eigene Flucht spielte der Mithäftling Stanisław Brun eine Rolle. Er war ein Sohn eines Warschauer Unternehmers. In Warschau gab es eine Firma Brun und Sohn, Vertrieb von Maschinen, verschiedene Einzelteile. Und er wurde nach dem Krieg ein Rallyefahrer, ein Motorradrennfahrer. In Sandhofen arbeitete er als Diener in den SS-Unterkünften. Er putzte zum Beispiel die Schuhe oder machte andere Reinigungsarbeiten, die die SS-Leute ihm befahlen. Er hat damals prinzipiell wenig darüber gesprochen. Vielleicht hatten sie ihn verpflichtet, darüber zu schweigen, und er hätte sonst diese gute Stelle verloren.

Uns kam er damals verdächtig vor. Wer hatte ihm empfohlen, eine solche Stelle zu übernehmen? Aber jetzt im Rückblick meine ich: Er war ein ehrlicher Mensch, obwohl man ihn damals unbillig beurteilt hat und von ihm sagte, er wäre ein Denunziant. Als wir nämlich ein Treffen wegen der Flucht abhielten, nachdem uns einer die Landkarten beschafft hatte, und als wir diese studierten, da öffnete jemand die Tür. Und wir haben gesehen: Der Brun ist da bei der Tür und horcht. Vielleicht war es aus Neugier, vielleicht wollte er sogar bei der Flucht mitmachen.

Dann, als die Flucht begann, entkam ich auf folgende Weise: Ich musste aus dem Keller, wohin die Krankenstube verlegt worden war, hinauf ins Erdgeschoss. Und da half mir Brun beim Verlassen des Lagers. Woraus bestand seine Hilfe? Er versteckte meine Lageruniform, meine Holzschuhe und andere Dinge. Eine zivile Drillichkleidung für die Flucht hatte ich beschafft. Dann führte er mich aus dem Keller ins Erdgeschoss und zum Ausgang des Gebäudes. Er zeigte mir den Weg durch den von den SS-Leuten belegten Bereich und zum wenig bewachten Vorderausgang. Das war eine große Hilfe und wenn wir erwischt worden wären, hätte es die schlimmsten Konsequenzen für uns beide gehabt.

Wenn er unehrlich gewesen wäre, ein Lump, dann wäre er zu einem der SS-Männer gegangen, die sich im Erdgeschoss befanden, und hätte gesagt: „Da flieht einer!" Dann hätten sie gleich einige hinterhergeschickt zum Denkmal da auf dem Platz.

Dokumentation und Erläuterungen

zu Kapitel 1

Meine Flucht
von Mannheim nach Bayreuth

Meine Flucht von Mannheim nach Bayreuth

von Peter Koppenhöfer

Vom Neckartal nach Bamberg

Für den Fluchtweg vom Neckartal nach Würzburg und weiter nach Bamberg ließen sich bisher keine der einzelnen Episoden lokalisieren. So dürfte das Gasthaus, wo der Lkw-Konvoi eine Rast einlegte, kaum auffindbar sein.

Die verschiedenen Frauen und Männer, die dem Flüchtling in Würzburg, Schonungen und Bamberg geholfen haben, werden kaum mehr zu finden sein.

An welchen Stellen Kostrzeński in Bamberg vorbeimarschierte und wohin sein Irrweg im Wald führte, das kann kaum eindeutig bestimmt werden. Sicher verließ er die Stadt zu sehr in südöstlicher Richtung. Erst gegen Abend dieses Tages ist mit der Malzfabrik Weyermann wieder ein fester Punkt gewonnen. Hier stieg der Flüchtige auf den Bauernwagen und folgte nun der Reichsstraße 22, der heutigen Bundesstraße 22, nach Scheßlitz.

Familie Bauer in Scheßlitz

Für diese Station gibt es wieder reichlich Anhaltspunkte. Mit seinem Hilfeersuchen bei der Familie Bauer hatte Kostrzeński das letzte Anwesen an der Straße nach Bayreuth ausgewählt. Das ist bis heute nachzuvollziehen, gegenüber liegt das Krankenhaus, damals mit einem Roten Kreuz gekennzeichnet.

Interview mit Frau Betty Weiß geb. Bauer, Scheßlitz:

Gedächtnisprotokoll eines Gesprächs, das Peter Koppenhöfer am 22.7.91 in ihrem Elternhaus in Scheßlitz mit Frau Betty Weiß geführt hat. Am 24.9.91 folgte telefonisch ein weiteres Gespräch.

Beim Besuch im väterlichen Haus, das Frau Weiß, geb. Bauer, zusammen mit der Familie ihrer Tochter bewohnt, ist die Tochter zugegen.

Frau Weiß erinnert sich sofort an die Geschichte mit dem KZ-Flüchtling gegen Kriegsende. Konkreter gefragt nach dem letzten Kriegsweihnachten, spricht sie von diesem Übernachtungsgast erst als einem Juden, bestätigt dann: Es war ein Pole. Der sei hier in der Küche gesessen, wo wir uns gerade unterhielten. Damals seien folgende Personen dabei gewesen: ihre Eltern, sie selber und ihre kleine Tochter.

Der Vater habe ihm dann später den Weg gezeigt, einen Weg südlich am Nachbarort Würgau vorbei, weil dort eine SS-Einheit stationiert war. Er sollte also nicht direkt auf der Bundesstraße nach Bayreuth gehen.

Der Gast habe im Wohnzimmer geschlafen.

An den Alarm und die Suche der Polizei erinnert sie sich nicht.

Das Haus sei im Wesentlichen dasselbe, aber früher habe es Fachwerk gehabt. Es sei früher einfach, sehr ärmlich gewesen. Inzwischen sei es ausgebaut worden. Hinter dem Haus sei tatsächlich ein mit niederem Baumwuchs begrenztes Gartengebiet gewesen, wie auch heute noch teilweise zu sehen ist. Gegenüber dem Haus auf der anderen Straßenseite steht damals wie heute das Krankenhaus von Scheßlitz mit einem Rotkreuz-Schild.

Frau Weiß und ihre Tochter bekommen Tränen in die Augen, als ich von Herrn Kostrzeńskis Hochschätzung für Herrn Bauer erzähle und das Zitat vorlese, dass er das nie vergessen werde.

Ihr Vater, Herr Bauer, sei Hausmetzger gewesen mit einer Nebenerwerbslandwirtschaft von 12 Tagwerken. Die Familie habe sich keine Maschinen kaufen können, reich seien sie nie gewesen. Inzwischen seien die Äcker verpachtet.

Josef Bauer habe von Geburt an ein verkürztes Bein gehabt. Gegenüber den Nazis sei er kritisch gewesen. Die Frauen hätten oft Angst gehabt, dass er wegen einer Äußerung oder Tat erwischt und verhaftet wird.

Die genauen Lebensdaten:
Der Vater Josef Bauer, geboren 1885, starb schon im August 1945.

Der älteste Sohn fiel 1942 in Russland, der Schwiegersohn, Mann von Betty Weiß, fiel im April 1945 im Hutschiner Ländchen in der Tschechoslowakei.

Die Tochter von Frau Weiß ist 1943 geboren, war also Ende 1944 noch keine zwei Jahre alt.

Betty Weiß ist 69 Jahre alt (im Jahr 1991), die einzige Überlebende der damaligen Familie. Ihr zweiter Bruder, der erst kurz vor dem Tod aus der Kriegsgefangenschaft heimkam, starb 1966, im gleichen Jahr starb die Mutter mit 73 Jahren.

Frau Weiß erinnert sich, dass nach dem Krieg einmal ein Brief von der Gemeinde aus Polen angekommen sei, der sich nach der Familie erkundigt habe. Zu der Zeit sei sie aber nicht in Scheßlitz gewesen.

Nach dieser Kontaktaufnahme, über die Herr Kostrzeński genau informiert wurde, schrieb er folgenden Dankesbrief:

An Frau Betty Weiß, geb. Bauer in Scheßlitz bei Bamberg
Warschau, den 18. April 1992

Sehr geehrte Frau!

Dank der Freundlichkeit von Herrn Dr. Peter Koppenhöfer aus Sandhausen, welcher einen Kontakt zur Familie Bauer anknüpfte, möchte ich Ihnen herzlich danken für die große Güte, die Sie mir im Dezember 1944 erwiesen haben, als ich mich auf der Flucht aus dem Konzentrationslager befand.

Ich habe keine Worte der Verehrung für Ihren Vater Josef Bauer, für seine Frau und natürlich auch für Sie. Fast 50 Jahre sind seit meinem Aufenthalt in Scheßlitz verflossen, ich erinnere mich nicht mehr an jede Einzelheit bei diesem Besuch, bei den Gesprächen, welche ich mit Ihrem edelmütigen Vater führte, sowie an das Haus, in welchem Sie damals wohnten, an den Raum, wo ich übernachtete.

Ihre große Güte als damals junge Frau, nicht nur die Flasche mit heißem Wasser, welche sie in die saubere Bettwäsche legten, sondern auch das vorbereitete Essen für meine weitere Wanderung in dem Moment, als die Häuser durch die Polizei nach einem entflohenen Gefangenen durchsucht wurden.

Ich erinnere mich genau an die Gestalt Ihres Vaters, seine Bemühungen dafür, dass ich meine Flucht glücklich beenden könnte.

Bis zum Ende meines Lebens werde ich immer die Menschen im Gedächtnis haben, welche mich, den Flüchtling aus dem Konzentrationslager, unter der Gefährdung des eigenen Lebens retteten. Diese Tatsache ist für mich nicht nur ein Ausdruck von Menschlichkeit, von Güte, sondern zugleich eine Tat, welche Euch, die Familie Bauer, in die Reihe der hoch-edlen Menschen stellt, die ohne Ansehung der gesellschaftlichen, religiösen oder nationalen Zugehörigkeit handeln. Ich habe Tränen in den Augen, indem ich diese Worte schreibe.

Ich bitte zu entschuldigen, dass ich diesen Brief nicht früher an Sie geschrieben habe. Aber als ich einmal in Deutschland war, schrieb in meinem Namen Frau Ulrika Wiśniewska, Baronin Sandretzka-Zaczewicz (sie wohnte damals im Jahr 1974 in 8202 Berbling, Post Bad Aibling, Kinderhof), nach Scheßlitz, und sie erhielt die Information, dass Herr Josef Bauer schon gestorben sei.

Es ging mir nicht aus dem Kopf, dass doch noch Bewohner des Hauses geblieben sein müssen, wie Ihre Mutter, dass Sie noch leben und noch im gleichen Haus wohnen. Nach einmonatigem Aufenthalt in Deutschland kehrte ich in die Heimat zurück. Ich konnte damals nicht persönlich nach Scheßlitz fahren, denn ich hatte kein Geld für die Reise, und außerdem fürchtete ich die Kontrolle durch den kommunistischen Staat und dass ich mich für die Reise nach Scheßlitz hätte rechtfertigen müssen. Das verhinderte, dass ich mich in die Gegend von Bamberg begeben habe.

Aus Polen war das Schreiben von Briefen ins Ausland sehr verdächtig und es war nicht möglich zuzugeben, dass man irgendwelche Bekannte jenseits der Grenze hatte und natürlich auch das Erhalten von Korrespondenz.

Ich lege mein Foto bei, das am 30. Juli 1945 gemacht worden ist. Jetzt bin ich alt, leidend, ich habe Mühe, mich fortzubewegen.

W. Kostrzeński zu Besuch bei Frau Weiß, geb. Bauer in Scheßlitz 1995, im Hintergrund das Krankenhaus (privat)

Ich bin schon Rentner, aber ich arbeite immer noch weiter.

Ich hatte die Absicht und halte sie immer noch aufrecht, einmal den ganzen Weg meiner Flucht entlangzufahren.

Mit freundlichen Grüßen

Von Scheßlitz nach Bayreuth

Die Strecke am 27. Dezember 1944 war die längste der ganzen Flucht. Auf der Reichsstraße 22, die der Flüchtige wohl überwiegend benutzte, waren es weit über 40 Kilometer. Nicht ohne Grund war Kostrzeński dann abends so erschöpft, dass er die Festnahme widerstandslos über sich ergehen ließ und danach auch keinen Fluchtversuch mehr unternahm. Seine Füße müssen schlimm ausgesehen haben.

Was den Ort betrifft, an dem die Freiheit zu Ende ging, so spricht sehr viel für Donndorf. Vielleicht kann das ja durch einen Bayreuther Leser dieses Buches untersucht werden. In der lokalen Erinnerung könnte sich dieses Ereignis bewahrt haben.

Dokumentation und Erläuterungen

zu Kapitel 2

Im Gefängnis St. Georgen in Bayreuth

Im Gefängnis St. Georgen in Bayreuth

von Joachim Mensdorf

Die Stationen in Bayreuth sind dank der Hinweise des dortigen Stadtarchivs identifizierbar: Die merkwürdige Polizeiwache befand sich im Alten Schloss. Von dort ging es in das Landgerichtsgefängnis in St. Georgen, das dann zwei Monate später bei einem Luftangriff zerstört wurde und heute nicht mehr existiert.

Der Aufenthalt im Bayreuther Gefängnis war formaljuristisch gesehen eine Untersuchungshaft. Kostrzeński wurde zu Außenarbeiten im Gebäude der Luitpoldschule und des heutigen Markgräfin-Mathilde-Gymnasiums (damals Lehrerbildungsanstalt) eingesetzt. Da er sich in dieser Zeit in der Hand der Justizbehörden befand, wurde er noch einigermaßen glimpflich behandelt.

Am Ende dieser Phase wurde der Gefangene in die Kontrolle der Gestapo überstellt. Aber beim Transport nach Langenzenn bis zum Eintritt ins Arbeitserziehungslager waren die Häftlinge noch weiter unter der Obhut der Justizwachleute.

Auf dem Weg von Bayreuth nach Nürnberg erzählt Kostrzeński von einem kurzen Aufenthalt auf einem Bahnsteig, wohl in Hersbruck oder einem Nachbarbahnhof. Er kennt den Namen des Ortes nicht und weiß natürlich auch nicht, dass sich dort ein riesiges KZ-Außenlager befindet, in das er nur wenige Wochen später selbst für kurze Zeit eingeliefert werden wird, auf einem Todesmarsch aus dem „Arbeitserziehungslager" Langenzenn ins KZ Flossenbürg. Er hatte auf diesem Bahnhof zufällig ein interessantes, von ihm detailliert beschriebenes Erlebnis: den Transport von straffällig gewordenen SS-Angehörigen in ein nahe gelegenes SS-Straflager, das sich in Förrenbach befand.

Ausgerechnet zur Zeit eines Luftangriffes auf Nürnberg läuft sein Zug zur Mittagszeit in den Nürnberger Hauptbahnhof ein. Er gibt eine sehr dramatische Schilderung dieser Situation. Mit großer Wahrscheinlichkeit kann man davon ausgehen, dass hier der Luftangriff vom 20. oder 21. Februar 1945 beschrieben wird. Beim Hochbunker, in dem die Fahrgäste aus dem Zug Schutz suchten, kann es sich um den Bunker in der

Südstadt, möglicherweise auch um den zum Schutzraum ausgebauten Königstorturm der Stadtummauerung gehandelt haben. Die lokalen Angaben zu Nürnberg sind spärlich und im Detail nicht nachvollziehbar. Kein Wunder angesichts der chaotischen Umstände, seiner fehlenden Ortskenntnis und seines nur kurze Zeit währenden Aufenthaltes in Nürnberg. Nürnberg bleibt für ihn nur eine Durchgangsstation auf dem Weg ins „Arbeitserziehungslager" Langenzenn.

Dokumentation und Erläuterungen

zu Kapitel 3

Von Bayreuth nach Langenzenn
———
Das Gestapolager Langenzenn

Das sogenannte Arbeitserziehungslager Langenzenn[30]

von Joachim Mensdorf

Zwangsarbeit und Lager

Die folgenden Ausführungen sind als Hintergrund für die anschließenden Informationen zum Langenzenner Arbeitserziehungslager zu verstehen. Die Erläuterungen zu Zivilarbeitern, zivilen Zwangsarbeitern, Kriegsgefangenen und Lagern sollen dazu beitragen, dass das Langenzenner Gestapolager/Arbeitserziehungslager nicht isoliert, sondern im Kontext von Zwangsarbeit und Lagereinweisung gesehen wird.

Die kürzlich erschienene Autobiografie des ehemaligen Zwangsarbeiters George John Beeston[31] ebenso wie die „Erinnerungen an Nürnberg 1942-1945" von Cornelia Verbaan-Lisowska[32] machen deutlich, dass Zwangsarbeit und Lager im konkreten Fall jeweils durchaus ganz Unterschiedliches bedeuten können.

In seiner Autobiografie schildert George Beeston das Zwangsarbeiterlager Maiach/Nürnberg. Es befand sich im Bereich des heutigen Hafens, in der Nähe einer Flakstellung und einer Unterkunft für russische Kriegsgefangene. Ein französischer Zwangsarbeiter sei dort „von der Gestapo verhaftet, gefoltert und danach mit der Axt enthauptet [worden], nur weil er sich an seiner Arbeitsstelle aus einem Sägeblatt ein Brotmesser gemacht hatte".[33] Dieses Lager sowie das ebenfalls von ihm geschilderte „Südfriedhoflager"[34]

---

30 Wenn im Folgenden die Bezeichnung „sogenannt" weggelassen oder auf Anführungszeichen verzichtet wird, so wird selbstverständlich stets mitbedacht, dass es sich bei „Arbeitserziehung" um einen zynischen NS-Jargon handelt.

31 BEESTON 2009, S. 7ff.

32 VERBAAN-LISOWSKA 2009, S. 203 ff.

33 BEESTON 2009, S. 58.

34 BEESTON 2009, S. 68.

waren – um ein absolutes Gegenbeispiel anzuführen – mit Sicherheit von der Lebenswelt der zwölf Franzosen völlig verschieden, die beim Nürnberger Opernhaus Zwangsarbeit als Bühnenarbeiter leisten mussten.[35]

In seinem Einleitungskapitel zum Band „Zwangsarbeit im ländlichen Franken 1939-1945" weist Herbert May darauf hin, dass die „Einschätzung vom zwanglosen ‚Arbeitseinsatz' in der Landwirtschaft „ebenso falsch [ist] wie die Vorstellung, jeder Zwangsarbeiter hätte unter unmenschlichen Bedingungen in Häftlingskleidung arbeiten müssen".[36]

Schon in der Zeit vor dem Ersten Weltkrieg gab es die hohe Zahl von fast 800.000 Ausländern, die im Deutschen Reich beschäftigt waren. Auch in Langenzenn war der Einsatz italienischer Migrationsarbeiter in den Ziegeleien über lange Zeit üblich gewesen. Das sogenannte Italienerhaus – mittlerweile abgerissen – erinnerte lange an diese Tradition.[37]

Im Rahmen der Wirtschaftkrise der 1920er-Jahre ging der Ausländeranteil im Deutschen Reich dann wieder stark zurück. Die nach 1933 schnell anspringende und stetig wachsende Rüstungskonjunktur verursachte jedoch bald einen Arbeitskräftemangel, der vor allem landwirtschaftliche Arbeiter und Facharbeiter in der Industrie betraf. In Verhandlungen zwischen der deutschen und polnischen Regierung etwa wurden jährliche Kontingente polnischer Landarbeiter vereinbart, die zwischen 1937 und 1939 von 10.000 auf 90.000 anstiegen. Durch weitere Abkommen (z.B. mit Italien) kamen weitere 70.000 Personen hinzu, die den Arbeitskräftemangel kaum entschärfen konnten. Er erreichte Mitte 1939 ein Niveau von ca. 1 Million. Im Jahr zuvor hatte die Zahl der ausländischen Arbeiter 375.000 erreicht. Es klaffte also eine riesige Lücke zwischen Angebot und Nachfrage! Angesichts des systematisch vorbereiteten Krieges hofften die Nationalsozialisten, durch den Einsatz von Kriegsgefangenen, der auf die Landwirtschaft beschränkt bleiben sollte, die Beschäftigungslage in den Griff zu bekommen. Hierbei sahen viele durch

---

35 VERBAAN-LISOWSKA 2009, S. 206.

36 MAY 2008, S. 16.

37 In den 60er-Jahren waren dort italienische „Gastarbeiter" untergebracht.

das Eindringen östlicher Arbeitskräfte das „deutsche Volkstum" gefährdet.[38]

Um auf Langenzenn zurückzukommen: Die Lage der dort wohnenden und arbeitenden Italiener, die aufgrund von Anwerbungsaktionen freiwillig gekommen waren, änderte sich schlagartig, nachdem Italien im Krieg die Seite gewechselt hatte: Aus Zivilarbeitern wurden Zwangsarbeiter. „Fremdarbeiter" war der zeitgenössische Begriff für alle zivilen ausländischen Arbeitskräfte in Deutschland. Ein wertneutraler Begriff, der zunächst nichts über die Rekrutierung im Herkunftsland und die Rechtsstellung während des Einsatzes im Reich aussagt. Es wird gelegentlich argumentiert, die Zivilarbeiter seien keine Zwangsarbeiter gewesen. Fritz Sauckel, der Generalbevollmächtigte für den Arbeitseinsatz sagte aber selbst im März 1944, von den damals 5 Millionen Fremdarbeitern seien „keine 200.000" freiwillig gekommen. Das entspräche 4%! Es ist hier nicht der Ort, im Einzelnen auf die Art der Rekrutierung von Arbeitskräften einzugehen: Es ist bekannt, dass in besetzten Gebieten Razzien durchgeführt und Leute verschleppt wurden. Zum Teil wurden bestimmte Quoten für die Überstellung von Arbeitskräften ins Reichsgebiet erwartet. Zudem fanden auch Anwerbungen unter Vorspiegelung falscher Tatsachen statt.[39]

Eine derartige Verschleppungssituation wird von der Ukrainerin Maria Kowaljowa geschildert,[40] die später ins Langenzenner Arbeitserziehungslager kam. Der Gemeindevorsteher in ihrer ukrainischen Heimat war von den Deutschen angewiesen worden, „vier Mädchen im Alter über 16 Jahren auszuwählen, die nach Deutschland abzutransportieren seien". Um seine eigene Tochter vor der Verschleppung zu bewahren, sorgte er mit einem hinterhältigen Trick dafür, dass Maria (sie war erst 15 Jahre alt) ausgesucht wurde, und im Juni 1942 nach Deutschland, und zwar nach Fürth (Bayern) kam.

---

38 Die Darstellung folgt MAY 2008, S. 20ff.
39 Die Darstellung folgt JOCHEM o.J.
40 MARIA KOWALJOWA, „In der Sklaverei. (Fragment, Teil 2) Leidenswege." Quelle: http://www.unf.kiev.ua/Uploaded/Kowaljowa_korr.doc (Zugriffsdatum: 27.01.2010). Die Quellenangabe verdanke ich JOCHEM 2008, S. 234, Anm. 64.

„Ostarbeiter" arbeiteten in mindestens 150 Nürnberger Unternehmen. Sie nahmen die unterste Stelle der Hierarchie ein und mussten diskriminierende Abzeichen tragen (z.B. „O" für Ostarbeiter; „P" für Polen). Zudem unterstanden sie dem Lagerzwang, waren der Strafgewalt der Gestapo unterstellt, schlecht entlohnt und schlecht versorgt.[41]

Kriegsgefangenenlager

Im Krieg wurden reguläre Kriegsgefangenenlager eingerichtet, sei es für einzelne Betriebe oder für einen Ort. Daneben waren Zwangsarbeiter aber auch Handwerksbetrieben oder Bauern zugewiesen und wurden dort „dezentral" verpflegt. Vereinfachend kann man sagen, dass Kriegsgefangene und zivile Zwangsarbeiter auf dem Land häufig besser behandelt wurden, weil mehr persönliche Kontakte bestanden. Doch es gibt auch ganz andere Erfahrungen, die jegliche Pauschalisierung verbieten.

Auch in Langenzenn waren Kriegsgefangene eingesetzt, sowohl in der Landwirtschaft als auch in der gewerblichen Wirtschaft. So richtete etwa der Bürgermeister ein Schreiben an das Arbeitsamt,[42] mit dem er vier Anträge auf Zuweisung von Kriegsgefangenen befürwortend weiterleitete. Er bestätigte, „das[s] die Unterbringung des [gemeint: der] Gefangenen im Sammellager Langenzenn möglich ist".[43] Die Unterbringung der Kriegsgefangenen erfolgte „lagermäßig".[44] Der Begriff „Lager" bei „Arbeitskommandos" beinhaltet eine große Bandbreite von Unterkünften. Er meint nicht notwendigerweise ein Sammellager oder ein betriebliches Lager, wie es z.B. bei den Langenzenner Ziegeleien Stadlinger und Lotter und Stiegler bestand.[45] Es wurde allerdings erwartet, dass

---

41 Die Darstellung folgt JOCHEM o.J.

42 Stadtarchiv Langenzenn, Fach 11, Nr. 5. Schreiben vom 06.12.1940.

43 Stadtarchiv Langenzenn, Fach 11, Nr. 5. Schreiben des Bürgermeisters an das Arbeitsamt vom 06.12.1940.

44 Stadtarchiv Langenzenn, Fach 11, Nr. 5. Schreiben der Kreisbauernschaft Nürnberg v. 18.06.40 an die Bürgermeister.

45 Von den 56 Kriegsgefangenen, die für den 30.07.1941 nachgewiesen sind, wa-

die Erstellung von Lagern/Unterkünften durch die Gemeinden „die Ausnahme bleiben" müsse. In diesem Fall waren die Kosten der Baumaßnahme (einschließlich des Schuldendienstes) von den Betriebsinhabern der „Benutzerbetriebe" zu tragen.[46]

Die Wachmannschaften wurden von der Wehrmacht zur Verfügung gestellt. Die Kosten waren von den Gemeinden und den Arbeitgebern gemeinsam zu tragen.

Die Unterbringungssituation wird durch folgendes Beispiel verdeutlicht: Das Forstamt Alte Veste[47] hatte beabsichtigt, in Langenzenn eine Gruppe von fünf französischen Kriegsgefangenen unterzubringen. Sie sollten wegen „kriegswichtigen Holzeinschlags und für vordringliche Kultur- und Wegbauarbeiten" eingesetzt werden. Der Bürgermeister antwortete, die Gruppe könne im „Gefangenenlager Langenzenn" untergebracht werden. „Nur fehlt es an der Möglichkeit der Verpflegung. Die im Lager befindlichen Gefangenen werden nicht gemeinschaftlich sondern durch die verschiedenen Arbeitgeber verpflegt".[48]

Der Lohn der Kriegsgefangenen (im vorliegenden Fall bei Bauern) betrug 60% der zuständigen Lohnsätze für „freie deutsche Arbeiter". Allerdings war der Lohn nicht an die Kriegsgefangenen, sondern an die zuständige Stelle der Wehrmacht – Stalag Nürnberg – abzuführen.[49]

Die Bevölkerung wurde immer wieder darauf hingewiesen, beim Umgang mit Kriegsgefangenen auf der Hut zu sein. In einem Rund-

---

ren 21 der Fa. Stadlinger, 14 der Firma Lotter und Stiegler und acht der Fa. Plümecke zugeordnet. Die restlichen 13 waren bei acht anderen Betrieben untergebracht. (z.B. Mühle, Schreinerei, Gärtnerei, Zementwarenfabrik).

46 Stadtarchiv Langenzenn, Fach 11, Nr. 5. Schreiben des Landrates (Nr. 5532) vom 24.11.1942. Hier sind auch Detailregelungen für die finanziellen Fragen aufgeführt, die durch die evtl. Schließung oder schwächere Belegung eines Lagers entstehen konnten.

47 Stadtarchiv Langenzenn, Fach 11, Nr. 5. Schreiben des Forstamtes Alte Veste vom 23.10.1941.

48 Stadtarchiv Langenzenn, Fach 11, Nr. 5. Schreiben des Bürgermeisters vom 28.10.1941.

49 Stadtarchiv Langenzenn, Fach 11. Schreiben der Kreisbauernschaft Nürnberg vom 18.06.1940, Nr. 5.

schreiben vom Oktober 1940 warnt der Landrat des Kreises Fürth, Zivilpersonen, die sich „unbefugt den Kriegsgefangenen nähern", hätten „ihre Festnahme zu gewärtigen, wenn sie der Aufforderung der Wachmannschaften, sich zu entfernen, nicht unverzüglich Folge"[50] leisteten. Auch vor intimen Beziehungen wird gewarnt. Es sei zwar „an sich so gut wie ausgeschlossen, dass eine deutsche Frau oder ein deutsches Mädchen sich mit einem Kriegsgefangenen irgendwie einlässt". Sollte dies aber doch vorkommen, so ist „diese Person sofort zu verhaften und in das KZ einzuliefern".[51]

Vom Stalag (Kriegsgefangenen-Stammlager) XIII B kommt der Hinweis:
Gegenüber Kriegsgefangenen ist streng zu beachten: Feind bleibt Feind. Der Kriegsgefangene wird stets, wenn er ein guter Patriot ist, versuchen seinem Vaterland zu nützen und Deutschland zu schaden. Weiter: Jeder gemeinsame Aufenthalt im gleichen Raum ist verboten. Als Ausnahme wird nur anerkannt, wenn dies beim Arbeitseinsatz unvermeidlich ist. Der Besuch von Wirtshäusern und das Betreten öffentlicher Verkaufsräume ist verboten.[52] Daneben wird in Erlässen immer wieder auf die Gefahr von Sabotageakten durch Kriegsgefangene hingewiesen.

In einem Schreiben der IHK[53] geht es um die Zuweisung von Kriegsgefangenen an die gewerbliche Wirtschaft in Langenzenn. Im gleichen Schreiben wird der Bürgermeister darauf hingewiesen, dass „Neuanforderungen von Kriegsgefangenen" an das zuständige Arbeitsamt zu richten seien.

Im Oktober 1940 erhält die Stadt Langenzenn eine Mängelanzeige bezüglich des Kriegsgefangenenkommandos Nr. 1870. Die Drahtvergitterung der Fenster sei zu verstärken und an den Türen des Unterkunftsraumes für Kriegsgefangene sei „ein zweiter Riegel

---

50 Stadtarchiv Langenzenn, Fach 11, Nr. 5. Schreiben des Landrates (Nr. 6127) vom 30.10.1939.

51 Stadtarchiv Langenzenn, Fach 11, Nr. 5.

52 Stadtarchiv Langenzenn, Fach 11, Nr. 5. Rundschreiben an alle Zivilbehörden und Dienststellen der NSDAP vom 13.08.1940.

53 Stadtarchiv Langenzenn, Fach 11, Nr. 5. Schreiben vom 30.09.1940 an den Bürgermeister.

mit Schloss anzubringen". Sollte die Beseitigung dieser bereits wiederholt angemahnten Mängel nicht „innerhalb 8 Tagen" erfolgen, so würde man sich „veranlasst sehen, das Arbeitskommando einzuziehen".[54] Bereits im September des gleichen Jahres hatte der Landrat darauf hingewiesen, dass gemäß Verfügung des Oberkommandos der Wehrmacht jenen Arbeitgebern die Kriegsgefangenen entzogen würden, „bei denen sich Fluchtfälle ereignen".[55]

Aus dem Schriftwechsel der Stadtverwaltung mit dem Ernährungsamt Fürth-Land (im Zusammenhang mit den Fettkarten-Abschnitten für Kriegsgefangene) gehen die Zahlen der Kriegsgefangenen in Langenzenn hervor:[56] Juni 1940: 21[57]; Juli 1941: 56; Dezember 1941: 81; Februar 1942: 94.[58]

Man muss davon ausgehen, dass in den folgenden Kriegsjahren noch erheblich mehr Kriegsgefangene eingesetzt waren. Aus einem Baugesuch[59] der Firma Stadlinger kann man entnehmen, dass im März 1943 allein bei dieser Firma statt der bisher 27 nun insgesamt 70 Kriegsgefangene eingesetzt waren. Im August 1943 erhöhte sich dort (Arbeitskommando 400) die Zahl der Kriegsgefangenen auf 86. Diese Erhöhung hängt mit der „Ausweitung der Dachziegelherstellung für Fliegerschäden" zusammen.

---

54 Schreiben der Ld.Sch.Komp. 2/280 vom 25.10.1940. Stadtarchiv Langenzenn, Fach 11, Nr. 5.

55 Stadtarchiv Langenzenn, Fach 11, Nr. 5. Schreiben des Landrates vom 27.09.1940 (Nr. 5754) an die Bürgermeister.

56 Stadtarchiv Langenzenn, Fach 11, Nr. 5. Schreiben des Bürgermeisters an das Ernährungsamt Fürth-Land v. 23.06.1941 sowie anschließender Schriftverkehr.

57 Bei der Zahl für den Juni 1940 scheint es sich aber nur um Kriegsgefangene zu handeln, die bei Bauern eingesetzt waren.

58 Spätere Gesamtlisten sind nicht verfügbar.

59 Staatsarchiv Nürnberg, LRA Fürth, BauA der Gde. Lgz., Nr. 5553 (40/43). Baugesuch vom 17.03.1943 für einen Anbau an das Kriegsgefangenenlager.

Arbeitserziehungslager

Wenn Fremdarbeiter aus Nazisicht straffällig wurden, etwa durch Fluchtversuche, „Bummelei" bei der Arbeit, defätistische Äußerungen, Widersetzlichkeit, natürlich auch Sabotage, dann drohte ihnen die Einweisung in zynisch „Arbeitserziehungslager" (AEL) genannte Straflager, die von der Gestapo betrieben wurden. Die Häftlinge lebten dort unter Bedingungen, die mit denen in den Konzentrationslagern der SS vergleichbar waren.

Eine relativ typische Einweisungssituation, hier in das Langenzenner Lager, schildert die bereits erwähnte, mit 15 Jahren verschleppte Maria Kowaljowa. Sie war bei Fa. Schickedanz in Fürth beschäftigt. Da sie keine brauchbare und warme Kleidung mehr hatte, kam sie auf die Idee, in der Mittagspause heimlich Futterstoff abzuschneiden, um sich daraus eine Bluse und einen Rock zu nähen. Dabei wurde sie erwischt und zur Strafe sechs Monate in das Arbeitserziehungslager Langenzenn geschickt. „Zwei Monate", so Maria Kowaljowa „war ich in einer Einzelzelle inhaftiert – die grauenhaftesten Monate in meinem Leben. Ich möchte bis heute glauben, dass es ein Traum war. Doch es geschah tatsächlich, die unausweichliche Wirklichkeit hatte mich eingeholt. [...] Ich verblieb ein halbes Jahr im Lager. Danach ließ man [...] mich wieder bei der Fabrik arbeiten."[60]

In ihrem Standardwerk über die Arbeitserziehungslager veranschaulicht Gabriele Lotfi[61] die Funktion der Arbeitserziehungslager und weist auf die sich in der Praxis ergebende Konkurrenzsituation zwischen der SS und den lokalen Gestapostellen hin.

„Das eindeutige Ziel der Unternehmen war, einzelne ‚Gefolgschaftsmitglieder' unmittelbar nach ihrer Anzeige ‚schlagartig' zu verhaften und mit abschreckender Härte disziplinieren zu lassen. Und solches sahen sie nur durch die Einschaltung der Gestapo gewährleistet. Doch auch der staatspolizeiliche Maßnahmenkatalog schien zur Erfüllung dieser neuen Aufgaben nicht mehr ausrei-

---

60 Olena Kowaljowa, a.a.O.
61 LOTFI 2000.

chend. Der im Oktober 1939 auf 21 Tage verlängerten Polizeihaft, die im Polizeigefängnis verbüßt wurde, fehlte nach übereinstimmender Einschätzung von Stapo und Arbeitgebern die angeblich erforderliche abschreckende Härte. Die seit Beginn des Krieges unbefristete Einweisung in die KZ schied als kurzfristiges Disziplinierungsmittel ebenfalls aus, zumal sie die Betriebsführer, die größten Wert darauf legten, dass ihnen die Beschäftigten nach einer Bestrafung wieder an die früheren Arbeitsplätze zurückgeführt würden, als unverhältnismäßig ablehnten."[62]

Die Arbeitserziehungslager wurden damit „zwischen den Polizeigefängnissen und den KZ als *regionale staatspolizeiliche Terroreinrichtung*[63] im NS-Lagersystem"[64] etabliert.

„Die Gründung der Arbeitserziehungslager", so Lotfi weiter „zeigt, dass die regionalen Allianzen, die die Stapostellen mit den ansässigen Unternehmungsführungen und Arbeitsbehörden eingingen, auch den Interessen der Berliner SS- und Polizeiführung zuwiderlaufen konnten. Himmler bemühte sich noch, die staatspolizeiliche ‚Arbeitserziehung' in die bestehenden KZ zu kanalisieren. Er favorisierte das zentralisierte KZ-System, das durch den Inspekteur der Konzentrationslager seiner unmittelbaren Kontrolle unterstand. [...] Das Bestreben der Gestapo, ihr eigenes terroristisches Lagersystem durchaus in Konkurrenz zu den KZ aufzubauen, zeigte sich im Lauf des Krieges darin, daß fast jede Stapostelle über mindestens ein AEL verfügte, in das sie keineswegs nur Arbeitsverweigerer verschleppte".[65]

---

62 LOTFI 2000, S. 314.
63 Hervorhebung vom Verfasser.
64 LOTFI 2000, S. 316.
65 LOTFI 2000, S. 317.

Die Vorgeschichte des Langenzenner Arbeitserziehungslagers

Durch den „Terrorangriff am 27./28.08.1943", so der Polizeipräsident von Nürnberg-Fürth, wurden die Gefangenenbaracken des Arbeitserziehungslagers Nürnberg-Russenwiese „vernichtet"[66]. „In diesem Ausweichgefängnis", so Dr. Holz, der damalige Personalchef des Polizeipräsidiums „befanden sich mindestens 800, zeitweise aber auch bis zu 1200 Gefangene. [...] Nach der völligen Verwüstung des Ausweichgefängnisses in der Russenwiese wurde alles versucht, um einen Ersatz in der Nähe der Stadt Nürnberg zu finden."[67] Die Lage war umso angespannter, weil es, so Dr. Holz, in dieser Nacht auch einen Bomben-Volltreffer in den östlichen Teil des Nürnberger Polizeipräsidiums gegeben habe. Die Zellenwände des Gefängnisses seien gegen die Hofseite eingestürzt. Die Gefangenen wurden, so Holz, in der gleichen Nacht im Untersuchungsgefängnis und in der Turnhalle der Strafvollstreckungsanstalt Bärenschanzstraße untergebracht.[68]

Aus Holz' Worten kann man schließen, dass die erfolgreiche Suche nach einem neuen Standort auf Konrad Beetz' Initiative zurückgeht, der schon auf der „Russenwiese" eingesetzt war. „Eines Tages", so Holz, „kam Beetz zu mir und erklärte, dass er einen Ersatz in der aufgelassenen Ziegelei in Langenzenn gefunden habe. Das Gefängnis in Langenzenn", so Holz, „wurde vollständig von Beetz aufgebaut. Es unterstand in seinem ganzen Dienstbetrieb dem Leiter der Staatspolizei, Reg.- und Kriminalrat Otto, der dem Kriminalsekretär Beetz die tatsächliche Leitung überlassen hatte."

---

66 JOCHEM 2008, S. 219.

67 Staatsarchiv Nürnberg, Rep. 279/5/S, „Staatsanwaltschaft bei dem Landgericht Nürnberg-Fürth", Nr. 2253. Im Folgenden zitiert als „StAnw. b. LG Nbg.-F".

68 Zeugenaussage Holz, a.a.O.

Die Entstehung des Langenzenner Arbeitserziehungslagers

In einer Zeugenaussage von Herrn Oppe, Vertreter der Erbengemeinschaft der Ziegelei Georg M. Walther kommt zum Ausdruck, dass die Ziegelei zum 1.4.1942 durch das Regierungswirtschaftsamt Fürth geschlossen worden war. Aus mehreren Gründen lag es für die Gestapo offenbar nahe, hier einen Ersatz für das zerstörte Nürnberger „Arbeitserziehungslager" Russenwiese zu schaffen:
- Die Ziegelei lag noch im Großraum Nürnberg, war aber vor Luftangriffen erheblich sicherer als die „Russenwiese".
- Im Fall der Wiederaufnahme der Produktion des Ziegeleibetriebes bot sich die Möglichkeit, die Arbeitskraft der Häftlinge auszubeuten.
- An Ziegelsteinen und Dachziegeln bestand aufgrund von Luftangriffen ohnehin großer Bedarf. In einer benachbarten Ziegelei war deswegen bereits im Frühjahr desselben Jahres die Produktion ausgeweitet worden.

Den Aufbau des Lagers beschreibt Herr Oppe wie folgt: Im September 1943 habe die Gestapo von der Firma den Abschluss eines Pachtvertrages für ein Lager verlangt. Die Firmenleitung habe sich jedoch zurückhaltend bis ablehnend verhalten. Daraufhin sei vom Bürgermeister die Meldung gekommen, das Gelände sei beschlagnahmt. Zuerst habe die Gestapo ein Arbeitskommando zum Aufstellen von Baracken geschickt. Um die Jahreswende 1943/44 sei dann der Plan bekannt geworden, die Ziegelei wieder in Betrieb zu setzen.

„Die Gestapo legte Wert darauf, die Arbeitskräfte des Lagers zu verwerten und plante zu diesem Zweck auch die Firma in Gang zu setzen. Wenn die Gestapo damals diesen Plan nicht gehabt hätte, wäre [...] dies gar nicht möglich gewesen [...], denn uns persönlich wäre es z.B. wahrscheinlich gar nicht gelungen, trotz aller Bemühungen auf die Kohlenliste gesetzt zu werden und die erforderlichen Genehmigungen zu bekommen."
Nach Herrn Oppes Erinnerung ist der Betrieb im April 1944 „mit etwa 8-10 alten Arbeitern und zusätzlich den Arbeitskräften aus dem Lager" wieder angelaufen. Oppe: „Ich meine, dass damals

[April 1944] der erste größere Schub der Lagerinsassen nach Langenzenn gekommen ist. Zunächst wurden wenige Gefangene beschäftigt. Ihre Zahl dürfte in unserem Betrieb auf 6-7 angestiegen sein. Außer unserer Ziegelei wurden auch andere Betriebe in Langenzenn und Umgebung mit Arbeitskräften aus dem Lager beschickt."

Ein ehemaliger Häftling berichtet: „Mit 12 Mann kam ich [Ende August 1943] zum Polizeipräsidium [Nürnberg] und von dort mit diesen 12 Mann nach Langenzenn in eine Backsteinfabrik. Wir wurden aber nicht in der Fabrik beschäftigt, sondern mussten in Langenzenn ein Lager aufbauen. Erst haben wir den Draht aufgerichtet und dann Baracken gebaut. Ich war dann insgesamt 7 Monate noch in Langenzenn, es kamen, nachdem das Lager fertig war, viele Gefangene dorthin."[69]

Die wirtschaftliche Seite des Häftlingseinsatzes

Laut Herrn Oppe zahlte die Firma der Wirtschaftsabteilung der Gestapo für die Arbeitsleistung der männlichen Arbeitskräfte 46 Pfennige, für die der weiblichen Arbeitskräfte 35 Pfennige pro Stunde. Es lag nahe, dass die Arbeitsleistung der Häftlinge wegen ihrer körperlichen Verfassung, ihrer Behandlung und ihrer fehlenden „Motivation" nicht sonderlich hoch war. Die Firma habe deswegen mit dem Gauwirtschaftsleiter Verhandlungen mit dem Ziel aufgenommen, entweder eine Erhöhung der Verkaufspreise für Ziegel oder eine Verminderung der Stundenlöhne der Häftlinge zu erreichen. Es sei dann zu einem „Akkordvertrag" gekommen. (Der Begriff meint einen Festpreis für die hergestellten Ziegel; er bezieht sich nicht etwa auf das Arbeitstempo der Häftlinge.)

Die Häftlinge des Langenzenner AEL wurden nicht nur bei der Ziegelei G. M. Walther, sondern auch in den anderen Ziegeleien des Ortes, in anderen Betrieben und wohl auch in der Landwirtschaft eingesetzt. Eine Zeitzeugin erinnert sich daran, dass jeden

---

69 Staatsarchiv Nürnberg, StAnw. b. LG Nbg.-F., Mappe I, Nr. 16; Zeugenvernehmung Nikolay Młódzow; Aussage vom 05.02.1948.

Morgen eine kleine Gruppe von Häftlingen unter Bewachung mit der Bahn Richtung Fürth zur Arbeit gebracht wurde.[70] Aus dem „Catalogue of Camps and Prisons" des Internationalen Suchdienstes geht zudem hervor, dass die Gestapo Arbeitskommandos auch an die Privatwirtschaft und an Kommunalverwaltungen anderer Orte vermittelte und dadurch Einkünfte erzielte.[71]

Das Gelände

Das Lager war verkehrsgünstig gelegen und doch von der Öffentlichkeit relativ abgeschirmt. Das Gelände (ehemalige Lehmgrube) war von der Reichsstraße 8 etwa 150 m nach Süden zurückgesetzt. Die vorderen Gebäude im Eingangsbereich (Wachbaracke und Verwaltungsgebäude) standen auf einem kleinen Hügel. Das dahinterliegende, etwas tiefergelegene eigentliche Lager war von der Straße nicht direkt einsehbar. Der hintere Teil des Areals war durch die ca. 10 m hohe Lehmabbaukante abgeschlossen. Die Umzäunung des Lagers nach Westen grenzte unmittelbar an den „Neuen Ofen" der Ziegelei an. Ziegelei und Lager waren durch einen Industriegleisanschluss über den nahe gelegenen Bahnhof Langenzenn an die Nebenstrecke Siegelsdorf – Markt Erlbach angebunden.

Das Lager hatte zwei Eingänge: einen westlichen bei der „Wache" neben dem Industriegleis und einen östlichen (am Teichenbachweg), sodass eine Durchfahrt durch das Lager möglich war.

Wegen der massiven baulichen Veränderungen der ehemaligen, längst stillgelegten Ziegelei G. M. Walther, des Baus einer Umgehungsstraße (Veit-Stoß-Straße) über das ehemalige Lagergelände und der teilweisen Veränderung der Straßenführung des Teichenbachweges ist heute die genaue Lokalisierung des ehemaligen Lagers erschwert. Vor dem Zweiten Weltkrieg hatte sich auf diesem Gelände der Sportplatz des Turnvereins Langenzenn befunden.[72]

---

70 Frau Frida Köhler, Langenzenn. Gespräch v. 11.08.2009 (zusammen mit Frau Andrea Barz, Langenzenn)

71 JOCHEM 2008, S. 221 f.

72 Auskunft von Herrn Reinhold Hitschfel, Langenzenn.

Stadtplan Langenzenn 1974 (Verwaltungs-Verlag München. Lizenz-Nr.10-03-06)

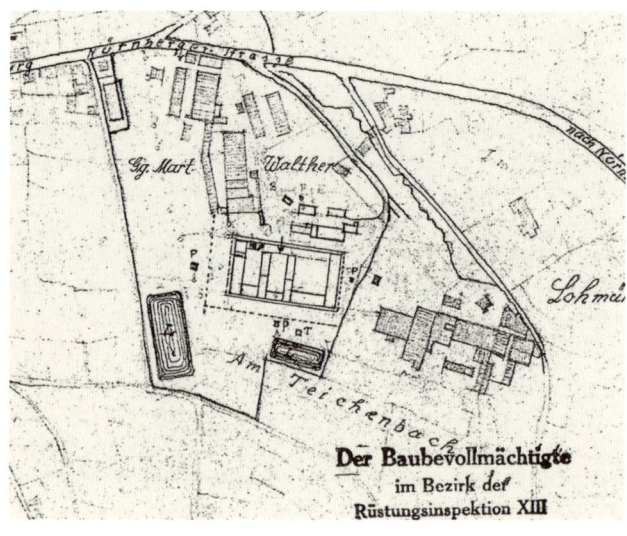

Lageplan des Straflagers, 1:5000, Plan 7 (Staatsarchiv Nürnberg)

Die Baupläne

Zur Quellenlage:
Ein Teil der Pläne ist deshalb erhalten, weil sie offenbar wichtig waren um die Plausibilität von Zeugenaussagen bewerten zu können und aus diesem Grund in die Unterlagen der Nachkriegsprozesse gegen Beetz u.a. aufgenommen wurden und dort verblieben sind.[73] Bei der ausstellenden Behörde, dem Landbauamt Nürnberg bzw. dessen Nachfolgebehörde sind keine Unterlagen mehr vorhanden.

Konzept
Obwohl Planung und Ausführung des Lagers sehr schnell erfolgten, ist ganz klar, dass von Anfang an ein Gesamtkonzept für die kompakte Anlage vorlag. Dieses Konzept lässt sich gut aus dem Plan vom 03.05.1944 ablesen, ist aber bereits im Plan vom November 1943 ersichtlich. Der schnelle Aufbau wurde durch das modulare Konzept (Verwendung von RAD[74]-Baracken) in der Anfangsphase gesichert. Beim weiteren Ausbau finden wir eine Mischung aus genormten Baracken und Massivbau bzw. reinen Massivbau.

---

73 Alle Päne: Staatsarchiv Nürnberg, StAnw. b. LG Nbg.-F.
- Plan 1: Typenblatt RL IV/4 „Mannschaftshaus". Maßstab: 1:100 (Typenblatt der Reichsleitung des Arbeitsdienstes v. 01.01.1939).
  Die Bearbeitung dieses „Typenblattes" stellt die Innenaufteilung von zwei Baracken dar:
    (1) von Baracke „11": Damit ist die linke vordere Baracke des 1. BA gemeint, in dem sich die Aufnahme, der Arztraum und die Werkstatt befand.
    (2) von Baracke „10": Damit ist die daneben liegende Häftlingsbaracke gemeint, die östlich an die Toilettenanlage anschloss.
- Plan 3: Abortanlage zu den Baracken. Maßstab 1:50. Landbauamt Nürnberg, 06.11.1943.
- Plan 4: Plan der Baracke vom Typ „XVII/3½ (OKH)" (Lagerleitung, Mannschaftsräume, Küche, Heizung). Maßstab 1:100. Plan des Landbauamtes Nürnberg v. 24.11.1943.
- Plan 7: Lageplan 1 : 5000 vom Ausländergefängnis und Arbeitserziehungslager Langenzenn auf dem Anwesen der Fa. Gg. Mart. Walther, Ziegelei in Langenzenn, Nürnberger Strasse Nro 50.
  Plan des Landbauamtes Nürnberg vom 31.05.1944.
- Plan 8: Ausländergefängnis Langenzenn. Lageplan des Landbauamtes Nürnberg vom 03.05.1944. Maßstab 1:1000.

74 Reichsarbeitsdienst

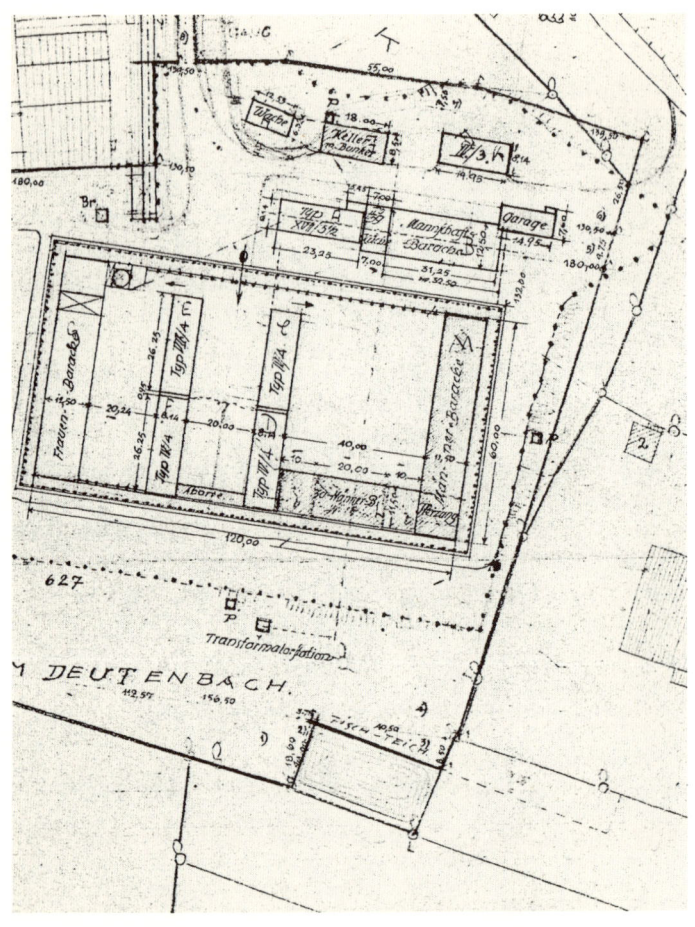

Lageplan, 1:1000, Plan 8 (Staatsarchiv Nürnberg)

Umzäunung

Die äußere Sperrbereichsabgrenzung war ein einfacher, mit zwei Stacheldrähten an Pfählen gespannter Zaun von 1,20 m Höhe mit zwei Schlagbäumen an den Zufahrtsstraßen. Zur Umzäunung des inneren Sperrbereichs wurden ca. 20 cm starke Rundhölzer 2,5 m über den Boden ragend im Abstand von 3 m in die Erde eingegraben und an diesen ein an Ort und Stelle gefertigtes Stacheldrahtgeflecht mit einer Maschenweite von 23 x 23 cm angebracht. Dazu Türeinbauten ebenfalls mit Stacheldraht überzogen.[75]

Äußerer Bereich (3. Bauabschnitt)[76]
Der äußere Bereich ist über einen Weg neben dem Industriegleis („Schleppbahn") erschlossen. Nach dem äußeren Tor führt er zur Wache (RAD-Baracke, Maße: 12,53 m x 5,32 m) und biegt dann nach links (Osten) ab. Er teilt sich und führt vor und hinter dem Verwaltungsgebäude vorbei zum hinteren Eingang des Lagers. Von dort kommt man über den Teichenbachweg wieder zurück zur Reichsstraße 8.

Vor dem Eingang zum inneren Lagerbereich stand das 61 m lange Verwaltungsgebäude. Der Mittelteil (7 m x 12,50 m) war gemauert und beinhaltete die Küche und die Heizung (nur für dieses Verwaltungsgebäude!) An den gemauerten zentralen Bereich war auf beiden Seiten eine Holzbaracke angebaut: im Osten eine Holzbaracke für die Wachmannschaft (31,25 m x 12,50 m) mit 19 Schlafräumen und einem Speiseraum. Im Westen eine Baracke für die Lagerverwaltung (23,25 m x 8,14 m). Sie enthielt den Arbeits- und Schlafraum für den Leiter, ein Vorzimmer, einen Aufenthaltsraum, fünf Arbeitszimmer, ein Arbeitszimmer mit Registratur sowie einen gemauerten, feuersicheren Aktenraum. Nordöstlich an die Wachbaracke schloss (über Eck) die Garage (14,95 m x 7,60 m) an.[77]

Hinter dem großen Verwaltungsbau befanden sich zwei Gebäude, deren Nutzung unklar ist. Die RAD-Baracke vom Typ IV/3 (19,95 m x 8,14 m) hinter der Mannschaftsbaracke könnte ein Lagerraum aus der Aufbauphase des Lagers gewesen sein. Daneben befand sich ein „Keller mit Bunker" mit den Außenmaßen 17 m x 8,5 m. Allein schon aus der Lage kann ausgeschlossen werden, dass es sich dabei um einen Strafbunker handelte. Da eine Kommentierung dieses Kellers/Bunkers in den Plänen stets unterbleibt, kann man annehmen, dass er schon bestanden hat. Viel-

---

75 HITSCHFEL 2005. Seine Beschreibung orientiert sich genau an der überlieferten Materialliste.

76 Die Einteilung in Bauabschnitte bezieht sich ausschließlich auf eine von mir, nach dem Vergleich der vorliegenden Pläne entwickelte Systematisierung.

77 Sie hatte ursprünglich als „Turnhalle" gedient, als sich auf diesem Gelände noch ein Sportplatz befand. (Information: Reinhold Hitschfel, Langenzenn.)

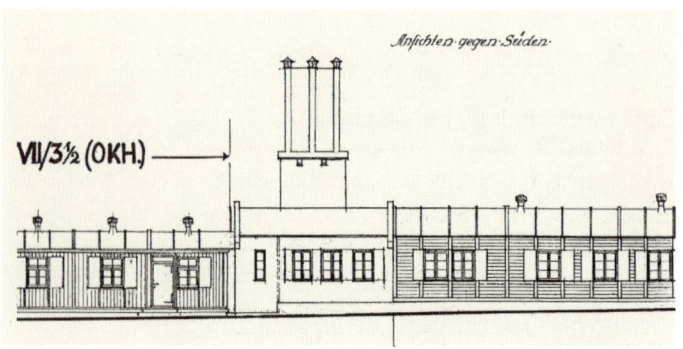

Verwaltungsbaracke, Ansicht von Süden (Plan 4, Teilansicht)
(Staatsarchiv Nürnberg)

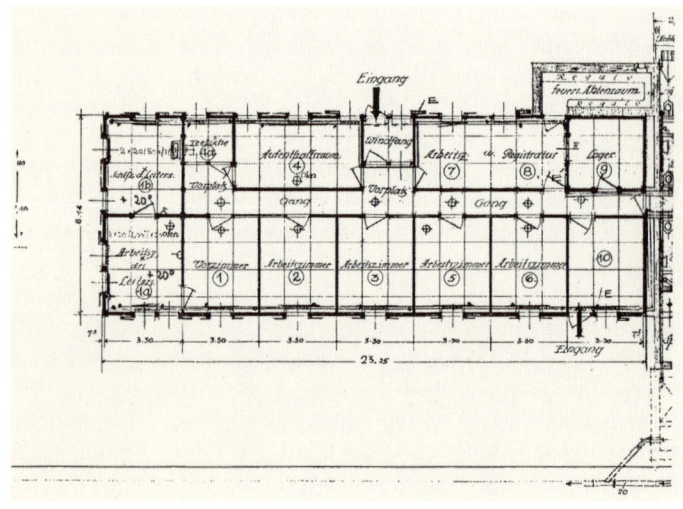

Verwaltungsbaracke: Leitung (Plan 4, westlicher Flügel)
(Staatsarchiv Nürnberg)

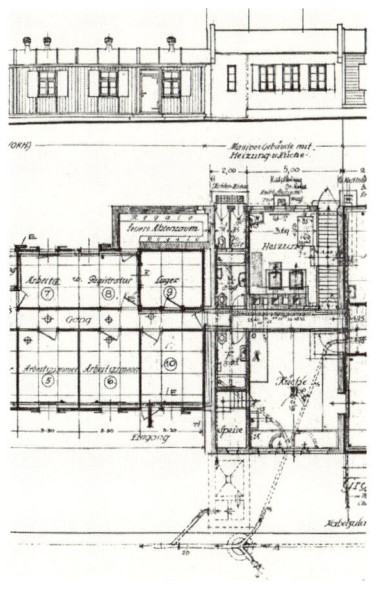

Verwaltungsbaracke: Küche / Heizung (Plan 4, Teilansicht) (Staatsarchiv Nürnberg)

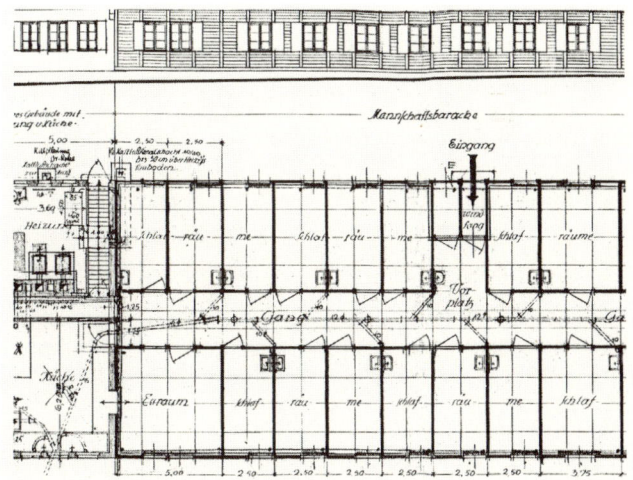

Verwaltungsbaracke: Mannschaftsräume (Plan 4, östlicher Flügel, Teilansicht) (Staatsarchiv Nürnberg)

leicht handelte es sich um einen Luftschutzbunker der Ziegelei.[78] Im äußeren Bereich (zwischen der äußeren und der inneren Umzäunung) befanden sich vier Postenhäuschen,[79] zwei Scheinwerfer, eine Trafostation, ein Graben, zwei Löschwasserteiche und ein Brunnen. Der Graben diente sicher der Ableitung des auf dem Lagergelände häufig stehenden Wassers über Pumpen[80] (Lehmgrube!). Der Brunnen (zwischen dem Kohlenschuppen bei der Schleppbahn und dem Zaun zum inneren Sperrbereich) versorgte offenbar den Wassertank des nahe gelegenen Lagerbades.

Innerer Bereich
Der innere Bereich war ebenfalls von einem (im vorderen Bereich doppelten) Stacheldrahtzaun umgeben, dessen Abstand zu den Baracken 3 m betrug. Der innere Sperrbereich hatte eine Abmessung von 120 m x 60 m (7200 qm).

Die vier zentralen Baracken (1. Bauabschnitt)
Die ursprüngliche Anlage bestand aus vier zentralen RAD-Holzbaracken (3 x Typ IV/4, 1 x Typ VII/4), von denen je zwei in Reihe einander gegenüber standen. Jede dieser Baracken hatte die Maße von 8,14 x 26,55 m. Sie könnten schon Mitte Oktober zur Verfügung gestanden haben. Zwischen den beiden Reihen von je zwei Baracken befand sich eine gemauerte Wasch- und Abortanlage. Genau genommen handelte es sich dabei um zwei getrennte Anlagen, die der jeweiligen Baracke zugeordnet und nur aus ihrem Inneren zu betreten waren. Diese Anlage stand mit Sicherheit erst zu einem späteren Zeitpunkt zur Verfügung (2. Bauabschnitt).[81] Zwischen den beiden Waschräumen/Aborten lag ein nur von außen zu betretender Raum, der auf dem Plan euphemistisch als

---

78 Herr Hitschfel vermutet, dort könnte Sprengstoff gelagert gewesen sein, der zur Erweiterung der Lehmgruben eingesetzt wurde. Diese Nutzung wurde von Herrn Rudolf Lotter bestätigt. Für die ausschließliche Lagerung von Sprengstoff wäre der Raum lt. Herrn Lotter allerdings erheblich überdimensioniert gewesen.

79 Kostrzeński spricht von regulären Wachtürmen.

80 Hinweis bei Kostrzeński.

81 Diese Wasch- und Abortanlage – sie war auf das gleiche Niveau wie die Baracken ausgerichtet – hatte zur jeweiligen Barackenseite keine Außenwand, d.h. sie war an die jeweilige Baracke nur „angestellt"! Der Plan zeigt nur die (östliche) Hälfte der symmetrischen Anlage.

"Garderobe" deklariert ist. In Wirklichkeit handelt es sich um den Strafbunker (5m x 3,3 m, also 16,5 qm).

Die vier Baracken und die zwischendrin liegende, gemauerte Toilettenanlage bildeten ein nach Norden "offenes" Karree. Von den vier zentralen Baracken standen aber nur die zwei "hinteren" (südlichen) für die Gefangenen zur Verfügung. Das Karree zwischen den vier Baracken war durch einen Stacheldrahtzaun in den eigentlichen Appellplatz und einen Sicherheitsbereich unterteilt. Der vordere Zaun ist auf einer Handzeichnung als "spätere Umzäunung" gekennzeichnet, wurde also erst in einer späteren Ausbauphase errichtet.

Die Gründe für dieses bauliche Konzept werden klar, wenn man sich die Aufbauphasen des Lagers vor Augen hält. Zunächst bestand das 61 m lange Verwaltungsgebäude (3. Bauabschnitt; Leitung, Wachmannschaft, Küche, Heizung) noch nicht. Deshalb wurden die beiden vorderen Baracken wie folgt genutzt:
- Die linke Baracke diente als Aufnahmebüro (mit "Schlägezimmer"), Effektenraum, Arztraum und Werkstatt. Diese Baracke hatte Fenster nach Osten, im Gegensatz zur daneben liegenden Häftlingsbaracke.

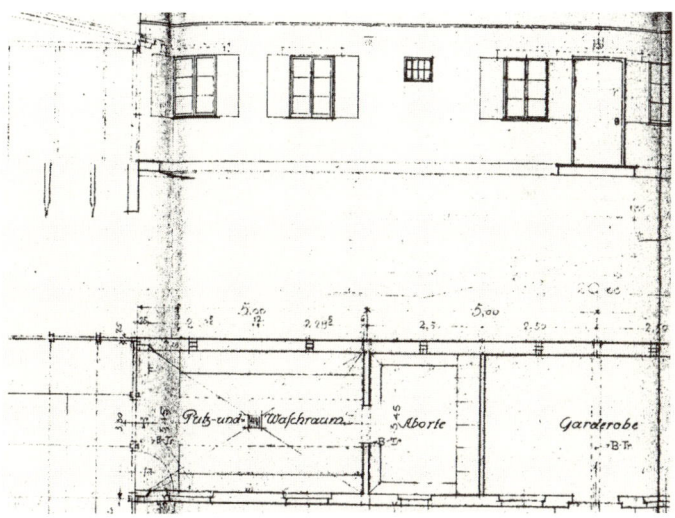

Abortanlage zwischen den zentralen Baracken (Plan 3, linker Teil der symmetrischen Anlage) (Staatsarchiv Nürnberg)

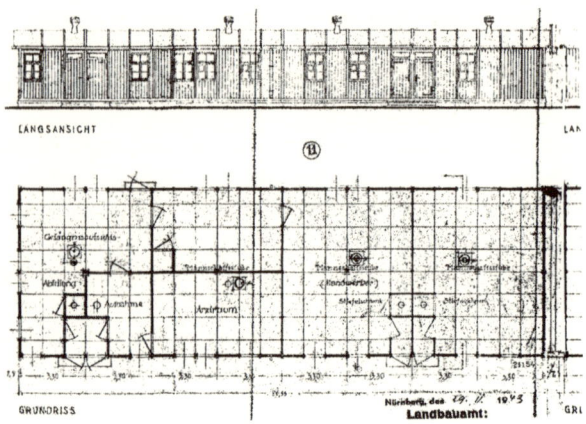

1. BA: Zentraler Bereich: linke vordere Baracke: Aufnahme, Arztraum, Werkstatt. (Plan 1)

- Die rechte Baracke (auf den Plänen als „Wi-Ba" gekennzeichnet, womit offenbar „Wirtschaftsbaracke" gemeint ist) beherbergte einen Vorratsraum, die Küche und den Speiseraum für das Personal. Aus den Plänen ist auch zu erkennen, dass die beiden vorderen Baracken Versorgungsleitungen hatten, im Gegensatz zu den „Wohnbaracken" für die Häftlinge. In welchem Umfang die Nutzung der „Wi-Ba" nach Fertigstellung des Verwaltungsgebäudes geändert wurde, lässt sich nicht nachweisen.[82]

„Frauenbaracke" (4. Bauabschnitt)

Westlich des zentralen Karrees ist ein als „Frauenbaracke" bezeichneter Winkel[83] angebaut. Der Appellplatz ist hier doppelt so breit (40 m) wie der Appellplatz beim ersten Bauabschnitt. Diese Erweiterung ist schon im Plan vom 6.11.1943 vorgesehen. Ich gehe davon aus, dass sie erst im Sommer 1944 fertiggestellt wurde. Sie besteht aus einer Kombination einer RAD-Holzbaracke und einem gemauerten Teil. Der Barackenteil hat eine Länge von 45 m und eine Tiefe von 12,5 m. Er enthält etwa 30 Einzelzellen.[84]

---

82 Ich gehe von der Umwidmung zu einer Frauenbaracke aus.

83 Der nördliche Teil dieses Schenkels wurde offenbar nicht ausgeführt. Er ist in späteren Plänen nicht mehr enthalten.

84 Wegen der schlechten Plankopie des südlichen Barackenteils ist die Angabe

Der nach Norden direkt angebaute massive Bauteil (15 m x 12,50 m) beinhaltet eine Heizungsanlage (für den Barackenteil), eine Duschanlage, zwei Verbrennungsöfen sowie einen Raum, der als „vorgesehene Blausäurekammer" bezeichnet ist.

Im rechten Winkel zu dieser „Frauenbaracke" schließt sich am nördlichen Ende (parallel zur Vorderseite des inneren Sperrbezirks) ein kleiner Gebäudeteil an, der einen Wasserbehälter (offenbar für das Lagerbad), eine Pumpenanlage und einen Kühlraum enthält. Es ist naheliegend, dass der nur wenige Meter entfernte Brunnen mit diesem Wasserbehälter verbunden war.[85]

Bei dieser „Frauenbaracke" handelt es sich eindeutig um eine Anlage mit Einzelzellen für verschärften Strafvollzug.[86] Ich gehe deswegen davon aus, dass die Angabe „Frauenbaracke" und „Männerbaracke" lediglich plantechnische Angaben sind, die mit der tatsächlichen Nutzung nicht in direktem Zusammenhang stehen. Wirklich verlässliche Angaben sind aber nicht möglich.

Für diesen, von mir als 4. Bauabschnitt bezeichneten Teil des Lagers finden sich im Staatsarchiv keine Unterlagen. Unter ungeklärten Umständen tauchten, angeblich bei der Sanierung des Schauspielhauses Nürnberg (1979), Pläne dieses Bauabschnittes („Frauenlager") auf.[87] Sie stammen, wie auch die übrigen Pläne, vom zuständigen Landbauamt, das im Krieg wegen Bombenschäden mehrfach seine Unterbringung hatte wechseln müssen. Diese Pläne wurden anonym dem Bayerischen Rundfunk zugespielt. Der BR-Redakteur Christoph Baumann nahm dies zum Anlass für eine TV-Reportage.[88]

Elke Graßer verwendete diese Pläne 1983 in ihrer Kollegstufen-Facharbeit über das Langenzenner Lager. Es ist die erste Arbeit überhaupt über das Langenzenner Lager.[89] Sie beschäftigte sich auch mit der Frage, ob es vorstellbar ist, dass ein Ausbau des

---

der genauen Zellenzahl nicht möglich.

85 Auf einem der Pläne ist auch eine Leitung von der Verwaltungsbaracke zum Brunnen eingezeichnet. (Elektrische Pumpe?)

86 Die bereits erwähnte Maria Kowaljowa verbrachte lt. eigener Aussage zwei (von insgesamt sechs Monaten) hier in Einzelhaft.

87 Hinweis von Frau Elke Graßer-Reitzner, Nürnberg.

88 Der siebenminütige Film wurde am 16.02.1980 in der „Franken-Chronik" des Bayerischen Fernsehens ausgestrahlt.

89 GRASSER (1983).

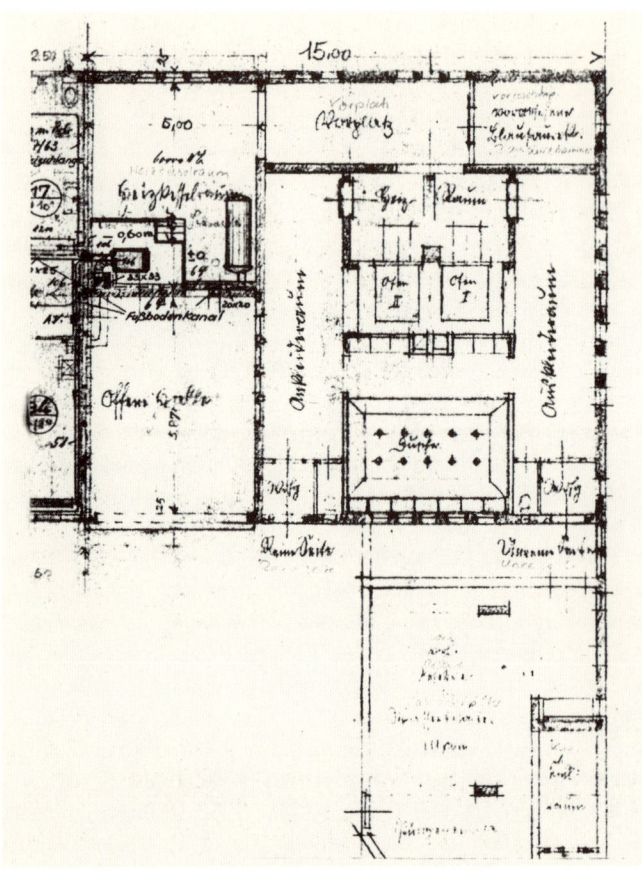

*„Frauenbaracke" Heizung, Lagerbad, Verbrennungsöfen
(Landbauamt Nürnberg)*

Langenzenner Gestapolagers zum Vernichtungslager vorgesehen war. Könnte ein solches Lager nicht auf dem Reichsgebiet geplant gewesen sein, als die militärische Lage hoffnungslos wurde und gegen Kriegsende die „Evakuierung" von Gefangenen aus Vernichtungslagern im Osten nicht nur geplant sondern tatsächlich durchgeführt wurde, um die Spuren der Massenmorde zu verwischen? Graßer wies damals darauf hin, dass es hierfür aber keine Belege gibt, Aussagen hierüber folglich spekulativ bleiben müssen. Dem

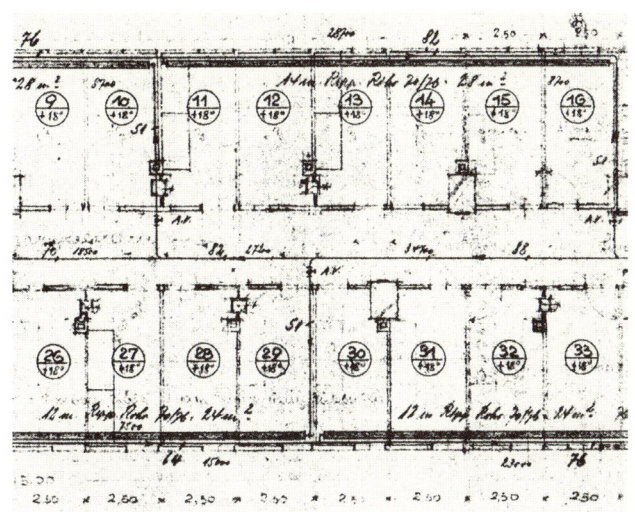

„Frauenbaracke" Einzelzellen (Landbauamt Nürnberg)

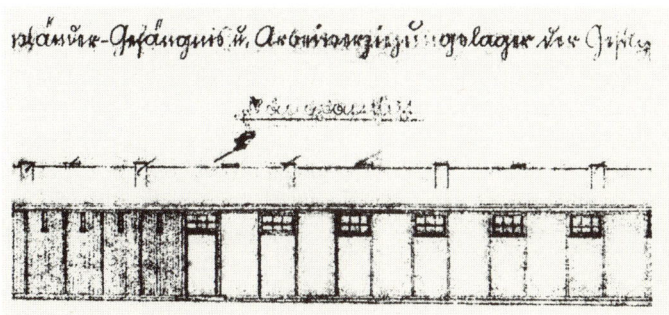

„Frauenbaracke" Außenansicht (Landbauamt Nürnberg)

ist bis heute nichts hinzuzufügen. Persönlich gehe ich nicht davon aus, dass in Langenzenn ein Vernichtungslager im eigentlichen Sinn geplant war. Es kann aber als gesichert gelten, dass ein Lager-Krematorium geplant war. Es stand in räumlichem und technischem Zusammenhang mit dem bereits bestehenden Häftlingsbad, das von Kostrzeński beschrieben wird. Ob die Verbrennungsöfen tatsächlich bereits installiert waren, lässt sich freilich nicht nachweisen.

„Männerbaracke" (5. Bauabschnitt)

Östlich der zentralen vier Baracken enthält der Plan einen gemauerten Lagerteil mit Zechdecken. Er trägt die Bezeichnung „Männerbaracke". Die beiden Winkel haben eine Seitenlänge von 60,0 m bzw. 51,48 m. Ihre Tiefe beträgt jeweils 11,50 m. Im Bereich, in dem die beiden Winkel aufeinandertreffen, war eine Heizungsanlage geplant. Der Appellplatz in diesem Lagerteil war doppelt so breit (40 m) wie der Appellplatz im ersten Bauabschnitt. Dieser östliche Lagerteil war im Winter 1944/45 offenbar im Ausbau. Das Luftbild vom Juli 1945[90] lässt erkennen, dass er auf jeden Fall im Rohbau fertig war. Das Fehlen dieser Pläne bei den Prozessunterlagen könnte darauf hindeuten, dass sie für die Zeugenaussagen nicht relevant waren.[91]

Räumliche Kapazitäten

Die folgenden Überlegungen erscheinen notwendig, um auf die Frage nach einer evtl. geplanten erneuten Erweiterung des Lagers einzugehen.

Der „Ostteil" („Männerbaracke") war – wie erläutert – bei Kriegsende noch nicht fertiggestellt, stand also nur in eingeschränktem Maße zur Verfügung. Für Anfang 1945 erwähnte Materiallieferungen[92] dürfen also m. E. nicht mit einer nochmaligen Erweiterung in Zusammenhang gebracht werden, für die es nirgends einen Planungshinweis gibt. Diese Lieferungen waren mit Sicherheit für den weiteren Ausbau des erwähnten Lagerteils vorgesehen. Die ursprünglichen zwei zentralen Häftlingsbaracken (1. BA) einschließlich der Abortanlage (2. BA) entsprechen ca. 510 qm. Der westliche Bauteil[93] (4. BA) nimmt eine Grundfläche von ca. 560 qm ein. Der Häftlingsbereich hat sich damit mehr als verdoppelt.[94] Der östliche Bauteil[95] (5. BA) hat, für sich genommen, eine Fläche von ca. 1020 qm. Insgesamt ergibt sich damit ein „Häftlingsbereich"

---

90 Luftbild vom 24.07.1945; Maßstab: ca. 1:40200. Quelle: Landesluftbild Archiv, Nr. 116-2173-II-1.

91 Obwohl sich in diesem Bereich lt. mehrfacher, übereinstimmender Zeugenaussagen der Galgen befand.

92 GRASSER 1983, S. 3.

93 Ohne Heizungsanlage, ohne Häftlingsbad, ohne Verbrennungsanlage.

94 207,8 % der ursprünglichen Fläche.

95 Ohne die Heizungsanlage.

von ca. 2090 qm, gut das Vierfache der ursprünglichen Anlage.[96] Wenn man bedenkt, dass bereits im Sommer 1944 400 Häftlinge untergebracht gewesen sein sollen, und dass Kostrzeński ebenfalls allein für die zwei zentralen „Wohn"baracken eine Belegung von 400 angibt, so kann man, wenn man die damalige menschenverachtende Art der Unterbringung unterstellt, von beachtlichen „Raumreserven" des Lagers ausgehen.

Die Häftlinge

Das Lagerarchiv wurde bei Kriegsende offenbar vernichtet. Da somit keine Häftlingslisten überliefert sind, gibt es bisher keine verlässlichen Angaben über die Häftlingszahlen.

Die herkunftsmäßige Zusammensetzung der Häftlinge wird von Zeitzeugen uneinheitlich beschrieben. Sie wird sich zudem auch ständig geändert haben. Es ist immer wieder von Russen, Ukrainern und Polen die Rede. Ein Oberwachtmeister der Schutzpatrouille, der von Mitte Mai bis Ende Juni 1944 im Lager war, berichtet davon, dass im Sommer 1944 auch Franzosen und Belgier ins Lager kamen.[97] Beetz habe auch diese „Südländer" [sic] bei der Aufnahme zum Teil schlagen lassen.[98] Bezüglich der Schlussphase des Lagers spricht Kostrzeński von der folgenden herkunftsmäßigen Zusammensetzung: Italiener, Franzosen, Jugoslawen, Tschechen, Russen und wenige Polen. Daneben vereinzelt Deutsche, Griechen, „Zigeuner" und Juden.

Es mag durchaus zutreffen, wie der Zeitzeuge Oppe sagt, dass im April 1944 mit der Wiederaufnahme der Produktion eine größere Zahl von Häftlingen gekommen ist.[99] Da ein Arbeitserziehungslager aber neben dem KZ-System und der ordentlichen Justiz „der dritte Pfeiler des nationalsozialistischen Terrors"[100] war, ging es nicht „nur" um die Ausbeutung der Arbeitskraft der Häftlinge, sondern um Ab-

---

96 409,8 %.

97 Staatsarchiv Nürnberg, StAnw. b. LG Nbg.-F., Mappe 1, Nr. 71/72. Aussage von Johann Bauer.

98 Er berichtet von einem speziellen „Aufnahmeschlägezimmer" und von brutalem Exerzieren.

99 Staatsarchiv Nürnberg, StAnw. b. LG Nbg.-F., Mappe 1, Nr. 51.

100 Hans Mommsen, in: LOTFI 2000, S. 7ff. und Umschlagtext.

schreckung, Disziplinierung und gnadenlose menschliche Erniedrigung. Die sofortige Aufnahme der Planungs- und Baumaßnahmen im Herbst 1943 spricht dafür, dass die Gestapo nach der Zerstörung des AEL „Russenwiese" an einer schnellen Einweisung von Häftlingen in das neue AEL Langenzenn interessiert war. Somit dürfte die Zahl der Häftlinge schon vor Wiederaufnahme der Produktion sicher nicht allzu gering gewesen sein. Die Häftlingsbelegung wird vom erwähnten Wachtmeister und auch von anderen Zeugen für den Sommer 1944 mit etwa 400 angegeben. Ein Verzeichnis vom Dezember 1944 listet die Zahl der „Jnsaßen" [sic] im Langenzenner Lager mit 700 auf.[101] Diese Angabe der Gendarmerie macht einen pauschalen Eindruck und sollte m.E. zurückhaltend bewertet werden.[102] Für die Schlussphase finden wir wiederholt die Angabe von 400-450 Häftlingen. Man kann zudem vermuten, dass gegen Ende des Krieges, wie auch in anderen Lagern, der Arbeitseinsatz der Häftlinge heruntergefahren, wenn nicht sogar eingestellt wurde.

Interessant ist Kostrzeńskis Beobachtung, dass im Lager in einer Baracke 200 sowjetische Kriegsgefangene untergebracht waren. Sie unterstanden einem „anderen Lagerregime", trugen militärische Uniformen und boten einen „schrecklichen und kummervollen Anblick". Leider erfahren wir bei ihm nicht mehr darüber. Es liegt nahe, in diesem Zusammenhang an den sog. Kommissarbefehl zu denken.[103] „Als Kommissare wurden politische Hoheitsträger und Leiter bezeichnet. [...] Da diese auch in der Kriegsgefangenschaft weiterhin als ‚Ideenträger des Bolschewismus' wirken konnten, sonderte man sie aus und brachte sie, soweit sie nicht schon an der Front ermordet wurden, in Konzentrationslagern um (sogenannter Kommissarbefehl)."[104] Utho Grieser weist darauf hin, dass der Kommissarbefehl gerade für die Gestapo Nürnberg eine besondere Bedeutung erlangte, nämlich „durch die Tatsache, dass in ihrem Bereich das größte Offizierslager Deutschlands (Oflag XIII Hammelburg) lag."[105]

---

101 Staatsarchiv Nürnberg, BauA des LRA Fürth, Gde. Langenzenn. Abg. 1962, Nr. 330.

102 In diesen Unterlagen finden sich auch Zahlen für die anderen Lager im Landkreis Fürth. Als Gesamtzahl der Häftlinge im Landkreis wird 2025 benannt.

103 Hierauf wies schon Elke Graßer in ihrer Facharbeit hin.

104 GRIESER 1974, S. 268, Anm. 1.

105 GRIESER 1974, S. 268.

Die Lebensbedingungen im Lager[106]

Die einzelnen Zeugenaussagen über Beetz lassen ein bedrückendes Gesamtbild seiner Schreckensherrschaft in Langenzenn entstehen. Jochem fasst das Regime des Lagerleiters wie folgt zusammen:

„Zweifellos war es der erste Lagerkommandant Konrad Beetz, der personell und organisatorisch die Voraussetzungen für den Terror in Langenzenn schuf. Liest man die Statements derjenigen, die persönlich mit ihm zu tun hatten, ergibt sich das Bild eines korrupten und feigen Sadisten, der, begleitet von einer Dogge, als gefürchteter ‚Russenkönig' durch ‚sein Lager' stolzierte, wo er und sein Hofstaat in Saus und Braus lebten."[107]

Die Arbeitszeit im Lager dauerte „von 6 Uhr früh bis 6 Uhr abends"[108], gelegentlich ist auch von Arbeit am Sonntag die Rede. Häufig wurden die Häftlinge aber auch gar nicht zur Arbeit geführt, sondern auf dem Lagergelände durch stundenlanges „Exerzieren" und das Ausführen sinnloser Tätigkeiten gequält.

Laut Aussage von Grete Bauer, seit April 1944 in der Küche beschäftigt, erhielten die Gefangenen eine Suppe aus Rüben, Kartoffeln und Graupen. „Die Verpflegung an die Gefangenen haben die Kapos in der Küche gefasst und in der Baracke ausgegeben".[109] Laut dieser Küchenangestellten wurde das Essen „nach Stufen" ausgegeben, womit gemeint ist, dass nicht alle Gefangenen das Gleiche erhielten.

Der Zeuge Karl Purucker, im September 1945 mit der Untersuchung der Vorfälle in Langenzenn beauftragt, schilderte den „Empfang" der Häftlinge wie folgt:

„Bei den Ermittlungen ergab sich, dass jeder Häftling, der in Langenzenn eingeliefert worden ist, bei der Einlieferung misshandelt worden ist und zwar auf Anordnung Ottos, der auf der Vorführungsnote in einem runden Kreis gleich die Anzahl der Schläge (5, 10, 15 oder 25) eingezeichnet hat. Als Schläger traten mehrere Russen in Aktion, bekannt sind mir noch die Namen Kuschnir und

---

106 JOCHEM 2008, S, 222 ff. Interessante Ausführungen zum Lager finden sich auch bei GELIN, 1995, S. 94 ff.

107 JOCHEM 2008, S. 228.

108 HITSCHFEL 2005.

109 Staatsarchiv Nürnberg, StAnw. b. LG Nbg.-F., Mappe 1, Nr. 136.

Nikitin. Beetz war damals Kriminalsekretär und SS-Untersturmführer und war von Otto als Leiter des Lagers bestellt. Seinen Anordnungen musste unbedingt Folge geleistet werden. Beetz hat sich sehr arrogant und anmaßend benommen. [...] Auch bei der Entlassung wurden die Insassen des Lagers geschlagen. [..] Die Misshandlungen fanden in der Weise statt, dass der Betroffene im Aufnahmeraum seine Hose herunterlassen musste und sich über eine Bank legen musste. Mit Ochsenziemern wurde dann auf das nackte Gesäß geschlagen.[110] Beetz war bei den Misshandlungen zwar nicht immer, aber meistens anwesend. Erinnerlich ist mir noch aus den Vernehmungen, dass Beetz sehr oft geschnaubt und in eine gewisse seelische Erregung gekommen sein soll. Ich meine, dass dies schon ins Sadistische hinüberging."[111]

Der Zeuge Schertel berichtet über Hinrichtungen im AEL Langenzenn wie folgt:

„Kurz nachdem ich draußen in Langenzenn war [ab Juni 1944], wurde ein Russe aufgehängt. Er musste noch vorher im Abgangsbuch seinen Abgang bestätigen und ist dann von einem Russenpolizisten hinter *in das neue, noch nicht fertige Gefängnis*[112] geführt worden. Damals war der Beetz beim Aufhängen mit anwesend. [...] Etwa 2 Monate später wurde nochmals ein Russe aufgehängt. Auch er musste seinen Abgang im Abgangsbuch bestätigen und ist dann ebenfalls in den neuen Arrest hintergeführt worden, wieder von dem Russenpolizisten. Ein deutscher Polizist war nicht dabei, wohl aber waren 2 Russen dort, die das Aufhängen besorgt haben. [...] Beim Aufhängen des 2. Russen war auch Ohlers dabei."[113]

Über die Gründe der Hinrichtung berichtet dieser Zeuge Folgendes:

„Es ist davon gefaselt worden, dass dieser betr. Russe bei einem Bauern eingebrochen und einem 9-jährigen Kind die Gurgel duchgeschnitten habe. Jedenfalls hat Nikolai den Gefangenen anschließend in das neue Gefängnis hintergebracht und hat ihn dort

---

110 Die Zeugenaussagen variieren dahingehend, ob die Schläge tatsächlich auf das nackte Gesäß erfolgten.

111 Staatsarchiv Nürnberg, StAnw. b. LG Nbg.-F. Zeugenvernehmung von Karl Purucker (ehemaliger Kriminalobersekretär) vom 23.10.1947.

112 Hervorhebung durch den Verfasser.

113 Staatsarchiv Nürnberg, StAnw. b. LG Nbg.-Fü. Zeugenaussage Johann Schertel, ehemaliger Gefängnisbeamter.

aufgehängt. Die Leiche wurde in den Friedhof gebracht. Wir hatten einen eigenen Friedhof[114] für Gefangene."[115]

Im Langenzenner Lager herrschte, wie auch andernorts, ein brutales Kaposystem. Das bedeutete, dass die internen Angelegenheiten (Essensausgabe, Exerzieren auf dem Appellplatz, Rapport, Bestrafungsaktionen, Hinrichtungen usw.) von Häftlingen selbst, sogenannten Funktionshäftlingen, durchgeführt wurden. Sie waren nach wie vor Häftlinge, genossen aber durch ihre Tätigkeit eine hervorgehobene Stellung und hatten gewisse Privilegien, die sie durch brutales Verhalten ihren Mithäftlingen gegenüber zu behaupten bestrebt waren. Durch das gegenseitige Ausspielen der Häftlinge, das auch ein Ausspielen der verschiedenen nationalen Häftlingsgruppen untereinander beinhaltete – z.B. bezüglich Vorurteilen von Russen gegenüber Polen – war es in der Regel nicht nötig, dass sich die Gestapo-Angehörigen selbst „die Hände schmutzig machen" mussten. Sie gingen selbst nicht in den inneren Gefängnisbereich, allein schon aus Furcht, sich mit Typhus anzustecken.

Ein Gendarmeriebeamter sagte aus, in einem Raum neben der Schusterei seien vier Häftlinge durch russische Kapos in Gegenwart von Beetz und Weissfloch aufgehängt worden. Es sei dabei die Rede von einer Untergrundbewegung im Lager gewesen. In diesem Zusammenhang berichtete er davon, dass sie einen Häftling nach Erlangen transportiert hätten. Der sei erst unterwegs – auf makabre Weise[116] – erhängt worden, da die Erlanger Anatomie eine, wie er sich ausdrückte „warme Leiche" hätte haben wollen.[117] Georg Bauer, der im Lager von August 1944 bis April 1945 als Installateur verwendet wurde und laut eigener Aussage sieben Jahre in „Schutzhaft" war, berichtet: „In einem leeren Raum, der später als Waschraum ausgebaut worden ist, stand [...] eine Kiste. Eines Tages entdeckte ich darin eine zum Skelett abgemagerte Leiche. Ich habe in der Folgezeit immer wieder in dieser Kiste nachgesehen und oft festgestellt, dass immer wieder ein neuer Toter in dieser Kiste

---

114 Ausländerfriedhof Langenzenn. Vgl. Kapitel „Gedenkkultur in Langenzenn".
115 Schertel, a.a.O.
116 GRASSER 1983, S. 12.
117 Staatsarchiv Nürnberg, StAnw. b. LG Nbg.-F., Mappe 1, Nr. 90. Zeugenaussage Georg Gilch.

lag."[118] In dieser Kiste dürften die Toten vorübergehend untergebracht worden sein, ehe sie zum sogenannten Ausländerfriedhof in Langenzenn oder ins Nürnberger Krematorium geschafft wurden.

Das brutale Vorgehen von Beetz führte dazu, dass immer wieder Gefangene, auf das Schwerste misshandelt, ins Krankenhaus eingeliefert werden mussten. Dieses Verhalten war aber aus Sicht der Gestapo kontraproduktiv. Das Lagerkonzept sah zwar vor, die Häftlinge zu disziplinieren und brutal zu bestrafen. Sie sollten aber letztlich in ihre Betriebe zurückkehren und wieder in den Arbeitsprozess eingegliedert werden. Genau das wurde aber durch schwerste Misshandlungen, wie sie in Langenzenn vorkamen, verhindert.[119] Der Höhere SS- und Polizeiführer im Wehrkreis XIII, Benno Martin, zuvor Polizeipräsident in Nürnberg-Fürth, veranlasste deshalb Ende August 1944 Beetz' Verhaftung sowie die Entlassung seines unmittelbaren Vorgesetzten bei der Stapoleitstelle, Ottomar Otto, von seinem Dienstposten.[120]

Was das korrupte Verhalten der Lagerleitung betrifft, so ist zudem belegt, dass Konrad Beetz die Häftlinge zum Bau von fünf Doppel-Behelfsheimen[121] für die Gestapo, eines davon für sich selbst, heranzog. Johann Weissfloch ließ in brutaler Weise v.a. weibliche Häftlinge Steine zum Bauplatz seines Behelfsheimes den Hang hochschleppen.[122]

Bei all dem nimmt es nicht wunder, dass „zum Nachteil der Gefangenen Lebensmittel vom Küchenpersonal und der Verwaltung abgezweigt und zurückgehalten wurden".[123] Bei der Auflösung des AGL am 5.4.1945 sei „ein ganzes Pferdefuhrwerk voll Lebensmittel, vor allem Hartwürste, abtransportiert worden".[124] Wie viele Häftlinge im Lager gestorben sind bzw. hingerichtet wurden, lässt sich auch nicht annähernd beziffern und nur in einigen Fällen mit Namen belegen.

---

118 Staatsarchiv Nürnberg, StAnw. b. LG Nbg.-F., Mappe 1, Nr. 137. Zeugenaussage Georg Bauer.
119 GRIESER 1974, S. 270-274.
120 Diese Ausführungen folgen JOCHEM 2008, S. 228.
121 Am Teichenbach, unmittelbar neben dem Lagergelände.
122 HITSCHFEL 2005.
123 HITSCHFEL 2005.
124 HITSCHFEL 2005.

Auf dem sogenannten Russenfriedhof sind (angeblich) 39 Tote des Lagers begraben. Sie waren ursprünglich einfach verscharrt worden. Nach dem Krieg mussten ehemalige NSDAP-Parteigenossen sie wieder ausgraben und in Holzsärgen angemessen bestatten.[125] Auch auf dem Langenzenner Friedhof ist eine nicht genauer benannte Zahl von „Ausländern" bestattet.[126] Daneben aber wurden offenbar regelmäßig Tote aus dem Langenzenner Lager mit Leichenwagen ins Nürnberger Krematorium transportiert. Graßer zitiert eine Aufstellung des Nürnberger Krematoriums, in der 46 Tote aus dem Lager aufgelistet sind.[127] Darüber hinaus wurden aber nach Zeugenaussagen[128] auch Tote aus dem Lager mit einem Pferdefuhrwerk weggeschafft. Es ist meines Erachtens unwahrscheinlich, dass diese Toten mit dem Pferdefuhrwerk bis ins Nürnberger Krematorium geschafft wurden. Die Vermutung liegt nahe, dass man sich der Toten unterwegs anderweitig „entledigt" hatte.

Das Langenzenner AEL in Kostrzeńskis Erinnerungstext

In seinem Erinnerungstext liefert Kostrzeński eine überaus genaue Beschreibung des Langenzenner Gestapolagers. Auch eine Zeichnung hat er zur Veranschaulichung hinterlassen. Die wichtigsten Aussagen werden stichpunktartig wiedergegeben:

- Außerhalb des Lagers befinden sich reguläre Wachtürme.
- Ein Teil des Lagers steht <u>häufig unter Wasser</u>, das abgepumpt werden muss.
- Jede der beiden „Wohn"baracken hat <u>zwei Stuben</u> mit je zwei Fenstern, ohne Scheiben.

---

125 Ob diese Zahl stimmt, ist zweifelhaft.

126 Fünf unbekannte Tote auf der Ostseite des Friedhofs und eine nicht bekannte Zahl von Toten auf der Westseite. Vgl. GRASSER 1983, S. 14. Ich vermute, dass es sich hier um Zwangsarbeiter aus Langenzenner Betrieben, nicht um Tote aus dem Arbeitserziehungslager handelt. Nur für einen Kriegsgefangenen liegt ein Beweis vor. Er wurde im Lager Stadlinger von einem Wachmann erschossen.

127 GRASSER 1983, S. 13 und Anlage 21a, 21b und 21c.

128 GRASSER, 1983, S. 13.

- Die Stuben haben weder Pritschen noch Strohsäcke. Die Häftlinge müssen auf dem blanken Boden schlafen.
- Jede der vier Stuben ist mit ca.100 Mann belegt.
- Die Gesamtzahl der Häftlinge wird explizit mit „mindestens 400" angegeben.
- Das Vorhandensein von Öfen wird nur für die Werkstatt erwähnt.[129]
- Die linke Baracke ist mit sowjetischen Kriegsgefangenen belegt.
- In der rechten Baracke sind Zivilgefangene verschiedener Nationalitäten untergebracht.
- Die Situation der separat untergebrachten russischen Kriegsgefangenen wird als besonders deprimierend geschildert. Leider geht aus der Beschreibung nicht hervor, ob sie außerhalb des Lagers als Arbeitskommando eingesetzt sind.
- Zwischen den Nationalitätengruppen der Häftlinge bestehen mancherlei Rivalitäten, die von den Kapos ausgenützt werden.
- Hinter der linken (östlichen) Barackenreihe befindet sich ein unfertiger Lagerteil. Dort steht der Galgen, den man aus der Werkstattbaracke sehen kann.[130]
- Die Wäscherei, das Lebensmittelmagazin und das Frauenlager befinden sich auf der Seite des Lagerbades (Westen).
- In der Latrine muss man auf Backsteinen laufen, weil das Wasser und die Exkremente bis zu den Knöcheln reichen.
- Das Lagerleben wird detailliert und lebendig beschrieben: Behandlung der Häftlinge bei der Aufnahme (Schläge mit dem Ochsenziemer, Durchsuchung, Scheren der Haare), langwierige Zählappelle, stundenlanges „Exerzieren" und „gymnastische Übungen", Meldung beim Lagerarzt, Modalitäten der Essensausgabe, als Bestrafung nackt verbrachte Nächte, Entlausungsaktionen, Verurteilungsverfahren zum Tod durch den Strang, Aufenthalt im Strafbunker.
- Kostrzeńskis Sonderstellung wegen seiner Abordnung in die Werkstatt: Reparatur von Pumpen, Fahrrädern, Motorrädern, Durchführung von Niet- und Lötarbeiten aber auch von feinmechanischen Tätigkeiten.

---

[129] In den Plänen und der Materialaufstellung sind für die Baracken Öfen vorgesehen.

[130] Diese Angabe stimmt ganz genau. Im Gegensatz zur benachbarten Häftlingsbaracke befinden sich in der Werkstattbaracke auch nach Osten Fenster.

- Beschreibung des Tieffliegerangriffs und Auflösung des Lagers mit anschließendem Todesmarsch über Fürth ins Außenlager Hersbruck des KZs Flossenbürg und von dort in das KZ Flossenbürg selbst.

Die Auflösung des AEL Langenzenn

Die Einzelheiten der Auflösung des Gestapolagers Langenzenn werden sich vermutlich nie vollständig aufklären lassen. In jenen Tagen war die Front der Amerikaner schon nahe an Langenzenn herangerückt.[131] Die Einnahme Langenzenns erfolgte am 16.4.1945. Die Auflösung des Langenzenner AEL steht, wie hier zu zeigen sein wird, in keinem ursächlichen Zusammenhang damit. Mit anderen Worten: Es erfolgte keine Befreiung des Lagers durch die Amerikaner.

Kostrzeński berichtet, dass sich das Lager nach einem Tieffliegerangriff aufgelöst hat. Ein solcher Angriff ist für den 5.4.1945 durch eine Meldung des Gendarmeriepostens Langenzenn belegt. „Heute zwischen 13 und 14 Uhr kreisten über Langenzenn sechs Feindflugzeuge [...]. Gegen 13:30 Uhr beobachtete ich, wie drei Feindflugzeuge zum Tiefflug ansetzten und zwar aus südlicher Richtung gegen den Ostteil von Langenzenn. Wie ich später feststellte, beschossen dieselben zwei seit längerer Zeit am hiesigen Bahnhof hinterstellte neue Eisenbahn-Personenwagen, die dabei beschädigt wurden."*[132]*
Es gab auch einen Toten, als gegen 14 Uhr zwei Tiefflieger einen Omnibus angriffen, der auf der R8 aus Richtung Fürth kommend, unmittelbar nach der Abzweigung nach Veitsbronn, also in unmittelbarer Nähe des Lagers, angehalten hatte.

Kostrzeński befand sich, lt. eigener Aussage, zu diesem Zeitpunkt im Strafbunker und wartete nach einem absurden, rechtsstaatlichen Vorstellungen Hohn sprechenden Verfahren völlig apathisch auf seine Hinrichtung durch den Strang.

---

131 Die Einnahme des Landkreises Fürth ist genau dokumentiert in MAHR 1998 und MAHR 1999.

132 Stadtarchiv Langenzenn. Hinweis von Herrn Reinhold Hitschfel.

Plötzlich habe es einen Tieffliegerangriff gegeben. Bei dieser Gelegenheit sei die deutsche Wachmannschaft geflohen. Die Häftlinge hätten die Tore des Lagers aufgebrochen, seien aber im Lager verblieben und hätten sich mit den verfügbaren Lebensmitteln versorgt. Für eine Flucht sah offenbar kaum jemand mehr eine Veranlassung. Seit Tagen war der Geschützdonner der herannahenden Front zu hören.

Gegen Mitternacht sei dann erneut eine deutsche Wachmannschaft herangerückt und habe das Lager umstellt. Nach Kostrzeńskis Angaben wurde nach Kontrolle der Häftlingsunterlagen etwa die Hälfte, vor allem Frauen und als weniger belastet eingestufte Häftlinge mit einem Laib Brot versorgt weggeschickt. Die andere Hälfte, also ca. 200 Personen, darunter auch Kostrzeński, sei am nächsten Morgen in vier Gruppen im Abstand von je 30 Minuten „evakuiert" worden. Kostrzeński befand sich laut eigener Angabe in der letzten Gruppe. Nach einem zweitägigen Todesmarsch über Fürth erreichten sie am 07.04. das Außenlager Hersbruck des KZs Flossenbürg. Von dort ging es weiter – zunächst zu Fuß, später in einem offenen Güterwagen der Reichsbahn – ins KZ Flossenbürg selbst. Seine Ankunft ist im Flossenbürger „Nummernbuch" am 09.04.1945 unter der Häftlingsnummer 89766 dokumentiert. Daraus geht zweifelsfrei hervor, dass die Auflösung des Langenzenner Lagers vor der Ankunft der Amerikaner erfolgte. Wenn man vom 05.04. als dem Tag der Lagerauflösung ausgeht, dann kam Kostrzeński nach seinen Angaben am 07.04. im Lager Hersbruck an. Seine Angabe, dass bei seiner Ankunft das dortige Lager nicht mehr voll belegt war, weist tatsächlich auf diesen Tag hin, an dem die Todesmärsche von Hersbruck nach Dachau begannen. Mit anderen Worten, die kausale Zuordnung der Auflösung des Langenzenner Lagers zum Tieffliegerangriff vom 05.04.1945 beruht auf einer mit an Sicherheit grenzenden Wahrscheinlichkeit. Ein weiblicher Häftling, Katerina Młódzow berichtet wie folgt von ihrer Freilassung:

„Anfang Februar 1945 bin ich vom Lager Langenzenn nach Abenberg gekommen. Damals wurden eines Tages früh um 5 Uhr etwa so 100 Häftlinge unter Bewachung der Polizei 2-3 km außerhalb des Lagers Richtung ... [unleserlich] freigelassen. Mein Mann war auch dabei. Wir gingen dann über Nürnberg nach Abenberg.[133] Ich war damals im 7.-8. Monat in der Hoffnung."[134]

Katerina Młódzow war die Ehefrau von Nikolay Młódzow, der beim Aufbau des Lagers mitgewirkt hatte! Sie war nach eigener Aussage im Lager als Küchenhilfe und „Torhüterin" beschäftigt gewesen.

Es lässt sich nicht mit Sicherheit sagen, ob es sich bei der von Katerina Młódzow geschilderten Freilassung ebenfalls – wovon ich ausgehe – um die von Kostrzeński beschriebene Auflösung des Lagers nach dem Tieffliegerangriff handelt oder ob ihre Freilassung tatsächlich zu einem früheren Zeitpunkt erfolgt war.

Angesichts der chaotischen Zustände in diesen Tagen, als die Front heranrückte, kann es auch nicht als sicher gelten, ob nach der „Auflösung" nicht doch Häftlinge im Lager zurückgeblieben waren oder sogar dorthin zurückgekehrt sind. Angeblich sollen in jenen Tagen noch „800 Gefangene [!!] von Nürnberg nach Langenzenn gebracht worden sein [...], obwohl draußen gar kein Wachpersonal mehr war."[135]

Möglicherweise können die Amerikaner das Lager vorübergehend auch für „displaced persons", für befreite Ausländer, genutzt haben, zumal sich ja in Langenzenn eine größere Zahl von Kriegsgefangenen befand. Für einen Verbleib von Häftlingen im Lager und eine Übernahme der Zuständigkeit durch die amerikanische Militärregierung[136] spricht auch die Aussage des Beetz-Nachfolgers als Lagerleiter, Weissfloch: „Nach dem Einmarsch der Amerikaner wurde von den Amerikanern ein Vertrauensmann der Gefangenen bestimmt. Dieser Vertrauensmann war ein Jahr lang Insasse von Langenzenn gewesen. Es war der Russe Dr. Senin."[137]

---

133 10 km westlich von Roth, 20 km südwestlich von Nürnberg.

134 Staatsarchiv Nürnberg, StAnw. b. LG Nbg.-F., Mappe 1, Nr. 1. Zeugenaussage Katerina Młódzow.

135 Staatsarchiv Nürnberg, StAnw. b. LG Nbg.-F.. Aussage Johann Schertel (ehemaliger Gefängnisbeamter).

136 Leider konnte bisher beim National Archive Washington nicht in Erfahrung gebracht werden, ob dort Unterlagen über das Langenzenner AEL vorliegen, sei es in Bezug auf die Einnahme Langenzenns oder hinsichtlich einer Zuständigkeit der amerikanischen Militärverwaltung für das ehemalige Lager.

137 Staatsarchiv Nürnberg, StAnw. b. LG Nbg.-F., Mappe 1, Nr. 32. Aussage von Johann Weissfloch.

Luftbild Langenzenn-Ost vom 24.7.1945. Im Zentrum ist das Lager zu erkennen. (Bayerische Vermessungsverwaltung, 2010)

Die Nutzung des AEL Langenzenn nach dem Krieg

Der Langenzenner Heimatforscher Reinhold Hitschfel berichtet über das Schicksal der baulichen Überreste des Lagers nach dem Krieg wie folgt: „Die meisten Holzbaracken des AGL baute man ab, so auch die alte Turnhalle. [...] Nur die große Mannschaftsbaracke des Wachpersonals blieb stehen und wurde im Auftrag der Stadt Langenzenn zu sieben Wohnungen umgebaut. Um der großen Wohnungsnot etwas abzuhelfen, sorgte die Stadt auch für den Ausbau der im Rohbau stehenden Gestapo-Behelfsheime. Die Maurermeister K. und R., ehemals Parteigenossen, erhielten die Auflage, persönlich fünf Wochen lang kostenlos an der Fertigstellung mitzuarbeiten. Ebenso mussten sich alle gewesenen SA-Mitglieder von Langenzenn an den Samstagnachmittagen zur kostenlosen Mitarbeit einfinden. Gegen Jahresende 1945 konnten die Behelfsheime von 10 Familien bezogen werden."[138]

---

138 HITSCHFEL 2005.

„Bis auf den Dieselmotor, den Hans Buckel für die Stadt sicherstellte, wurde aus den Restgebäuden des AGL alles entwendet, was nicht niet- und nagelfest war. Selbst an den massiven Gebäuden begann der Abbruch zur Gewinnung von Baumaterial. [...] Die verbliebene Wohnbaracke behinderte den Tonabbau und wurde 1953 von der Stadt Langenzenn in die Milchgasse umgesetzt. Damit waren alle Spuren des AEL auf dem Gelände der Ziegelei Gg. M. Walther getilgt."[139]

Die Situation nach der Auflösung des Lagers ist undurchsichtig. Verständlicherweise bemühte sich die Stadt um Ersatz der Kosten, die ihr im Zusammenhang mit Lebensmittellieferungen entstanden waren. Die Zuordnung der (zum Teil nochmals geänderten) Aufstellungen, sowohl in zeitlicher Hinsicht als auch in Bezug auf das betroffene Lager („Ausländerlager", „Durchgangslager", „Ostarbeiterlager", „Rückgeführtenlager") ist kaum möglich und überschreitet zudem den vorliegenden Rahmen.

Interessant ist ein Schreiben des Bürgermeisters vom 30. Mai 1945 an den Langenzenner Bürger H. Z. Dieser war zur Reinigung des ehemaligen AEL Langenzenn abkommandiert worden, hatte sich aber durch seinen Arbeitgeber „entschuldigen" lassen. Der Bürgermeister bestellte ihn daraufhin ein und drohte ihm, im Falle einer wiederholten Weigerung werde das „Verhalten als passiver Widerstand gegen die amerikanische Militärregierung gewertet [...]. Mit einer Strafverfolgung haben Sie zu rechnen."[140] Leider ist nicht bekannt, wie H. Z. hierauf reagiert hat.

Strafverfolgung nach dem Krieg

Die Ahndung der im Arbeitserziehungslager begangenen Verbrechen durch die bundesdeutsche Justiz war „kein Ruhmesblatt".[141] Benno Martin, Höherer SS- und Polizeiführer im Wehrkreis XIII und der Polizeiarzt Wegener wurden freigesprochen. Dem Lagerleiter Konrad Beetz wurden lediglich zwei Verbrechen der Aussageerpressung nachgewiesen, die ihm vier Jahre und sechs Monate Zuchthaus ein-

---

139 HITSCHFEL 2005.
140 Stadtarchiv Langenzenn, Fach 94, Nr. 27.
141 JOCHEM 2008, S. 228.

brachten. Sein Stellvertreter und Nachfolger Weißfloch wurde wegen eines fortgesetzten Vergehens der Körperverletzung im Amt in Tateinheit mit einem fortgesetzten Verbrechen der Aussageerpressung zu einem Jahr und sechs Monaten Zuchthaus verurteilt. Die härteste Strafe erhielt der Nürnberger Gestapobeamte Paul Ohler, wobei die unter seiner Mitwirkung begangenen Morde auf der „Russenwiese" und in Langenzenn nur zwei der Anklagepunkte waren.[142]

In der damaligen Presseberichterstattung (März 1950) finden sich empörte Artikel.

„Wie viele Menschen darf man für 3 Jahre Z.[uchthaus] zu Tode foltern?" titelt die Nordbayerische Volkszeitung.[143]

„Das Urteil hat in der Öffentlichkeit stärkstes Aufsehen erregt, hat doch B.[eetz] derartige Grausamkeiten an Polen und Russen verübt, dass selbst der nazistische Polizeipräsident Nürnbergs sich durch das öffentliche Aufsehen gezwungen sah, B. vorübergehend zu inhaftieren. [...] Der vorsitzende Richter stellte fest, „dass B. ihm vor der Verhandlung einen Drohbrief geschickt habe. Der Staatsanwalt verlas einen weiteren Drohbrief der Freunde von B., in denen [sic] behauptet wird, B. habe in ‚berechtigter Notwehr' gehandelt." Der Artikel schließt mit den bitteren Worten:

„Abscheu werden alle aufrechten Menschen nicht nur gegenüber dem Verbrecher haben, der in drei Jahren, im Vollbesitz seiner bürgerlichen Ehrenrechte wieder auf die Menschheit losgelassen wird, sondern auch gegenüber denjenigen, die im Namen der Menschlichkeit und Gerechtigkeit solche Urteile zulassen, die den deutschen Namen beschmutzen."[144]

Wenn „ehrlosen Verbrechern wie Beetz" von den Geschworenen seine „vaterländische Gesinnung" zugute gehalten werde, so ein weiterer Zeitungsartikel, dann sei „der Weg frei für Urteile, die kein rechtlich denkender Mensch versteht."[145]

Im November 1953 meldet Beetz über seinen Anwalt Besitzansprüche auf ein Behelfsheim in Langenzenn an, das ihm ge-

---

142 Alle Informationen nach JOCHEM 2008, S. 228f.

143 Artikel vom 14.03.1950.

144 Artikel „Wie viele Menschen darf man für 3 Jahre Z.[uchthaus] zu Tode foltern?" in: Nordbayerische Volkszeitung vom 14.03.1950.

145 Artikel „Mord, Totschlag, Misshandlung: Vaterländische Tugenden?" in: Fränkische Tagespost vom 15.03.1950.

höre und das „abhanden" gekommen sei. Im Dezember 1970, also gut 25 Jahre nach Kriegsende, wendet sich Beetz mit einem 19-seitigen Schreiben – mit 63 Anlagen![146]- an den neu ernannten Präsidenten des Landgerichts Nürnberg-Fürth. Er bittet ihn „von amtswegen die Wiederaufnahme [seines] Verfahrens einleiten" zu lassen. Eine gewissenhafte Erforschung der Wahrheit „hätte Freispruch ergeben." Der Präsident werde erkennen, so Beetz, „dass nach einer *gewissenhaften Pflichterfüllung* von 20 Jahren als Polizei- und Kriminalbeamter *im Dienst des Staates und Reiches*[147] 4 Jahre 6 Monate Zuchthaus, Ehrverlust und alle anderen Folgen ein bitterer Lohn und Abgang sind".[148]

Eine Antwort des Landgerichtspräsidenten ist nicht überliefert.

Gedenkkultur in Langenzenn

Die Existenz des Lagers in Langenzenn war allgemein bekannt, wenngleich darüber wohlweislich sicher nur hinter vorgehaltener Hand gesprochen wurde. Ein Zeitzeuge berichtet, dass er als Jugendlicher von der südlichen Lehmabbaukante auf das Lager hinuntergesehen habe und Zeuge von Misshandlungen geworden sei.[149] Der Marsch der AEL-Häftlinge, täglich unter Bewachung in die anderen Ziegeleien und zurück ins Lager, erfolgte schließlich unter den Augen der Öffentlichkeit. Vergleichbares gilt für den Transport von Häftlingen in das zentral gelegene Schulhaus an der Oberen Ringstraße, das 1944 zum Seuchenlazarett umgewidmet wurde, und von Sicherheitskräften umstellt war. Bei der Verlesung der Anklageschrift im Nachkriegsprozess gegen Beetz u.a. sagte der Oberstaatsanwalt: „Jeder Bauernknecht wusste in Langenzenn, was in dem Straflager geschieht."[150]

Eine Episode aus dem Februar 1945 mag verdeutlichen, wie genau das Gestapolager in der Öffentlichkeit wahrgenommen wurde:

---

146 Von den Anlagen ist nur die Übersichtsliste überliefert.
147 Hervorhebungen vom Verfasser.
148 Staatsarchiv Nürnberg, Polizei/Stadt Nürnberg (Polizeipräsidium), Nr. 61.
149 Gespräch mit Herrn Rudolf Lotter, Langenzenn vom 26.01.2010 (zusammen mit Herrn Kurt Sellner, Langenzenn).
150 JOCHEM 2008, S. 228.

Auf eine Bestellung der Gestapo hin „hatte Obersturmführer Brünner während der Mittagszeit mit etwa 50 ausländischen Strafgefangenen von den 2 Waggons Briketts[151] [...] einen auf das Industriegleis der Fa. Chr. Walther [Gg. M. Walther?] schieben und zu sich hinter fahren lassen. Es sind dies 440 Ztr.".

Dieser „für ein kleines Ausländergefängnis sehr hohe Kohlenverbrauch", so die örtliche Gendarmerie an den Landrat, habe zu einer verständlichen „Aufregung der Bevölkerung" geführt. Im Anschluss verhandelte der Landrat mit der Gestapo. Es gelang ihm, „von den 440 Ztr. noch 100 Ztr. für die Bevölkerung freizubekommen". Er bemühte sich schriftlich beim Höheren SS- und Polizeiführer Main, „dass für die notleidende Bevölkerung noch eine weitere Menge [Kohlen] abgezweigt wird."[152]

Auf dem „Russenfriedhof" mussten nach dem Krieg, so der Heimatforscher Hitschfel, „Parteigenossen aus Langenzenn die Häftlingsleichen ausgraben und sie dann in Särgen an gleicher Stelle ordentlich beerdigen."[153] Auf dem Lagergelände selbst wurden im September 1948 noch acht unidentifizierte Skelette gefunden. Die angefertigten Fotos vermitteln den Eindruck, dass die Leichen regelrecht in ihre Gräber hineingeworfen und hastig verscharrt wurden.[154]

In der Nachkriegszeit bestand vielerorts die Tendenz, sich aus verschiedenen Gründen dem Blick in die jüngste Vergangenheit zu verschließen. Man rechtfertigte sich damit, dass man davon nichts oder nichts Genaueres gewusst habe, dass man für das System persönlich nicht verantwortlich zu machen sei, dass man nur seine Pflicht getan habe und dass man endlich die Vergangenheit ruhen lassen solle. Einige Jahre nach dem Krieg scheinen durchaus private Kontakte zwischen ehemaligen Kriegsgefangenen und ihren ehemaligen deutschen Arbeitgebern entstanden zu sein, aus denen auch einige freundschaftliche Beziehungen hervorgingen.[155] Trotzdem darf darüber nicht vergessen werden, dass das Los eines Kriegsgefangenen, Zwangsarbeiters oder des Insassen eines Straflagers

---

151 Gemeint: die an einen Langenzenner Kohlenhändler mit der Bahn geliefert worden waren.

152 Staatsarchiv Nürnberg, LRA Fürth, Abg. 1962. Schreiben des Landrats Nr. 513.

153 HITSCHFEL 2005.

154 JOCHEM 2008, S. 229. Dort auch zwei Fotos.

155 Auskunft von Herrn Rudolf Lotter, Langenzenn.

zunächst einmal ein „geraubtes Leben"[156] bedeutete, auch wenn im Einzelfall die Gunst des Schicksals andere Perspektiven eröffnete. Zudem sind solche persönliche, zum Teil bewegende Kontakte in der Regel privat geblieben, will sagen: Sie wurden kaum für die Gedächtniskultur der jeweiligen Gemeinde relevant.

Zentrum der Langenzenner Gedächtniskultur für die Opfer des ehemaligen Arbeitserziehungslagers ist der nördlich der Stadt am Waldrand gelegene Ausländerfriedhof, im Volksmund „Russenfriedhof" genannt. Dort liegen (vermutlich) 39 Tote des Lagers. Sie waren ursprünglich einfach in der Erde verscharrt worden. Nach dem Krieg mussten ehemalige Langenzenner Mitglieder der NSDAP die Leichen ausgraben und in Holzsärgen angemessen bestatten.[157]

Jedes Jahr am Volkstrauertag findet hier eine Gedenkveranstaltung der Stadt Langenzenn statt. Am hinteren Ende des Friedhofes steht ein großes Holzkreuz mit der Aufschrift: „Wer mit Tränen säet wird mit Freuden ernten." (Psalm 126) In der Nähe des Eingangs liegt ein großer Gedenkstein, der folgende Inschrift trägt: „Euch, die als Freiwild gehetzt, birgt gütig nun Allmutter Erde. Den 39 Opfern des Nationalsozialismus gewidmet 1950".[158]

Am Eingang des Friedhofes befand sich ursprünglich eine Tafel mit folgender Aufschrift:

„Hier ruhen fremde Menschen / aus fremden Ländern / Sie starben für ihr Vaterland / Sie starben durch die Schuld Adolf Hitlers" Diese Inschrift ist seit 1958 verschwunden.

Wäre es nicht bei der Anlage der Gedenkstätte für die Opfer des Langenzenner Gestapolagers angemessen gewesen, darauf einzugehen, wer denn diese „fremden Menschen aus fremden Ländern waren" und von wem, warum und nicht zuletzt wo sie „als Freiwild zu Tode gehetzt" wurden?

Spätestens in den 80er Jahren gab es Ansätze, die Vergangenheit des Lagers wieder in das Bewusstsein der Öffentlichkeit zurückzuholen. 1979 wurden, wie bereits berichtet,

---

156 Titel des Dokumentationsberichtes, herausgegeben von der Stiftung Erinnern, Verantwortung, Zukunft. Köln/Weimar/Wien 2008.
157 HITSCHFEL 2005.
158 GRASSER 1983, S. 1.

Pläne des Lagers in die Öffentlichkeit lanciert. Der BR-Journalist Baumann, der im Februar 1980 hierüber in der Franken-Chronik berichtete, stieß bei seinen Recherchen vor Ort „auf Zurückhaltung".[159]

Elke Graßer beschäftigte sich, wie ebenfalls bereits erwähnt, 1983 im Rahmen ihrer gymnasialen Facharbeit zum ersten Mal ausführlicher mit dem Thema des Langenzenner Lagers. Im Jahr darauf widmet „Kompost", eine „jugendeigene statt-zeitung" – wie sie sich selbst nennt – diesem Thema zwei ausführliche Artikel.[160] Für eine öffentliche Beschäftigung mit dieser Thematik war die „Zeit" aber offenbar noch nicht reif.

1995 jährte sich das Ende des Zweiten Weltkrieges – und damit auch die Auflösung des Langenzenner Lagers – zum 50. Mal. An vielen Orten bedeutete dies einen Impuls zur Aufarbeitung der Vergangenheit. So auch in Mannheim. Dort etablierte sich (bereits 1990 nach der „Wende") die Gedenkstätte für die dortige KZ-Außenstelle.

Am Langenzenner Gymnasium wurde eine ganze Reihe von Facharbeiten vergeben, die lokal- und regionalgeschichtliche Themen aus dem Dritten Reich zum Gegenstand hatten. Die Chance, den Kostrzeński-Erinnerungstext in einer Facharbeit zu thematisieren, wurde leider nicht ergriffen.[161] Fast zehn Jahre später kam Susanne Herbrich im Rahmen ihrer Facharbeit über Zwangsarbeiter im Raum Nürnberg noch einmal auf das Langenzenner Lager zu sprechen.[162]

Rückblickend ist es bedauerlich, dass damals – 50 Jahre nach Kriegsende – eine Aufarbeitung des Langenzenner Lagers nicht erfolgt ist. Damals hätten noch weitaus bessere Chancen bestanden, Zeitzeugen von beiden Seiten zu befragen.

„Am 15.10.2007 nahmen sechs Männer aus der Ukraine, Russland, Weißrussland und Belgien, die die AEL Russenwiese und Langenzenn überlebt haben, in Nürnberg an der Einweihung des Zwangsarbeiterdenkmals teil".[163]

---

159 AZ-Artikel von Klaus Schamberger.

160 Mai- und Juni-Ausgabe 1984. (Nr. 42 bzw. 43). Die Artikel sind namentlich nicht gekennzeichnet.

161 Die Schule wurde bereits 1995 darauf aufmerksam.

162 HERBRICH 2004.

163 JOCHEM 2008, S. 230.

Langenzenn haben sie damals offenbar nicht aufgesucht. Die Einweihung dieses Mahnmals in Nürnberg war wohl so etwas wie eine Initialzündung, mit dem das Thema Zwangsarbeit und damit auch das der Arbeitserziehungslager, endgültig einer breiteren Öffentlichkeit bekannt wurde.

Was Langenzenn betrifft, so hat wohl die Ausstellung des Freilandmuseums Bad Windsheim (2008) „Zwangsarbeit im ländlichen Franken 1939-1945" Langenzenner Bürger dazu gebracht, sich für das Thema AEL Langenzenn näher zu interessieren und ein angemessenes öffentliches Gedenken der Opfer anzumahnen. Der bereits mehrfach erwähnte Artikel von Gerhard Jochem mit dem provozierenden Titel „Langenzenn. Auch so ein Name mit bösem Klang" hat sicher ein Übriges getan.

Er schließt mit der bitteren Bemerkung:

„In Langenzenn erinnert bis heute nichts an das AEL. Auf dem versteckt am Stadtrand gelegenen ‚Russenfriedhof' wird mit keiner Silbe die Existenz des Lagers erwähnt".[164]

Ein gutes Jahr später ist diese Aussage glücklicherweise in Teilen überholt! Ein „Arbeitskreis Straflager" aus Vertretern der Kirchengemeinde, des örtlichen Heimatvereins und engagierten Bürgern hatte sich zusammengefunden. Hier das Ergebnis der Bemühungen: Am 18. Oktober 2009 fand in Langenzenn in der Kirche des ehemaligen Augustiner Chorherrenstiftes ein ökumenischer Gottesdienst statt, der die „Versöhnung der Langenzenner Bevölkerung mit ihrer Geschichte" – leider ohne Vertreter der Opfer[165] – zum Thema hatte. Anschließend begaben sich die Teilnehmer in einer Prozession zur Veit-Stoß-Straße. Dort, im Bereich des ehemaligen Lagers wurde

---

164 JOCHEM 2008, S. 230.

165 Die Stadt Langenzenn und der Arbeitskreis Straflager haben sich in der Folge bemüht – mit Unterstützung des „Instituts für Sozialwissenschaftliche Forschung, Bildung und Beratung (ISFBB) e.V." für den Herbst 2010 ein Treffen ehemaliger Insassen des Langenzenner Gestapolagers zu organisieren. Es ist eine glückliche Fügung, dass sechs ehemalige Insassen in der Lage und dazu bereit sind, diese Reise in die Vergangenheit auf sich zu nehmen. Drei von ihnen waren damals offenbar noch Kinder oder Jugendliche. Daneben wird im Herbst 2010 im Langenzenner Rathaus eine Ausstellung zum sog. Arbeitserziehungslager Langenzenn zu sehen sein; eine Ausstellung, die im Anschluss als Dauerausstellung alternierend in der Hauptschule Langenzenn und im Wolfgang-Borchert-Gymnasium Langenzenn zu sehen sein wird.

im Rahmen einer ebenso schlichten wie bewegenden Zeremonie ein Gedenkstein aus Granit enthüllt, mit dem die Bürgerschaft der Stadt Langenzenn an das Lager erinnert und der Opfer gedenkt.[166]
Die Gedenktafel trägt folgende Inschrift:
Vom Herbst 1943 bis April 1945 befand sich auf diesem Gelände ein damals als „Ausländergefängnis und Arbeitserziehungslager" bezeichnetes Straflager der Gestapo, in dem vor allem ausländische Zwangsarbeiter inhaftiert waren. Hier wurden Menschen durch das Lagerpersonal erniedrigt und gequält. Aufgrund dieser Misshandlungen kamen viele Inhaftierte zu Tode oder sie wurden hingerichtet.
Wer trat für sie ein?
Zur Mahnung für heute und die Zukunft wollen wir Nachkommen stellvertretend um Vergebung bitten.
Die Bürger von Langenzenn.
Oktober 2009.
„Der Fremde, der sich bei euch aufhält, soll euch wie ein Einheimischer gelten, und du sollst ihn lieben wie dich selbst."
3. Mose 19,34.

---

[166] Beide Veranstaltungen fanden leider ohne Beteiligung von überlebenden Insassen bzw. deren Nachkommen statt. Im zuständigen Arbeitskreis herrschte mehrheitlich die Auffassung: „Es wäre zu viel, im Jubiläumsjahr des Chorherrenstiftes noch ein weiteres, großes Ereignis stattfinden zu lassen, außerdem sollen die Bürger Langenzenns erst behutsam an das Thema herangeführt werden." (Kurzprotokoll vom 23.07.2009 über den Besprechungstermin „Straflager Langenzenn" vom 09.07.2009).

Dokumentation und Erläuterungen

zu Kapitel 4

Von Langenzenn
ins KZ Flossenbürg

Von Langenzenn ins KZ Flossenbürg

Langenzenn – Hersbruck – Flossenbürg
Władysław Kostrzeński und die Schlussphase
der nationalsozialistischen Konzentrationslager.

von Alexander Schmidt

Władysław Kostrzeński landete im April 1945, nach seiner Flucht aus dem KZ Mannheim-Sandhofen und nach seiner erneuten Inhaftierung im Arbeitserziehungslager Langenzenn, noch einmal im nationalsozialistischen KZ-System. Er gehörte zu den Tausenden Konzentrationslagerhäftlingen, die in der Endphase des Dritten Reiches in einem zwar teilorganisierten, aber dennoch chaotischen und für die Häftlinge lebensbedrohlichen Prozess von Lager zu Lager geschickt wurden. Auf den endlosen Fußmärschen ohne Verpflegung ermordete die SS jeden, der zurückblieb. Nach der Befreiung wurden diese Elendszüge „Todesmärsche" genannt. Die Häftlinge schliefen auf Wiesen unter freiem Himmel, in Scheunen oder in völlig überfüllten Baracken irgendeines Lagers, an dem sie vorbeikamen.

Die Konzentrationslager waren 1944/45 von extremer Überfüllung, Auflösungserscheinungen und völlig unzureichender Versorgung der Häftlinge geprägt. Nur wer Glück und noch etwas Kraft hatte, überlebte diese letzte Phase des deutschen KZ-Systems. Häftlinge verloren angesichts des ständigen Ortswechsels teilweise die Orientierung. Auch Kostrzeński kann in seinem Erinnerungsbericht eine ganze Reihe von Ortsnamen nicht mehr nennen. Das Arbeitserziehungslager (AEL) Langenzenn war einem Konzentrationslager sehr ähnlich.[167] Dies wird auch daran deutlich, dass das AEL Langenzenn wie ein Lager des KZ-Systems evakuiert wurde.

---

167 Vgl. zum Charakter von Arbeitserziehungslagern Cord Pagenstecher: Arbeitserziehungslager, in: Wolfgang Benz/Barbara Distel (Hg.): Der Ort des Terrors. Geschichte der nationalsozialistischen Konzentrationslager Band 9, München 2009, S. 75-99.

Evakuierungsmarsch Langenzenn – Flossenbürg

Wohl am 6. April 1945 mussten etwa zweihundert Häftlinge aus Langenzenn einen Fußmarsch antreten, der sie weg von der Front führte. Es handelte sich um die Häftlinge, welche nach Einschätzung der Gestapo in irgendeiner Weise besonders auffällig geworden waren und die sie deshalb nicht freilassen wollte. Ziel des Todesmarsches vom AEL Langenzenn war das KZ Flossenbürg. Die US-Armee fand das Lager Langenzenn selbst verlassen vor.

Die Marschkolonnen von jeweils etwa fünfzig Häftlingen kamen nur langsam voran. Außerdem mussten sie einen schweren Karren ziehen, der unter anderem mit den Habseligkeiten der Bewacher beladen war.

Die anfänglich verhalten positive Stimmung angesichts des nahen Endes der NS-Herrschaft wich Passivität und Verzweiflung – insbesondere, nachdem ein Wachmann einen italienischen Häftling, der nicht mehr weitergehen konnte, erschossen hatte. Kostrzeński berichtet, dass er und einige andere Häftlinge den Toten notdürftig im Schnee verscharren mussten. Die erste Nacht verbrachten die Häftlinge unter freiem Himmel auf einer kleinen Weide, die von einem provisorischen Zaun umgeben war. Es wird sich dabei um irgendein Anwesen westlich von Fürth oder nördlich von Nürnberg gehandelt haben. Am nächsten Tag schleppten sich die Häftlinge weiter und kamen am Abend nach Hersbruck.

Hersbruck – ein „kleines Konzentrationslager am Rand eines Sumpfes"

Władysław Kostrzeński beschreibt als Etappenziel „ein unbekanntes kleines Konzentrationslager am Rand eines Sumpfes", ohne den Ortsnamen zu nennen. Es muss sich um das KZ-Außenlager Hersbruck gehandelt haben. Es war das einzige Lager in der Gegend, das zum KZ-System gehörte. Die topografische Beschreibung Kostrzeńskis passt zu Hersbruck und das KZ-Außenlager befand sich auf direkter Wegstrecke von Langenzenn nach Flossenbürg. Schließlich waren nur dort solche SS-Wachmannschaften vorhanden, wie Kostrzeński sie erlebt hat.

Hersbruck war eines von über achtzig Außenlagern des Konzentrationslagers Flossenbürg und zählte – zusammen mit Leitmeritz in Böhmen – zu den größten Außenlagern im Lagersystem Flossenbürg.[168] Im KZ-Außenlager Hersbruck waren mehrere Tausend KZ-Häftlinge 1944/45 gefangen, um bei dem nahe gelegenen Ort Happurg ein Stollensystem in einen Berg zu graben. Dort sollten unter anderem Flugzeugmotoren der Bayerischen Motorenwerke (BMW) für Jagdflugzeuge hergestellt werden. Hersbruck/Happurg war eines von vielen Projekten der Untertageverlagerung von Rüstungsproduktion, mit denen die nationalsozialistische Führung – in völliger Missachtung der tatsächlichen militärischen Lage – den Krieg doch noch gewinnen wollte. Tatsächlich produziert wurde in dem nur teilweise vollendeten Stollensystem bei Happurg jedoch nichts mehr.

Im Mai 1944 transportierte die SS die ersten Häftlinge aus Flossenbürg zum Stollenbau. Ab Juli entstand am Ortsrand von Hersbruck ein – wie es Kostrzeński zutreffend bezeichnet – „kleines Konzentrationslager". Das Lager bestand nach der Erinnerung des Pfarrers Hans-Friedrich Lenz, der als Luftwaffenangehöriger zur SS in die Lagerschreibstube abkommandiert war, aus „fünfzehn überbelegten Unterkünften und den vier überfüllten Baracken des Krankenreviers und des Schonblocks."[169] Hinzu kamen noch Lagerschreibstube, Küchengebäude, Latrine, Leichenkammer und der Appellplatz. Ein Luftbild des Jahres 1945 zeigt noch einige Baracken mehr.

Mitte August 1944 befanden sich im KZ-Außenlager Hersbruck etwa 1.900 Häftlinge. Die Zahl der KZ-Häftlinge in den Stärkemeldungen stieg in den acht Monaten, in denen das KZ-Außenlager Hersbruck existierte, weiter an. Am 28. Dezember 1944 betrug

---

168 Alexander Schmidt: Happurg und Hersbruck, in: Wolfgang Benz/Barbara Distel (Hg.): Der Ort des Terrors. Geschichte der nationalsozialistischen Konzentrationslager Band 4. Flossenbürg, Mauthausen, Ravensbrück, München 2006, S. 136-140; Gerhard Faul: Sklavenarbeiter für den Endsieg. KZ Hersbruck und das Rüstungsprojekt Dogger, Hersbruck 2003.

169 Hans-Friedrich Lenz, Sagen Sie Herr Pfarrer, wie kommen Sie zur SS? Bericht eines Pfarrers der Bekennenden Kirche über seine Erlebnisse im Kirchenkampf und als SS-Oberscharführer im Konzentrationslager Hersbruck, Gießen/Basel 1982, S. 97.

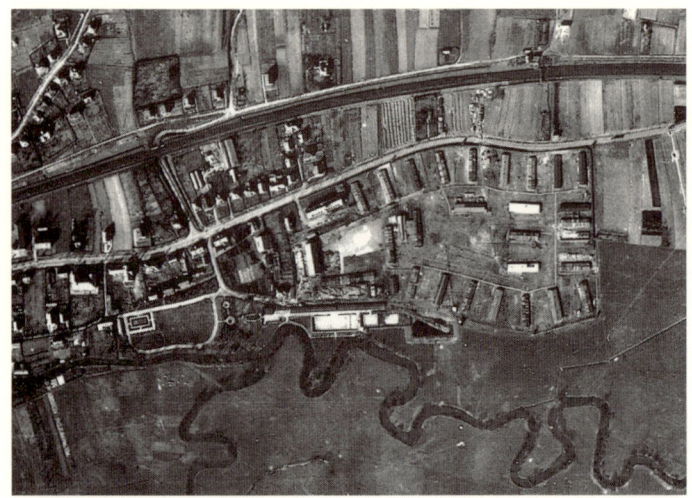

Luftbild Hersbruck, 1945. Das KZ liegt am östlichen Rand der Stadt, nördlich der Talaue. (Dokumentationsstätte KZ Hersbruck e.V.)

die Lagerstärke 2.754 Häftlinge,[170] am 1. Februar 1945 wurden 4.028 Häftlinge gemeldet, am 28. Februar 1945 5.863. Damit haben sich zeitweise fast 6.000 Häftlinge gleichzeitig im KZ-Außenlager Hersbruck befunden.[171] Da jedoch teilweise bis zu dreißig Menschen pro Tag an den Verhältnissen im Lager, durch Hinrichtungen, Hunger und brutale Gewalt der SS-Bewacher oder Lagerkapos starben, lag die Gesamtzahl der Hersbrucker Häftlinge mit etwa 9.000 bis 9.500 Menschen beträchtlich höher.[172] Transporte mit Häftlingen kamen aus Flossenbürg, Groß-Rosen, Auschwitz und anderen Lagern.

Häftlinge aus 21 Nationen waren im KZ-Außenlager Hersbruck inhaftiert. Das Lager an der Amberger Straße war überbelegt und hatte eine unzureichende, improvisierte Infrastruktur. Der Morast

---

170 So die Aussage von Hans-Friedrich Lenz, in: Staatsarchiv Nürnberg, Staatsanwaltschaft beim Landgericht Nürnberg-Fürth, 2637 XXVI, S. 148.

171 Vgl. Bundesarchiv Berlin Bestand ehemaliges ZStA, Dok/K 183/11, S. 61 und S. 114; Toni Siegert: Das Konzentrationslager Flossenbürg. Gegründet für sogenannte Asoziale und Kriminelle, in: Martin Broszat/Elke Fröhlich (Hg.), Bayern in der NS-Zeit Band II, München/Wien 1979, S. 452.

172 Die Todesrate nennt Lenz, S. 131.

und die schlechte Entsorgung von Fäkalien begünstigte Krankheiten aller Art. Bei den Arbeitskommandos in den Stollen kamen immer wieder Unfälle durch fehlende Sicherungsmaßnahmen vor, außerhalb der Stollen litten die Häftlinge an den Witterungsbedingungen und der körperlichen Schwerstarbeit beim Eisenbahnbau und beim Transport von Baumaterialien. Die extremen Lebensbedingungen im Lager und bei der Arbeit in den Stollen kostete daher in den wenigen Monaten der Existenz des KZ-Außenlagers Hersbruck von Mai 1944 bis April 1945 etwa 4.000 bis 4.500 KZ-Häftlingen das Leben. Fast jeder zweite der Häftlinge hat damit den Winter 1944/45 im KZ-Außenlager Hersbruck nicht überlebt. Wegen der großen Zahl von Toten ließ die SS ein eigenes Krematorium errichten, auch unter freiem Himmel wurden Ende 1944 die Leichen von Häftlingen verbrannt.

Zu den Überlebenden und nach 1945 bekannter gewordenen Häftlingen des KZ-Außenlagers Hersbruck, die teilweise auch literarisch über ihre Lagerzeit berichtet haben, gehört der Schriftsteller Bernt Engelmann, der spätere nordrheinwestfälische SPD-Politiker Werner Jakobi, der Bildhauer und Literaturprofessor Vittore Bocchetta, der Schriftsteller Janusz Krasiński, der italienische Widerstandskämpfer Teresio Olivelli, der Künstler Georg Hans Trapp und der aus Ungarn stammende jüdische Häftling Bernhard Teitelbaum.[173]

Am 7. April 1945 begann die Räumung des KZ-Außenlagers Hersbruck. Ein erster Transport mit kranken Häftlingen verließ per Zug Hersbruck in Richtung Dachau, mehrere Marschkolonnen brachen in den Tagen danach zu Fuß auf.

Wahrscheinlich kam die Marschkolonne aus Langenzenn am 7. April abends in Hersbruck an. Laut Kostrzeński blieben die Häftlinge einen Tag und die kommende Nacht in Hersbruck, sodass sie Hersbruck wahrscheinlich am 9. April morgens wieder verlassen haben. Kostrzeński hat das Lager Hersbruck damit als teilweise geräumt erlebt. Er selbst hatte nach langer Zeit erstmals eine Pritsche zum Übernachten für sich. Es gab noch Appelle im Lager, die Kostrzeński erwähnt, offensichtlich aber keine Arbeitskommandos mehr. Bedrohlich erschien ihm – zu Recht – das sumpfige

---

[173] Vittore Bocchetta: Jene fünf verdammten Jahre. Aus Verona in die Konzentrationslager Flossenbürg und Hersbruck, Lage 2003.

Lagergelände. Noch war die Lager-SS vor Ort, die ihre Spielchen mit den Häftlingen trieb. Wer von den Stegen abrutschte, die auch auf dem Luftbild zu erkennen sind, lief Gefahr, im Morast umzukommen. Mit Absicht – so erinnert sich Kostrzeński – warfen SS-Männer Brot neben die Stege in den Morast. Wer es zu erreichen versuchte, lief Gefahr, vom Steg gestoßen zu werden.

Offensichtlich wurden die Langenzenner Häftlinge in Hersbruck noch nicht als KZ-Häftlinge registriert. Jedenfalls kamen die alten Bewacher wieder und die Langenzenner Häftlinge setzten – wohl am 9. April morgens – ihren Weg Richtung Osten fort.

Transport Hersbruck – Flossenbürg

Eine Logik oder ein übergeordneter Plan ist in dem Chaos der Schlussphase der Konzentrationslager nicht mehr zu erkennen. Die Marschkolonnen bewegten sich grob Richtung Süden, in jedem Fall weg von der herannahenden Front. Warum die Häftlinge aus Langenzenn nicht mit den anderen Häftlingen des KZ-Außenlagers Hersbruck Richtung Süden zum KZ Dachau getrieben wurden, sondern gesondert abmarschieren mussten, ist heute nicht mehr zu klären. Offensichtlich fühlte sich die Verwaltung des KZ-Außenlagers nicht für die Häftlinge zuständig und umgekehrt scheinen die Bewacher den Befehl gehabt zu haben, die Häftlinge in Flossenbürg und nicht in Hersbruck oder Dachau abzuliefern. Welche Route der Marsch der Langenzenner Häftlinge von Hersbruck in Richtung Flossenbürg genommen hat, kann heute nicht mehr mit Sicherheit rekonstruiert werden. Die Häftlinge mussten einen Teil des Weges zu Fuß marschieren und erreichten einen Bahnhof, in dem sie nach der Erinnerung Kostrzeńskis übernachteten. Am nächsten Tag wurden sie in Kohlewaggons verfrachtet und fuhren per Zug durch ein Tal. Ein Luftangriff beendete die Fahrt zunächst. Erst in der Dämmerung kam ein Zug, der die Häftlinge aufnahm und nach Regensburg fuhr, wo sie die Nacht verbringen mussten. Am Morgen fuhr der Zug weiter nach Flossenbürg.

Die erste Etappe des Weges bleibt unklar: Infrage kommen mehrere Städte und Bahnhöfe östlich von Hersbruck, etwa Sulzbach-Rosenberg oder Neumarkt in der Oberpfalz. Die Beschreibung der Landschaft entlang der Bahnstrecke könnte ebenso zur Strecke Neumarkt-Regensburg wie zu anderen Routen passen. Von Regensburg aus fuhr der Zug über Weiden, Neustadt an der Waldnaab und Floss bis nach Flossenbürg. Nach Kostrzeńskis Erinnerung hat der Transport zwei volle Tage gedauert. Er wurde am 9. April als Häftling Nr. 89766 des KZs Flossenbürg registriert. Ob er genau an diesem Tag in Flossenbürg angekommen ist oder einige Tage später, muss offen bleiben. Er kann auch schon in Hersbruck als KZ-Häftling registriert und dann im Hauptlager Flossenbürg nachträglich mit diesem Datum in das Nummernbuch eingetragen worden sein. Kostrzeński wurde als „Pole Z.A." (polnischer Zivilarbeiter) verzeichnet, übergeben von der Staatspolizeistelle Nürnberg „Stapo-Nürnberg 9.4.45". Kostrzeńskis Transport ist der letzte in den Nummernbüchern des KZs Flossenbürg registrierte Transport überhaupt.[174]

Eintrag des Häftlings Kostrzeński im letzten Flossenbürger Nummernbuch (KZ-Gedenkstätte Flossenbürg)

Kostrzeński war schon vorher einmal in Hersbruck, und zwar auf dem Transport von Bayreuth nach Nürnberg und weiter nach Langenzenn. Er beschreibt dort einen Bahnknotenpunkt mit einer Schmalspurbahn. In die Schmalspurbahn seien elend aussehende, entwaffnete SS-Männer eingestiegen, denen die Abzeichen an den Uniformen heruntergerissen worden seien. Sie seien unter strenger

---

174 Vgl. zu den Nummernbüchern Johannes Ibel: Die Häftlingsdatenbank der KZ-Gedenkstätte Flossenbürg, in: GedenkstättenRundbrief 115 (2003), S. 3-13.

Bewachung mit der Schmalspurbahn in ein Tal gefahren. Es kann sich um Häftlinge des Lagers Förrenbach, nahe Hersbruck und Happurg, gehandelt haben. Im SS- und Polizeihaftlager Förrenbach waren SS-Männer und Polizeiangehörige gefangen, welche aus irgendeinem Grund aus dem Dienst suspendiert und in Haft genommen worden waren.[175] Die Häftlinge mussten wie die KZ-Häftlinge aus Hersbruck und andere Zwangsarbeiter in Happurg am Stollensystem und der Errichtung von Infrastruktur (Wege, Gleisbau etc.) mitarbeiten.

Konzentrationslager Flossenbürg

Flossenbürg in der damaligen Bayerischen Ostmark war 1938 eine kleine Ortschaft mit knapp 2.000 Einwohnern abseits größerer Städte, unmittelbar an der Grenze zum Böhmerwald. Nur eine Nebenbahn verband den Ort mit dem Schienennetz der Reichsbahn. 1938 hatte die SS in Flossenbürg ein Konzentrationslager eingerichtet, um vorhandene Granitvorkommen mit Hilfe der Sklavenarbeit der KZ-Häftlinge abzubauen. Ab 1943 wurde in Flossenbürg vor allem für die Rüstungsindustrie produziert. Häftlinge mussten im dafür umgenutzten Steinbruch für die Firma Messerschmitt Flugzeuge zusammenbauen. Flossenbürg war eines der großen KZ-Hauptlager im Deutschen Reich.[176] Fast 100.000 Häftlinge waren zwischen 1938 und 1945 in Flossenbürg und seinen Außenlagern gefangen, etwa ein Drittel von ihnen hat das Lagersystem nicht überlebt. Im Hauptlager Flossenbürg selbst sind zwischen 1938 und 1945 etwa 13.000 bis 15.000 Häftlinge zugrunde gegangen.

Kostrzeński beschreibt seine Ankunft am Flossenbürger Bahnhof und den Marsch durch den Ort hinauf zum Lagergelände. Er erinnert sich daran, dass die Bevölkerung die Häftlinge ausgespro-

---

175 Vgl. Nicole Czelhan: Das Lager Förrenbach, in: Mitteilungen des Vereins Altnürnberger Landschaft e.V. 55 (2006), S. 1-13.

176 KZ-Gedenkstätte Flossenbürg (Hg.): Konzentrationslager Flossenbürg. Katalog zur ständigen Ausstellung, Göttingen 2008; Jörg Skriebeleit: Flossenbürg-Hauptlager, in: Wolfgang Benz/Barbara Distel (Hg.): Flossenbürg. Das Konzentrationslager Flossenbürg und seine Außenlager, München 2007, S. 11-60.

Häftlingsbad KZ Flossenbürg (KZ-Gedenkstätte Flossenbürg)

chen feindlich empfing und mit Steinen bewarf. Die Marschkolonne Kostrzeńskis umfasste etwa 200 Häftlinge, nicht nur aus Langenzenn. Das Lager Flossenbürg war zu diesem Zeitpunkt extrem überfüllt. Kurz vor der Ankunft Kostrzeńskis hatte das Hauptlager am 1. März 1945 mit über 15.000 registrierten Häftlingen die höchste Belegung überhaupt erreicht, im April 1945 waren noch über 9.000 Häftlinge im Lager. Dies hieß für die Insassen, dass Schlafplätze dreifach belegt waren, zahlreiche Häftlinge irgendwo auf dem Boden schlafen mussten und es nicht annähernd genug zu essen gab.

Zunächst mussten die Häftlinge aus Langenzenn das Eingangsritual über sich ergehen lassen.

Im Keller der Wäscherei neben dem Appellplatz befand sich das Häftlingsbad, wo sich die Neuankömmlinge nicht nur waschen mussten, sondern auch mit sehr heißem Wasser abgeduscht und gleichzeitig mit kaltem Wasser aus einem Hochdruckschlauch drangsaliert wurden.

Ob auch Kostrzeński dieses Ritual mitmachen musste, lassen

seine Erinnerungen im Unklaren. Als ausgesprochen bedrohlich erscheint ihm das System der Funktionshäftlinge und Kapos im Lager, welche im Auftrag der SS im Lager Arbeiten wie die Essensausgabe erledigten, Aufsicht über Arbeitskommandos führten, aber auch in vielen Fällen andere Häftlinge unterdrückten und schlugen. Kostrzeński nahm als führende Schicht der Funktionshäftlinge im Lager „die Tschechen" wahr, was allerdings auf sein Kommando zutreffen mag, jedoch nicht für das ganze Lager galt. Hier spielten insbesondere deutsche Häftlinge eine wichtige Rolle.

Die Häftlinge aus Langenzenn landeten zunächst im sogenannten Quarantänelager in den Lagerblöcken 23 und 24. Das mit einem separaten Zaun umgebene Quarantänelager bestand aus vier großen Holzbaracken und einer Latrine am hinteren Rand des Lagers.

Ursprünglich als Lager für sowjetische Kriegsgefangene angelegt, verwendete die SS die vier Baracken als ersten Unterbringungsort für ankommende Häftlingstransporte. Nur gesunde und arbeitsfähige Häftlinge sollten dann in die normalen KZ-Baracken aufgenommen werden. Viele der kranken und halb verhungerten Häftlinge aus dem Lager verlegte die SS in die Quarantäneblocks und ließ sie dort, in unmittelbarer Nähe des Krematoriums, sterben.

Das Leben im Quarantänelager war ausgesprochen belastend. Die Häftlinge bekamen zu wenig zu essen, hatten keinerlei Beschäftigung, aber ständig den Tod vor Augen. Man roch den Rauch verbrannter Leichen aus dem Krematorium. Die Latrine des Quarantänelagers diente auch als Leichenhalle. Kostrzeński erinnert sich an Stapel von Leichen in und neben dem Latrinengebäude.

Als ein Kapo Kostrzeński bei der Essenausgabe bewusstlos schlägt, wird er in eine der Krankenbaracken (Block 13) verlegt. Er kommt zu den Fleckfieberkranken und beschreibt die Krankenbaracken als apokalyptische Szenerie von halbtoten und sterbenden Häftlingen, die auf engstem Raum zusammengepfercht sind.

Zwischen dem 17. und dem 20. April verließ die SS das Lager Flossenbürg und trieb in mehreren Marschkolonnen die transportfähigen Häftlinge auf Todesmärschen Richtung Süden. Die Häftlinge in den Krankenblocks blieben zurück. Offensichtlich scheute die SS die Gefahr der Ansteckung und ging davon aus, dass die

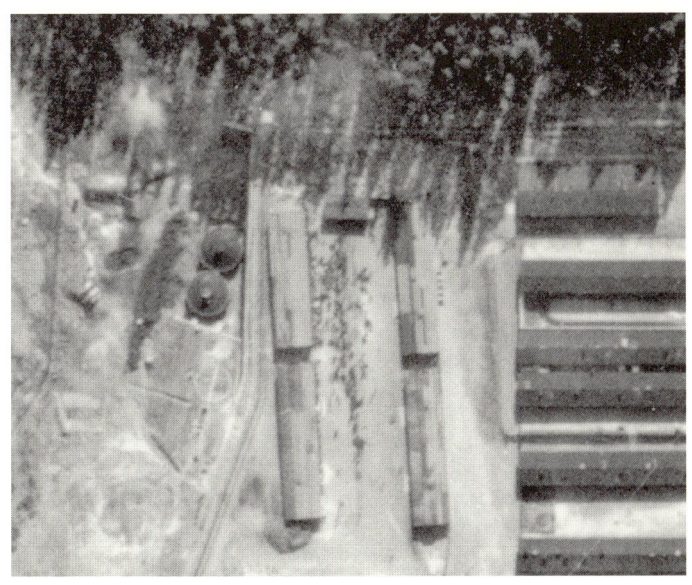
Quarantänelager im KZ Flossenbürg (KZ-Gedenkstätte Flossenbürg)

noch lebenden Häftlinge im Krankenrevier ohnehin sterben würden. Für die von Kostrzeński erwähnte Planung der SS, den Krankenbau samt der Häftlinge vor dem Abrücken zu sprengen, gibt es keine weiteren Belege. Dies scheint auch sehr unwahrscheinlich.

Kostrzeński wird am 23. April 1945 von der US-Army im Konzentrationslager Flossenbürg befreit. Er gehörte zu den etwa 1.200 Häftlingen, die im Lager zurückgeblieben waren. Er überlebt Dank der Pflege durch amerikanische Schwestern.

Verwendete Literatur

BEESTON 2009 – George John Beeston, Autobiografie, übersetzt von Dr. Harald T. Leder und Gerhard Jochem, in: JOCHEM (2009), S. 7ff.

BOCCHETTA 2003 – Vittore Bocchetta: Jene fünf verdammten Jahre. Aus Verona in die Konzentrationslager Flossenbürg und Hersbruck, Lage 2003.

CZELHAN 2006 – Nicole Czelhan: Das Lager Förrenbach, in: Mitteilungen des Vereins Alt-Nürnberger Landschaft e.V. (2006).

FAUL 2003 – Gerhard Faul: Sklavenarbeiter für den Endsieg. KZ Hersbruck und das Rüstungsprojekt Dogger, Hersbruck 2003.

GELIN 1995 – Joseph Gelin, Nürnberg 1943 – 1945. Erlebnisse eines französischen Arbeitspriesters, Bamberg 1995.

GRASSER 1983 – Elke Graßer: Spuren des Nationalsozialismus in Langenzenn: Das Ausländergefängnis Langenzenn, Langenzenn 1983. Unveröffentlichte Facharbeit im Fach Geschichte am Helene-Lange-Gymnasium Fürth. Kollegstufenjahrgang 1981/83.

GRIESER 1974 – Utho Grieser: Himmlers Mann in Nürnberg. Der Fall Martin: Eine Studie zur Struktur des Dritten Reiches in der „Stadt der Reichsparteitage", Nürnberg 1974.

HERBERT 1999 – Ulrich Herbert: Fremdarbeiter. Politik und Praxis des „Ausländer-Einsatzes" in der Kriegswirtschaft des Dritten Reiches, Bonn 1999.

HERBRICH 2004 – Susanne Herbrich: Französische und wallonische Zwangsarbeiter im Raum Nürnberg zwischen 1943 und 1945. Langenzenn 2004. Unveröffentlichte Facharbeit im Fach Französisch am Gymnasium Langenzenn. Kollegstufenjahrgang 2002/04.

HITSCHFEL 2005 – Reinhold Hitschfel: Das Polizeiausweichgefängnis Langenzenn 1943 – 45, im Volksmund „Das Russenlager". Unveröffentlichte private Aufzeichnungen, Langenzenn 2005.

IBEL 2003 – Johannes Ibel: Die Häftlingsdatenbank der KZ-Gedenkstätte Flossenbürg, in: Gedenkstätten-Rundbrief 115 (2003).

JOCHEM o.J. – Gerhard Jochem: Zwangsarbeit in Nürnberg während des II.Weltkriegs. Quelle: http://www.zwangsarbeit.nuernberg.de/download/Ueberblick.pdf. (Zugriffsdatum: 04.02.2010)

JOCHEM 2008 – Gerhard Jochem: „Langenzenn. Auch so ein Name mit bösem Klang." Ein „Arbeitserziehungslager" im ländlichen Mittelfranken, in: MAY (2009), S. 214ff.

KZ-Gedenkstätte Flossenbürg (Hg.): Konzentrationslager Flossenbürg. Katalog zur ständigen Ausstellung, Göttingen 2008.

LENZ 1982 – Hans-Friedrich Lenz: Sagen Sie Herr Pfarrer, wie kommen Sie zur SS? Bericht eines Pfarrers der Bekennenden Kirche über seine Erlebnisse im Kirchenkampf und als SS-Oberscharführer im Konzentrationslager Hersbruck, Gießen/Basel 1982.

LOTFI 2000 – Gabriele Lotfi: KZ der Gestapo. Arbeitserziehungslager im Dritten Reich, Stuttgart/München 2000.

MAY 2009 – Herbert May (Hg.): Zwangsarbeit im ländlichen Franken 1939 – 1945, Bad Windsheim 2009.

PAGENSTECHER – Cord Pagenstecher: Arbeitserziehungslager, in: Wolfgang Benz/Barbara Distel (Hg.), Der Ort des Terrors. Geschichte der nationalsozialistischen Konzentrationslager, Band 9, München 2009.

SCHMIDT 2006 – Alexander Schmidt: Happurg und Hersbruck, in: Wolfgang Benz/Barbara Distel (Hg.): Der Ort des Terrors. Geschichte der nationalsozialistischen Konzentrationslager Band 4, Flossenbürg, Mauthausen, Ravensbrück, München 2006.

SIEGERT 1979 – Toni Siegert: Das Konzentrationslager Flossenbürg. Gegründet für sogenannte Asoziale und Kriminelle, in: Martin Broszat/Elke Fröhlich (Hg.), Bayern in der NS-Zeit Band II, München/Wien 1979.

SKRIEBELEIT 2007 – Jörg Skriebeleit: Flossenbürg – Hauptlager, in: Wolfgang Benz/Barbara Distel (Hg.): Flossenbürg. Das Konzentrationslager Flossenbürg und seine Außenlager, München 2007.

VERBAAN-LISOWSKA 2009 – Cornelia Verbaan-Lisowska: Erinnerungen an Nürnberg 1942 – 1945, aufgezeichnet von Barbara Jablonska, in: JOCHEM (2009), S. 203 ff.

Weiterführende Literaturangaben

Bayerische Landeszentrale für politische Bildungsarbeit (Hg.): Spuren des Nationalsozialismus. Gedenkstättenarbeit in Bayern, München 2000.

Dagenbach, Klaus/Koppenhöfer, Peter: Eine Schule als KZ, Mannheim 1999. 2. Auflage.

Davies, Norman: Aufstand der Verlorenen. Der Kampf um Warschau, München 2004.

Heydecker, Joe J.: Die Stille der Steine. Warschau im November 1944, Berlin 1994.

Koppenhöfer, Peter: Häftlingsgesellschaft im KZ Mannheim-Sandhofen, in: Glauning, Christine/Pflug, Konrad (Hg.): Arbeit und Vernichtung. Das Außenlagersystem des KZ Natzweiler-Struthof. Landeszentrale für politische Bildung, Stuttgart 2004, S. 46-59.

Koppenhöfer, Peter: Ein KZ mittendrin: Die KZ-Gedenkstätte Mann-

heim-Sandhofen, in: Pflug, Konrad u.a.(Hg.): Orte des Gedenkens und Erinnerns in Baden-Württemberg, Stuttgart 2007, S. 238-243.
Mahr, Helmut: Die Besatzung des Landkreises Fürth und der Stadt Fürth durch die US Army im April 1945, in: Fürther Heimatblätter, Fürth 1998, Nr. 1-2.
Mahr, Helmut: Die Besetzung des nordwestlichen und des südwestlichen Landkreises Fürth durch die US Army im April 1945, in: Fürther Heimatblätter, Fürth 1999, Nr. 3.
Martin, Bernd / Lewandowska, S. (Hg.) Der Warschauer Aufstand, Warschau 1999.
Stiftung „Erinnerung, Verantwortung und Zukunft" (Hg.): Zeugen und Zeugnisse. Bildungsprojekte zur NS-Zwangsarbeit mit Jugendlichen, Berlin 2008.
Stiftung „Erinnerung, Verantwortung und Zukunft" (Hg.): Geraubte Leben. Zwangsarbeiter berichten, Köln/Weimar/Wien 2008.
Vanselow, Gerd: KZ Hersbruck. Größtes Außenlager von Flossenbürg. o.O. 1983.

Internet

www.couragebw.de
(Hinweis zu Projekttagen in der Gedenkstätte Mannheim-Sandhofen)
www.stiftung-evz.de
www.gedenkstaette-flossenbuerg.de
www.kz-gedenkstaette-sandhofen.de (Dort Zeitzeugentexte und weitere Literaturangaben)
www.wbg-lgz.de
(Homepage des Wolfgang-Borchert-Gymnasiums Langenzenn. Fachbereich Geschichte)
www.zwangsarbeit.igmh.de
Homepage der AG Zwangsarbeit an der Integrierten Gesamtschule Mannheim-Herzogenried.